21天突破行测逻辑填空高频词汇

萧萧枝叶 / 编著

清華大學出版社
北 京

内 容 简 介

《21天突破行测逻辑填空高频词汇》共5章，第1章是关于如何破解逻辑填空题型的“方法论”介绍；第2章和第3章是突破逻辑填空题型所需要背诵的词汇集合，分高频成语和重点低频成语；第4章是其他四字低频词语，主要是为了让考生对所有真题出现过的四字词语有全面的了解；第5章是两字词语的词汇集合，主要是为了让考生了解高频两字词有哪些。本书运用数据分析技术，结合作者的高分经验，从大量真题中提取词频信息，词频统计结果精准可溯源，可信度高，适合包括考生和培训教师在内的公考群体使用。

图书在版编目（CIP）数据

21天突破行测逻辑填空高频词汇 / 萧萧枝叶编著. —北京：清华大学出版社，2022.3（2024.5 重印）

ISBN 978-7-302-60288-0

Ⅰ. ① 2… Ⅱ. ①萧… Ⅲ. ①行政管理－能力倾向测验－中国－自学参考资料 Ⅳ. ① D630.3

中国版本图书馆 CIP 数据核字（2022）第 038972 号

责任编辑： 杜春杰
封面设计： 刘 超
版式设计： 文森时代
责任校对： 马军令
责任印制： 沈 露

出版发行： 清华大学出版社
网 址： https://www.tup.com.cn, https://www.wqxuetang.com
地 址： 北京清华大学学研大厦A座 **邮 编：** 100084
社 总 机： 010-83470000 **邮 购：** 010-62786544
投稿与读者服务： 010-62776969，c-service@tup.tsinghua.edu.cn
质量反馈： 010-62772015，zhiliang@tup.tsinghua.edu.cn
印 装 者： 三河市龙大印装有限公司
经 销： 全国新华书店
开 本： 165mm×235mm **印 张：** 27 **字 数：** 383千字
版 次： 2022年4月第1版 **印 次：** 2024年5月第5次印刷
定 价： 89.00元

产品编号：094227-01

前　言

公务员考试因其考试录用的公平性和职业的优越性，每年都会吸引大量人员参加。决定考生能否顺利进入公务员考试（以下简称“公考”）面试环节的最重要因素就是公考笔试分数，而笔试分数中，行政职业能力测验（简称“行测”）分数的占比一般会在 50% 以上，比如国考笔试中行测成绩占比一般是 50%，广东省考笔试中行测成绩占比一般是 60%……可见行测成绩是非常重要的。

在行测的各个模块中，通过系统训练能取得明显提高的是“言语理解”“判断推理”“资料分析”三大模块，笔者称之为“行测的三驾马车”。就国考而言，“言语理解”模块有 40 题，其中 20 题都是逻辑填空题，可以说，攻下了逻辑填空题，“言语理解”模块分数就不会低。但是，实际上很多考生在逻辑填空题里并不能达到 85% 以上的正确率，除了没有根据文段逻辑选词外，词汇基础薄弱也是重要因素（主要是成语），如果一道题有两个选项是陌生成语，那么想选对答案基本是空谈。

当然，这个问题也早已被关注，所以网上出现了一些高频成语的背诵资料。但实际上很多资料往往只是粗略列举词语，对“词语是否真的在真题中出现过”“以后出现的概率有多大”等问题并没有研究过，而且缺漏严重，不分重点，上来就是“公考必看 2000 词”，考生就算背完了也收效甚微。

曾经作为考生的笔者想：有没有这样一份资料，它像四、六级词汇书一样严谨可靠，既覆盖了所有词语，又能分清主次，让考生优先背诵高频词，节省复习时间。

经过一年的努力，这本《21天突破行测逻辑填空高频词汇》终于和大家见面了。我不是从事公考培训行业的老师，只是一名曾经高分上岸的擅长数据分析的研究者，写这本书是因为知乎上的朋友们告诉我他们需要这样一本书。我认为这本书理应出现，如果目前还没有，那么我就写一本！

在整个出书的研究过程中，我发现根据全网所能收集到的347份（含逻辑填空题型）真题试卷的统计结果，逻辑填空题选项中所涉及的四字词语（包括成语）有3769个，但很多词语只出现过一次便再也没出现了，而有的词语却是真题中的常客，比如“一蹴而就”出现了26次，“南辕北辙”出现了25次，这些出现次数在5次及5次以上的词语总共443个。

所以，短期内提升词汇基础并不是什么难事，关键是要做到“精准”，少走弯路，把有限的精力和时间用在累积最重要的词语上。

值得说明的是，这是一本包括考生、培训老师在内的所有公考行业对象都能使用的工具书，所以我在编写的过程中尽可能地考虑满足不同人群的需求，比如“考情分析”“高频成语来源”等模块，考生其实并不需要，但是有些老师是需要的，所以我保留了下来。当然，内容的全面性意味着更多的付出，我在过去一年花费了大量的精力编写和校对，在这里特别感谢我的好朋友陈鸿鑫在本书的编写和校对阶段所提供的帮助，这本书是我们通力合作的结果，希望我们的“认真”能够真正帮到大家。

最后，祝所有认真付出的人都能得偿所愿！

本书的特色亮点及使用方法

一、本书框架介绍

本书有5章，为保证使用效果，现对各章主要内容进行介绍。

第一章“逻辑填空解题方法”收录了笔者曾经在知乎上发布的关于逻辑填空解题思路的总结文章，这篇文章在知乎上点赞数已经破万，经过广大知友实践，得到广泛认可，是对逻辑填空题的系统性方法论指导，建议读者花两天时间研读并实践。

第二章“高频成语”是本书的核心内容，主要由出现频率在5次及5次以上的高频成语构成，共有443个，共分成11个小节，每个小节大概40～43个高频成语。

第三章“重点低频成语”也很重要。出现频率在5次以下的成语在本书中定义为低频成语，但笔者根据自身做题经验认为有的低频成语再次在真题中出现的概率比较高，所以将这部分成语归为重点低频成语。重点低频成语共329个，分为8小节，每小节40～49个成语。

第四章“其他四字低频词语”展示了出现频率在5次以下且不那么重要的词语。编写这部分只是为了体现本资料的严谨性和完整性，这部分词语背诵性价比不高，仅作了解即可。

第五章“两字词语”展示了出现频率在3次及3次以上的两字词。之前知乎上的一些网友希望能有两字词语的高频词汇表，编写这部分就是为了说明高频两字词语其实根本不需要背诵，它们都是常见的词语。

二、词条构成介绍

本书词汇部分的词条分别由拼音、出现频率、词语解释、真题助记、考情分析5部分构成，值得说明的是：

（1）“出现频率”是指该词作为选项（包括正确选项和干扰选项）

在真题中出现的次数，对于在同一道真题中多次出现的词，只会被视为出现1次而计入频率。

（2）“词语解释”主要出自《现代汉语词典》和百度汉语，均为大众普遍认可的释义，足以用于备考。

（3）“真题助记”中的例题主要用于帮助大家理解词义，加深记忆，并不是用作练习，所以我直接给了答案，没有放置干扰选项。有的词没有“真题助记”，是因为它从未作为正确选项出现在真题中。

（4）“考情分析”这部分统计了目标词分别作为正确选项和干扰选项的次数，只是作为对目标词全面剖析的一项信息补充，并不能作为做题的依据。比如“南辕北辙”这个词出现了25次，作为正确选项的次数是3次，作为干扰选项的次数是22次，但我们并不能因此就认定“南辕北辙”可以被轻易排除，最终还是要基于“南辕北辙”的词义结合文段逻辑进行判断。

三、使用方法

本书没有什么特别的使用方法，就是“背诵”。一天背诵一个小节，每天背诵40～50个词语其实很简单，它和背英语单词不同，很多词语其实是我们已经熟知的，所以每个小节真正需要背诵的词其实并不多。

你现在需要做的就是尽快开始背诵，每天早上用15分钟复习前一天背的词，然后用半小时浏览、背诵新的小节，晚上用15分钟复习当天背的新词。所以，只需要19天即可把必要词汇背诵完毕，加上研读第一章的“逻辑填空解题方法”的2天，总共需要21天。

目录

第一章

逻辑填空解题方法

在国家公务员考试大纲中，涉及逻辑填空的部分是这样写的：言语理解与表达主要测查报考者运用语言文字进行思考和交流、迅速准确地理解和把握文字材料内涵的能力，包括：根据材料查找主要信息及重要细节；正确理解阅读材料中指定词语、语句的含义；概括归纳阅读材料的中心、主旨；**判断新组成的语句与阅读材料原意是否一致**；根据上下文内容合理推断阅读材料中的隐含信息；判断作者的态度、意图、倾向、目的；**准确、得体地遣词用字**；等等。常见的言语理解与表达题型有阅读理解、逻辑填空、语句表达等。

加粗部分是与逻辑填空相关的，概括来说就是，在做逻辑填空题的过程中我们需要准确把握文段的含义，利用材料原意选出合适的词。

后来有了更深刻的理解：就是要根据文段的逻辑来选词，这便是逻辑填空不叫“选词填空”而叫“逻辑填空”的原因。

所以，有的同学在做题过程中发现虽然选的词读起来很通顺，但就是错了，这便是因为缺乏对文段逻辑的把握。

那么，如何根据文段逻辑选出正确选项呢？解题思路如图 1-1 所示。

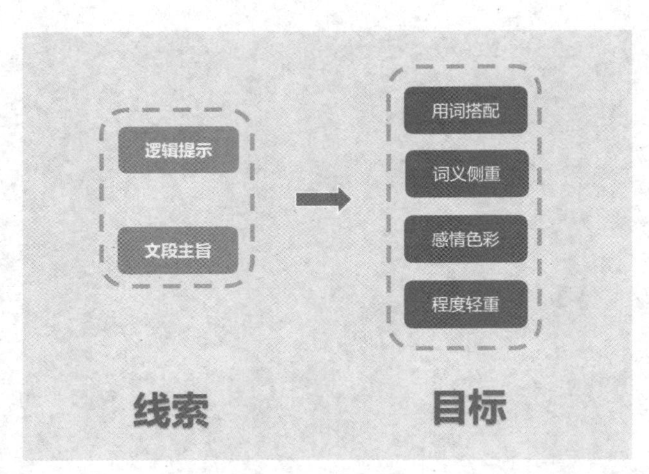

注：“目标”是指目标词的轮廓，包含用词搭配、词义侧重、感情色彩、程度轻重四个方面。

图 1-1　解题思路

以逻辑提示和文段主旨为线索，确定空格处的用词搭配 / 词义侧重 / 感情色彩 / 程度轻重，运用排除法选出正确的选项。

注：做题经验表明，逻辑填空使用直选法很容易出错，而使用排除法一步步得出最终答案，正确率往往很高。

接下来，笔者根据经验从线索和目标的角度分别向考生进行说明。

第一节 线 索

1. 逻辑提示（见图 1-2）

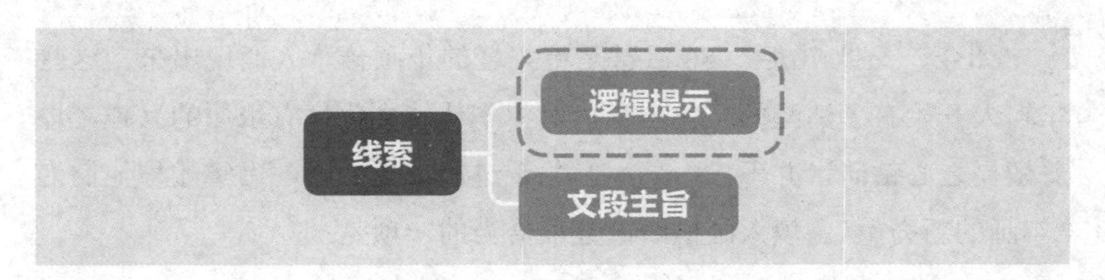

图 1-2 线索之一是逻辑提示

逻辑提示指的是文段中具有提示作用的词 / 句，一般在空格的前后就能找到与该空格对应的提示。大部分逻辑填空题通过找逻辑提示就能选出正确选项。

例 1 2018 年国家公务员录用考试行测题第 21 题：

生命在于运动，运动能塑造我们强健的身体，增强抵抗疾病的能力。当然，它对大脑也是有益的。但事实上，运动应该________，否则会使人反应迟钝。长时间大强度运动会使脑组织兴奋性降低，使能源物质 ATP（腺嘌呤核苷三磷酸）耗竭，对大脑机能造成损害。填入画横线部分最恰当的一项是：

A. 因人而异　　B. 张弛有道

C. 适可而止　　D. 循序渐进

这个空格后面跟着“否则会使人反应迟钝”“长时间大强度运动会使……”，这两处就是逻辑提示，说明空格处应该填的是“长时间大强度运动”的反义。

“因人而异”和“循序渐进”和文段关系不大，排除。剩下的“张弛有道”和“适可而止”中，“张弛有道”的对立面是过张或过弛，而“长时间大强度运动”仅指“过张”一方面，两面对一面，排除。而“适可而止”的对立面是不停止，和“长时间大强度运动”相符，故选C。

例2 2018年国家公务员录用考试行测题第22题：

如今，一批70后、80后甚至更年轻的年画传承人涌现出来。这些年轻人开始有了清醒的文化自觉，对中华传统文化怀有浓厚的兴趣，怀着敬畏之心钻研，并不________，急于进入市场大潮，冯骥才称他们为“年画的新力量”。填入画横线部分最恰当的一项是：

A．随波逐流　　B．沽名钓誉

C．好高骛远　　D．人云亦云

观察空格处所在的句子就会发现，空格与“急于进入市场大潮”是并列关系，意思相近，“急于进入市场大潮”就是空格的提示。

看选项，B项指用不正当手段捞取名誉，文段不涉及“捞取名誉”，排除。C项“好高骛远”指不切实际地追求过高过远的目标，与文意无关，排除。

剩下的两项“随波逐流”和“人云亦云”都有缺乏主见的意思，能够和“急于进入市场大潮”对应，当时我想的是，“大潮”与“随波逐流”形象更为贴切，所以选A（但后面看答案，还可以从另一个角度入手，“人云亦云”是指没有主见，只会随声附和，强调“说”，而进入市场是一个动作，所以排除D）。

所以，找到逻辑提示，根据逻辑提示选词，是逻辑填空最基本的做题思路。

2. 文段主旨（见图 1-3）

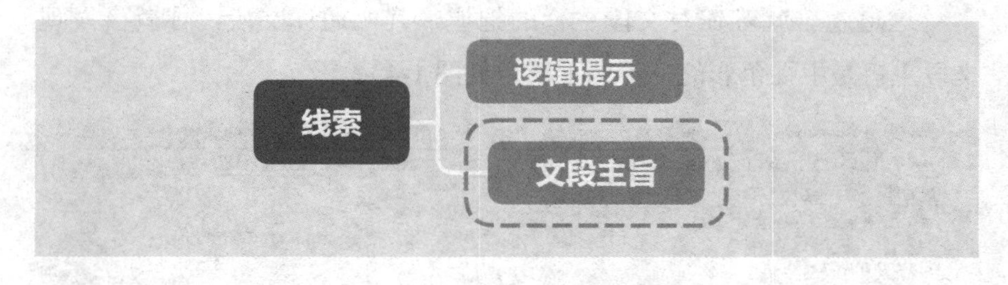

图 1-3　线索之二是文段主旨

前文说到，大部分题目通过找逻辑提示就能解决，但有些难题还要求我们借助文段主旨来确定选项，这种题就是高手与菜鸟拉开分数差距的地方。

例 3　2018 年国家公务员录用考试行测题第 29 题：

情绪并不是独立存在的，它常常伴随着信息而传播。作为一种态度，情绪不仅能够________人们对所传播信息的认知，还会在一定程度上指导人们的行为。积极的情绪会促进人们积极地认识世界，消极的情绪则可能给他人甚至整个社会带来破坏性后果。人在情绪失控时，很容易不顾后果地做出________的举动。依次填入画横线部分最恰当的一项是：

A．影响　危险　　　　B．左右　出格

C．干扰　反常　　　　D．支配　冲动

这道题在某 App 题库里的正确率只有 28%。

这道题的第一个空，大家通过动词的程度和感情色彩，可以轻易排除 C 干扰和 D 支配（如果你现在排除不了也没关系，这里的重点不是第一个空，先往下阅读，后文会有程度轻重和感情色彩的知识点，看完再回来做第一个空就好了）。

那么剩下第二个空，就会在“危险”和“出格”之间纠结，然后有的同学看到前面的“情绪失控”，再看到前面的“破坏性后果”，果断选了 A，然后就错了。

这道题难就难在对文段主旨的把握，其实通读文段，你就会发现文段主旨是中性色彩的，不褒不贬（见图 1-4）。

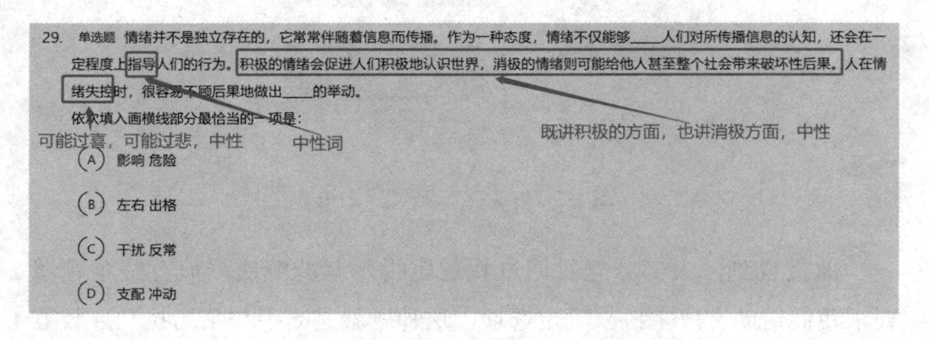
29. 单选题 情绪并不是独立存在的，它常常伴随着信息而传播。作为一种态度，情绪不仅能够____人们对所传播信息的认知，还会在一定程度上指导人们的行为。积极的情绪会促进人们积极地认识世界，消极的情绪则可能给他人甚至整个社会带来破坏性后果。人在情绪失控时，很容易不顾后果地做出____的举动。

依次填入画横线部分最恰当的一项是：

(A) 影响 危险

(B) 左右 出格

(C) 干扰 反常

(D) 支配 冲动

图 1-4 2018 年国家公务员录用考试行测题第 29 题解题思路

所以第二个空的地方，也应当填一个中性词，所以选“出格”而非“危险”。

例 4 2018 年国家公务员录用考试行测题第 36 题：

近年来，西方观众对中国功夫片的套路、动作、术语等已颇为熟悉，中国功夫的神秘感、陌生感在他们眼中逐渐________，所以中国功夫片要体现作品的________，很有难度。当下国产功夫电影在制作和传播方面并非________，收获的口碑和奖杯都很难超越传统功夫片。依次填入画横线部分最恰当的一项是：

A．淡化 独特性 高枕无忧　　B．消失 差异性 一帆风顺

C．褪去 艺术性 无懈可击　　D．消逝 创新性 尽善尽美

这道题的正确率只有 36%。

第一个空，“陌生感逐渐________”对应了前面的“颇为熟悉”，“颇为熟悉”指很熟悉，而 A 项的“淡化”程度过轻，排除。第二个空，C 项艺术性与文意无关，排除。

那么就只剩下 B 和 D 了，“一帆风顺”和“尽善尽美”填进第三个空都很顺口，这道题选错的同学往往就是选了“尽善尽美”。那么，为

什么不能选“尽善尽美”呢？

仔细比较，“并非一帆风顺”指的是客观上存在困难，“并非尽善尽美”指的是主观上自己没做好，存在缺陷。回看文段主旨，讲的是“西方观众对功夫片熟悉”这种外部的客观因素影响了作品的传播，显然，根据文段主旨，第三个空应选“一帆风顺”。

综上，我们可以看到，逻辑提示和文段主旨都是选出正确选项的重要线索，要做好逻辑填空题，就要找准这两条线索。那么，线索找到后一般会给我们哪几个方面的选词引导呢？请看目标篇！

第二节　目　　标

1. 用词搭配（如图 1-5 所示）

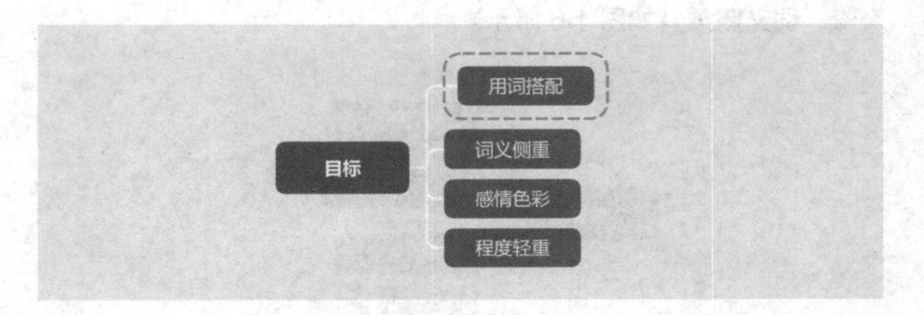

图 1-5　目标词的轮廓之一是用词搭配

在我们日常的语言中有许多固定的词语搭配习惯。从用词搭配入手，就是通过前后的提示词（动词、名词、形容词等）来排除明显搭配不当、不符合用词习惯的选项，比如下面这道题。

例 5　2018 年国家公务员录用考试行测题第 37 题：

一方面，受世界经济________影响，大宗资源产品价格走低，资源型企业纷纷陷入困境，资源型城市财政收入也急剧下降，无力增加投入；另一方面，随着经济发展进入新常态，大规模经济刺激已经________，来自中央政府的强力支持相应减弱，资源型城市债务扩张趋于收紧。资源型城市转型面临的资金约束日益________。依次填入画横线部分最恰当的一项是：

A. 下行　失效　紧张　　　　B. 萎缩　放缓　强化

C. 低迷　弱化　严重　　　　D. 恶化　减退　明显

首先看第一个空，此处表达经济不好的状况，四个选项均可搭配。再看第二个空，“放缓”指速度放慢，与“刺激”无法搭配，排除B。“刺激减退”，也没有这种表达习惯，搭配不当，排除D。

最后一个空，“资金约束日益________”，在“紧张”和“严重”中选一个，初看好像是选“紧张”更顺口，因为在生活中经常能听到“资金紧张”这个短语。但细读就会发现，前面是“资金约束”，而非“资金”，所以搭配约束，应该是“严重”更为合适。

2. 词义侧重（如图1-6所示）

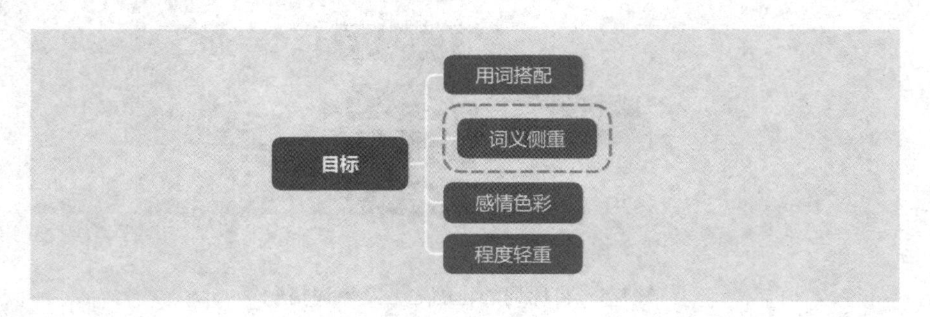

图1-6　目标词的轮廓之二是词义侧重

从空格处的词义侧重入手，就是指要看词语的词义强调点是否符合逻辑提示，比如下面这道例题。

例6　2018年国家公务员录用考试行测题第27题：

射电天文学的进步把人们的视线引向了宇宙遥远的边缘，那里________了更多有关宇宙起源和演化的关键线索。天文学家都渴望拥有威力更大的射电望远镜，谁拥有了这种望远镜，谁就更有可能站立在现代物理学和天文学的潮头，________，成为破解宇宙之谜的领军力量。依次填入画横线部分最恰当的一项是：

A. 暗藏　胜券在握　　B. 隐藏　捷足先登

C. 埋藏　首当其冲　　D. 潜藏　独占鳌头

第一个空，“暗藏”“隐藏”“埋藏”“潜藏”感觉都可以，直接看第二个空。

第二个空的逻辑提示是后面的“成为……领军力量”，强调的是领先的状态，可以迅速排除 A 和 C。剩下“捷足先登”和“独占鳌头”都有领先的意思，但是仔细分辨会发现，“独占鳌头”的词义侧重于独自占领首位、获得第一，但“领军力量”只是强调领先。根据文意，任何国家拥有射电望远镜都能成为领军力量，领军力量指的是很多的领先者，而非仅有一个第一名，所以应当选“捷足先登”，侧重于领先。

3. 感情色彩（如图 1-7 所示）

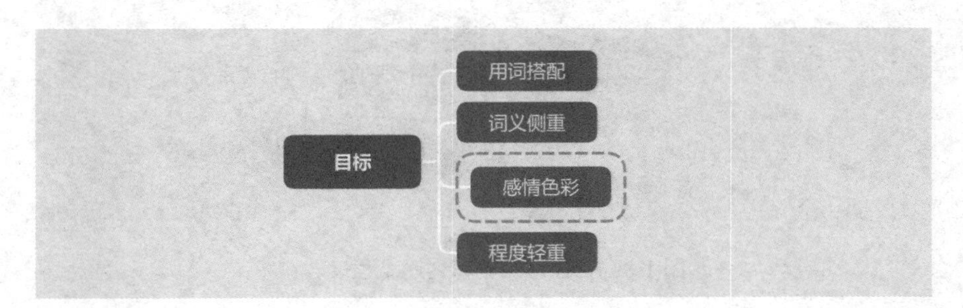

图 1-7　目标词的轮廓之三是感情色彩

从空格处的感情色彩入手，很容易理解，就是通过逻辑提示和文段主旨得出空格处应该填褒义、贬义还是中性词。前文的例 3 已经体现了这一点。

例 3　2018 年国家公务员录用考试行测题第 29 题：

情绪并不是独立存在的，它常常伴随着信息而传播。作为一种态度，情绪不仅能够________人们对所传播信息的认知，还会在一定程度上指导人们的行为。积极的情绪会促进人们积极地认识世界，消极的情绪则可能给他人甚至整个社会带来破坏性后果。人在情绪失控时，很容易不顾后果地做出________的举动。依次填入画横线部分最恰当的一项是：

A．影响　危险　　B．左右　出格

C．干扰　反常　　D．支配　冲动

第一个空，后文的"指导"是中性词，说明第一个空也应该是中性词，所以排除了"干扰"。

第二个空，根据文段主旨，选择中性词"出格"，因为前文已经详细解释了，这里就不再赘述。

4．程度轻重（如图 1-8 所示）

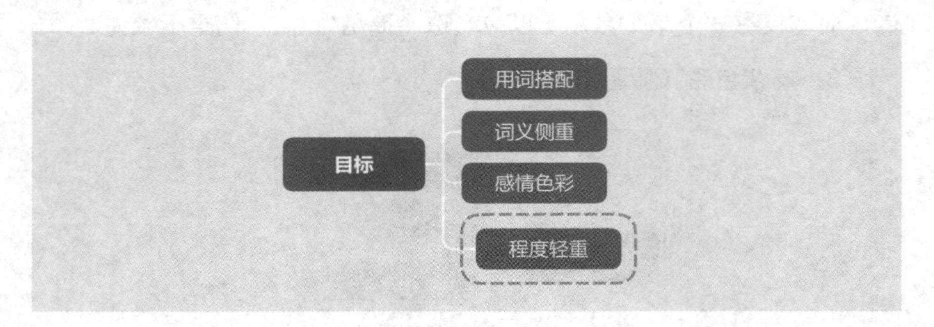

图 1-8　目标词的轮廓之四是程度轻重

空格处的程度轻重取决于句子前后是递进关系还是并列关系，一般都有提示词告诉你是什么关系。例子仍旧是例 3。

例 3　2018 年国家公务员录用考试行测题第 29 题：

情绪并不是独立存在的，它常常伴随着信息而传播。作为一种态度，情绪不仅能够________人们对所传播信息的认知，还会在一定程度上指导人们的行为。积极的情绪会促进人们积极地认识世界，消极的情绪则可能给他人甚至整个社会带来破坏性后果。人在情绪失控时，很容易不顾后果地做出________的举动。依次填入画横线部分最恰当的一项是：

A．影响　危险　　　　　　B．左右　出格

C．干扰　反常　　　　　　D．支配　冲动

第一个空的前后是关联词组“不仅……还会……”，也就说明空格处的词的程度要比“指导”弱，而“支配”比“指导”程度还重，肯定不能选，排除 D 选项。

以上就是关于如何根据文段逻辑选出正确选项的详细讲解，这些是做逻辑填空题的基本功。

第二章

高频成语

本章是这本书的核心内容，主要由出现频率在5次及5次以上的高频成语构成，共有443个，共分成11个小节，每个小节大概40～43个高频成语。

第一节　从“一蹴而就”到“迫在眉睫”等40个成语

一、本节成语汇总（见表2-1）

表2-1　从“一　而就”到“迫在眉睫”

一蹴而就（26）	独树一帜（20）	毋庸置疑（17）	浮光掠影（15）	缘木求鱼（14）
层出不穷（25）	理所当然（20）	有目共睹（17）	比比皆是（15）	屡见不鲜（14）
南辕北辙（25）	根深蒂固（19）	一成不变（17）	因势利导（15）	此起彼伏（14）
大相径庭（23）	潜移默化（19）	举足轻重（17）	故步自封（15）	耳濡目染（14）
司空见惯（23）	历久弥新（19）	不言而喻（16）	捉襟见肘（14）	人云亦云（14）
相辅相成（22）	不可或缺（18）	方兴未艾（16）	背道而驰（14）	应运而生（13）
相得益彰（20）	有的放矢（18）	水到渠成（16）	莫衷一是（14）	息息相关（13）
日新月异（20）	未雨绸缪（17）	一劳永逸（15）	如火如荼（14）	迫在眉睫（13）

注：括号内的数字指该成语在真题中出现的次数。

二、成语分析

1．一蹴而就（yīcù'érjiù）

【出现频率】26次

【词语解释】踏一步就成功，形容事情轻而易举，一下子就能完成。

【真题助记】

2020年国家公务员录用考试行测题（地市级网友回忆版）第38题：

5G网络的建设是一个复杂的过程，无论对于运营商还是产业链中的其他企业都极具挑战性，不能指望________。毫无疑问，5G时代正在到来。中国既要避免盲目自信，也不能________。我们应把5G作为科技创新的一个突破口，抓住机遇，________，实现自我突破。（依次填入画横线部分最恰当的词语是**一蹴而就、妄自菲薄、迎难而上**）

【考情分析】

词　语	出现次数	作为正确选项次数	作为干扰选项次数
一蹴而就	26	15	11

2．层出不穷（céngchū-bùqióng）

【出现频率】25次

【词语解释】接连不断地出现，没有穷尽。

【真题助记】

2021年山东省公务员录用考试行测题（网友回忆版）第19题：

当前，以数字化的知识和信息作为关键生产要素的数字经济蓬勃发展，新技术、新业态、新模式________。各国纷纷将发展数字经济作为推动实体经济提质增效、________核心竞争力的重要举措，推动数字经济取得的创新成果________于实体经济各个领域，围绕新一轮科技和产业制高点展开积极竞合。（依次填入画横线部分最恰当的词语是**层出不穷、重塑、融合**）

【考情分析】

词　语	出现次数	作为正确选项次数	作为干扰选项次数
层出不穷	25	11	14

3．南辕北辙（nányuán-běizhé）

【出现频率】25次

【词语解释】比喻行动和目的正好相反。

【真题助记】

广东省 2020 年度选调生和急需紧缺专业公务员招录笔试综合行政能力测验（网友回忆版）第 51 题：

推进史学创新，一个重要的问题是要有正确的史观和史识。就治史而言，马克思主义唯物史观至今仍然________。现在，有的人为了史学创新而刻意放弃唯物史观的指导作用，这无疑是________。（依次填入画横线部分最恰当的词语是**颠扑不破、南辕北辙**）

【考情分析】

词　语	出现次数	作为正确选项次数	作为干扰选项次数
南辕北辙	25	3	22

4．大相径庭（dàxiāng-jìngtíng）

【出现频率】23 次

【词语解释】表示彼此相差很远或矛盾很大，指事物区别明显，意见、看法截然不同。

【真题助记】

2021 年国家公务员录用考试行测题（地市级网友回忆版）第 39 题：

内太阳系的岩石行星与外太阳系的气态行星最初的物质构成________。科学家此前认为，由于木星质量大、引力强，可以在一些物质到达内太阳系之前将其________，阻止了内外太阳系物质的混合。但研究表明，木星的成长速度不足以阻止外太阳系物质源源不断流入内太阳系，这意味着内外太阳系行星将拥有________的成分。（依次填入画横线部分最恰当的词语是**大相径庭、吞噬、类似**）

【考情分析】

词　语	出现次数	作为正确选项次数	作为干扰选项次数
大相径庭	23	7	16

5．司空见惯（sīkōng-jiànguàn）

【出现频率】23 次

【词语解释】指某事物十分常见，不足为奇。

【真题助记】

2019 年河北省公务员录用考试行测题（县级＋乡镇，网友回忆版）第 30 题：

花开是常有的事，花开的香气更是________。但是在这个只有我一个人的世界里，我就觉得很不________。有花香慰我寂寥，我甚至有点因花香而________了。（依次填入画横线部分最恰当的词语是**司空见惯、寻常、沉醉**）

【考情分析】

词　　语	出 现 次 数	作为正确选项次数	作为干扰选项次数
司空见惯	23	6	17

6．相辅相成（xiāngfǔ-xiāngchéng）

【出现频率】22 次

【词语解释】互相补充，互相配合。

【真题助记】

2020 年江苏省公务员录用考试行测题（B 类，网友回忆版）第 39 题：

中国彩陶很注意图案纹样与器型的关系，________而统一协调，也注意彩陶图案在不同________所产生的不同效果，这种以彩绘纹样与造型________完美结合的艺术手法，同时也成为传统雕塑和工艺美术极有特色的表现手法。（依次填入画横线部分最恰当的词语是**相辅相成、视角、浑然一体**）

【考情分析】

词　　语	出 现 次 数	作为正确选项次数	作为干扰选项次数
相辅相成	22	5	17

7. 相得益彰（xiāngdé-yìzhāng）

【出现频率】20 次

【词语解释】指两个人或两件事物互相配合，双方的能力和作用更能显示出来；褒义词。

【真题助记】

2021 年山东省公务员录用考试行测题（网友回忆版）第 18 题：

文学研究一直离不开两个维度：一个倾向于艺术的、内部结构的审美研究；另一个倾向于社会的、外部关系的意义揭示。两者原本可以________，互为补充，但在不同时代，由于对文学本体的追问，以及文学的主体性和文学的社会价值性上思考不同，使两者关系变得复杂，甚至紧张和________。（依次填入画横线部分最恰当的词语是**相得益彰、对立**）

【考情分析】

词　　语	出现次数	作为正确选项次数	作为干扰选项次数
相得益彰	20	10	10

8. 日新月异（rìxīn-yuèyì）

【出现频率】20 次

【词语解释】每天都在更新，每月都有变化，指发展或进步迅速，不断出现新事物、新气象。

【真题助记】

2021 年江苏省公务员录用考试行测题（A 类，网友回忆版）第 38 题：

仔细观察自然是发现的开端，是认识事物奥秘的向导，我们要注意观察自然界的各种事物、各种现象，注意大自然偶然疏忽留下的破绽，通过对这些________的观察，追根寻源，让大自然________出各种深藏的秘密。我们要以大自然为师，以自然之道来认识自然、适应自然、调节自然、改造和利用自然，使得人类社会________，不断向前发展。（依次填入画横线部分最恰当的词语是**蛛丝马迹、袒露、日新月异**）

【考情分析】

词　　语	出现次数	作为正确选项次数	作为干扰选项次数
日新月异	20	6	14

9．独树一帜（dúshù-yīzhì）

【出现频率】20 次

【词语解释】比喻独特新奇，自成一家。

【真题助记】

2019 年黑龙江边境县（市、区）急需紧缺专业岗公务员考试行测题第 27 题：

过去三年，人民日报海外版旗下的海外网一跃成为中央媒体中________的网站，并成为支持海外版媒介融合的独特平台；过去一年，“海客”客户端以清新的形象、鲜明的定位深受读者喜欢，两个微信号“侠客岛”和“学习小组”在互联网舆论场中________，成为时政解读的知名品牌。（依次填入画横线部分最恰当的词语是**独树一帜、崭露头角**）

【考情分析】

词　　语	出现次数	作为正确选项次数	作为干扰选项次数
独树一帜	20	6	14

10．理所当然（lǐsuǒdāngrán）

【出现频率】20 次

【词语解释】按道理应当这样。

【真题助记】

2021 年国家公务员录用考试行测题（地市级网友回忆版）第 35 题：

现代社会获取盐分轻而易举，以至于人们认为吃盐是________的事情。而事实上，由于盐在地理上的分布不均以及交通不畅等原因，其在古代一直都属于________之物。在人类历史上的绝大部分时间里，人们都在寻找盐，甚至令盐业成为历史上第一个由国家垄断的产业。可以说，盐贯穿着整个人类历史，并在人类文明的发展中起到了________的作用。（依次填入画横线部分最恰当的词语是**理所当然、稀缺、至关重要**）

【考情分析】

词　语	出现次数	作为正确选项次数	作为干扰选项次数
理所当然	20	4	16

11．根深蒂固（gēnshēn-dìgù）

【出现频率】19次

【词语解释】比喻基础深厚，不容易动摇。

【真题助记】

2020年北京市公务员录用考试行测题（乡镇卷，网友回忆版）第44题：

生鲜品线下销售渠道的________是直观，消费者可以现场挑选和检查质量，这种面对面的交易也是人们________的消费习惯。尽管网购的普及已经在逐渐________这一习惯，但对于生鲜品这类非标准化商品来说，目前阶段人们还是习惯“眼见为实”。（依次填入画横线部分最恰当的词语是**优势、根深蒂固、颠覆**）

【考情分析】

词　语	出现次数	作为正确选项次数	作为干扰选项次数
根深蒂固	19	14	5

12．潜移默化（qiányí-mòhuà）

【出现频率】19次

【词语解释】指人的思想或性格不知不觉因受到感染、影响而发生了变化。

【真题助记】

广东省2021年度选调生和急需紧缺专业公务员招录笔试综合行政能力测验（网友回忆版）第41题：

审美教育是一种________的动态教育，应当把道德教育通过审美意象和艺术形象的情感感染，贯穿到家庭教育、学校教育、社会教育全过程。（填入画横线部分最恰当的词语是**潜移默化**）

【考情分析】

词　语	出现次数	作为正确选项次数	作为干扰选项次数
潜移默化	19	11	8

13. 历久弥新（lìjiǔ-míxīn）

【出现频率】19 次

【词语解释】指经历长久的时间而更加鲜活，更加有活力，更显价值；或者是指一样东西不因时间而变旧、变腐，反而更加有活力，更显价值，比新的还要好。

【真题助记】

2019 年浙江省公务员录用考试行测题（B 类，网友回忆版）第 96 题：

中国文化的博大精深，来源于其内部生成的________；中国文化的________，取决于其变迁过程中各种元素、层次、类型在内容和结构上通过碰撞、________、融合而产生的革故鼎新的强大动力。（依次填入画横线部分最恰当的词语是**多姿多彩、历久弥新、解构**）

【考情分析】

词　语	出现次数	作为正确选项次数	作为干扰选项次数
历久弥新	19	6	13

14. 不可或缺（bùkě-huòquē）

【出现频率】18 次

【词语解释】表示非常重要，不能有一点点的缺失，不能少一点。或：稍微。

【真题助记】

2021 年国家公务员录用考试行测题（副省级网友回忆版）第

31题：

代入感是作品引发受众认同的机制，故事人物的某些方面召唤读者将自己替换为主人公，从而________，与角色同呼吸共命运。代入感是长篇网络小说________的属性，由于网络小说连载时间长，读者容易中途放弃，因此作品绑定读者，将单纯浏览转变为情感认同便十分重要。（依次填入画横线部分最恰当的词语是**感同身受、不可或缺**）

【考情分析】

词　语	出现次数	作为正确选项次数	作为干扰选项次数
不可或缺	18	8	10

15. 有的放矢（yǒudì-fàngshǐ）

【出现频率】18次

【词语解释】比喻说话或做事有明确的目的，有针对性。

【真题助记】

2021年国家公务员录用考试行测题（地市级网友回忆版）第40题：

随着各种侦察手段的不断演进，可视侦察、红外侦察、雷达侦察等“________”，现代坦克在战场上越来越难以藏身。对此，现代坦克当然不会“________”。在讲求“发现即摧毁”的现代战场上，坦克必须实现对侦察手段的“免疫”，见招拆招，________，让对手对自己庞大的身躯“视若无睹”。（依次填入画横线部分最恰当的词语是**虎视眈眈、坐以待毙、有的放矢**）

【考情分析】

词　语	出现次数	作为正确选项次数	作为干扰选项次数
有的放矢	18	5	13

16. 未雨绸缪（wèiyǔ-chóumóu）

【出现频率】17次

【词语解释】在天还没下雨的时候，就修补好房屋的门窗，后用来比喻事先做好准备。

【真题助记】

2021年江苏省公务员录用考试行测题（B类，网友回忆版）第38题：

用大概率思维应对小概率事件，重在________、防患于未然。在思想深处绷紧防范________小概率事件风险这根弦，从考验中________经验，补足应急管理体系和能力的短板和漏洞，使之更加完善，更具威力。（依次填入画横线部分最恰当的词语是**未雨绸缪、化解、汲取**）

【考情分析】

词　语	出现次数	作为正确选项次数	作为干扰选项次数
未雨绸缪	17	10	7

17．毋庸置疑（wúyōng-zhìyí）

【出现频率】17次

【词语解释】事实明显或理由充分，不必怀疑。

【真题助记】

2020年江苏省公务员录用考试行测题（C类，网友回忆版）第31题：

“创新乡贤文化”确实有助于以乡情乡愁为纽带，吸引和凝聚各方人士支持家乡建设。此乃________乡村现代化难题的有益尝试，这一点显然是________的。（依次填入画横线部分最恰当的词语是**破解、毋庸置疑**）

【考情分析】

词　语	出现次数	作为正确选项次数	作为干扰选项次数
毋庸置疑	17	6	11

18．有目共睹（yǒumù-gòngdǔ）

【出现频率】17次

【词语解释】形容事物非常明显。

【真题助记】

2017年422联考行测题（吉林卷乙级）第35题：

《中国诗词大会》推广传统诗词文化的成效________。观众在春节期间远离了牌桌和酒席，坐在电视机前欣赏选手的精彩对决。将古诗词元素融入现代生活中，或许是传承传统文化的好方法。虽然不是每个人都要写诗成为诗人，古诗词欣赏能力也未必与背诵能力成正比，但在日常文字表达中化用古诗词，足以让一个人在精神上________起来。（依次填入画横线部分最恰当的词语是**有目共睹、雍容**）

【考情分析】

词　语	出现次数	作为正确选项次数	作为干扰选项次数
有目共睹	17	5	12

19. 一成不变（yīchéng-bùbiàn）

【出现频率】17次

【词语解释】一经形成，不再改变。

【真题助记】

2021年国家公务员录用考试行测题（地市级网友回忆版）第37题：

20世纪80年代初，SCI作为一种________的、相对公平的量化指标被引进中国，这是建立科学、公平、公正的高校科研评价体系的初步尝试，在当时是一种进步。但如果启用先进的考核举措而长期________，甚至演变成“至上”的法宝和单一的指挥棒，最终都会________，弊大于利。（依次填入画横线部分最恰当的词语是**客观、一成不变、物极必反**）

【考情分析】

词　语	出现次数	作为正确选项次数	作为干扰选项次数
一成不变	17	5	12

20．举足轻重（jǔzú-qīngzhòng）

【出现频率】17 次

【词语解释】比喻所处地位重要，一举一动都会影响全局。

【真题助记】

2019 年 420 联考行测题（山西县级 + 乡镇，网友回忆版）第 29 题：

城市的文化形象是人们对一个城市的文化________的整体认知与印象，主要来源于城市的发展哲学、城市精神等构成的理念识别系统，城市各主体的行为方式所构成的行为识别系统以及公共文化空间、文化景观等构成的视觉识别系统。在新一轮的城市竞争中，城市的文化形象对城市的经济社会发展将起到________的作用。（依次填入画横线部分最恰当的词语是**气质、举足轻重**）

【考情分析】

词语	出现次数	作为正确选项次数	作为干扰选项次数
举足轻重	17	5	12

21．不言而喻（bùyán'éryù）

【出现频率】16 次

【词语解释】不用说话就能明白，形容道理很明显。

【真题助记】

2021 年北京市公务员录用考试行测题（乡镇卷，网友回忆版）第 36 题：

语言是民族认同最重要的标志，因此，大力开展古代汉语、现代汉语研究的重要性________。（填入画横线部分最恰当的词语是**不言而喻**）

【考情分析】

词语	出现次数	作为正确选项次数	作为干扰选项次数
不言而喻	16	9	7

22．方兴未艾（fāngxīng-wèi'ài）

【出现频率】16 次

【词语解释】指事物正在发展，尚未达到止境。方：正在；兴：兴起；艾：停止。

【真题助记】

2019 年国家公务员录用考试行测题（地市级网友回忆版）第 25 题：

近年来，商业赞助越来越多地________体育运动。在体育市场化、职业化________的当下，如何在追求个人商业价值与体育管理机构利益间取得平衡，是运动员和体育管理机构不能回避的问题。（依次填入画横线部分最恰当的词语是**垂青、方兴未艾**）

【考情分析】

词　语	出现次数	作为正确选项次数	作为干扰选项次数
方兴未艾	16	3	13

23．水到渠成（shuǐdào-qúchéng）

【出现频率】16 次

【词语解释】比喻条件成熟，事情自然会成功。

【真题助记】

2017 年国家公务员录用考试行测题（副省级）第 34 题：

实际上，靠强制手段和利益驱使评上的“文明城市”，只不过是________罢了。只有每一位市民发自内心地________“文明城市”理念，从身边点滴小事做起，做文明有礼的城市人，“文明城市”自然________。（依次填入画横线部分最恰当的词语是**自欺欺人、认同、水到渠成**）

【考情分析】

词　语	出现次数	作为正确选项次数	作为干扰选项次数
水到渠成	16	2	14

24．一劳永逸（yīláo-yǒngyì）

【出现频率】15 次

【词语解释】辛苦一次，把事情办好，以后就可以不再费力了。

【真题助记】

2021 年国家公务员录用考试行测题（副省级网友回忆版）第 26 题：

当前，我国旅游市场的需求还在持续迸发，人民的旅游诉求也在不断升级。仅靠评级就想________的想法已经过时，口碑立身、品质说话才是景区吸引客源的正道。希望景区能摒弃________的心理，为游客营造更加舒心和放心的环境，为旅游行业发展带来更多正能量。（依次填入画横线部分最恰当的词语是**一劳永逸、急功近利**）

【考情分析】

词　语	出现次数	作为正确选项次数	作为干扰选项次数
一劳永逸	15	7	8

25．浮光掠影（fúguāng-lüèyǐng）

【出现频率】15 次

【词语解释】像水面的光和掠过的影子一样，一晃就消逝，形容印象不深刻。

【真题助记】

2018 年重庆市公务员录用考试行测题（下半年）第 38 题：

多年来，相比于城市的迅猛发展，广大农村地区尤其是中西部农村的发展相对缓慢，以至于很多农村年轻人要进城寻找工作，但融入城市________。这些问题，对于我这样的年轻记者来说，以前只是________地听专家们________，并未有过切身体会和深入思考。而通过新春走基层，记者开始有意识地带着问题去了解农村、观察社会，一点点寻找问题的答案。（依次填入画横线部分最恰当的词语是**难上加难、浮光掠影、侃侃而谈**）

【考情分析】

词语	出现次数	作为正确选项次数	作为干扰选项次数
浮光掠影	15	6	9

26. 比比皆是（bǐbǐjiēshì）

【出现频率】15 次

【词语解释】指到处都是，形容极其常见。

【真题助记】

2016 年 3 月四川省选调优秀大学生到基层工作考试行测题（精选）第 29 题：

在当今时代，关于解释鸟类结群飞行、呈“V”字飞行、迁徙的理论________，但最终答案几乎没有。作为大量趋同进化例子中的一个，昆虫和哺乳动物也进化出了飞行能力，但鸟类的飞行能力却尤其让人感到________。（依次填入画横线部分最恰当的词语是**比比皆是、困惑**）

【考情分析】

词语	出现次数	作为正确选项次数	作为干扰选项次数
比比皆是	15	4	11

27. 因势利导（yīnshì-lìdǎo）

【出现频率】15 次

【词语解释】顺着事情发展的趋势，向有利于实现目的的方向加以引导。

【真题助记】

2021 年国家公务员录用考试行测题（地市级网友回忆版）第 30 题：

一些国家在实现自身现代化过程中选错了参照系，将发达国家有什么、做什么作为实现自身现代化的________，导致在向市场经济转型过程中经济停滞、崩溃，危机不断。而中国能够根据自己的要素禀赋条件，发挥政府在市场经济中________的作用，把自己能做好的产业做大做强，将比较优势变成竞争优势，从而推动经济长期稳定快速发展。（依次填入画横线部分最恰当的词语是**目标、因势利导**）

【考情分析】

词　语	出现次数	作为正确选项次数	作为干扰选项次数
因势利导	15	4	11

28. 故步自封（gùbù-zìfēng）（也作“固步自封”）

【出现频率】11 次

【词语解释】比喻守着老一套，不求进步。

【真题助记】

2020 年国家公务员录用考试行测题（副省级网友回忆版）第 29 题：

五四运动表现出来的爱国主义精神，与以往的爱国主义相比较，具有历史进步性和鲜明时代性。这种爱国主义不是盲目排外，而是为了维护国家独立和民族尊严；不是________，而是与民主和科学精神紧密联系，追求发展进步；不是________，而是付诸行动，以“直接行动”投入反帝运动。（依次填入画横线部分最恰当的词语是**故步自封、纸上谈兵**）

【考情分析】

词　语	出现次数	作为正确选项次数	作为干扰选项次数
故步自封	15	4	11

29. 捉襟见肘（zhuōjīn-jiànzhǒu）

【出现频率】14 次

【词语解释】拉一下衣襟就露出胳膊肘，形容衣服破烂，也比喻顾此失彼，应付不过来。

【真题助记】

2021 年江苏省公务员录用考试行测题（A 类，网友回忆版）第 40 题：

科研人员是科技创新的核心力量，也是科普创作和科学传播的重要生力军。然而，由某科普研究所开展的一项调查显示，相比之下，我国的科普人力资源严重失衡，尤其是作为科普源头的科普创作人力资源更是________。推动科研人员参与科普事业，成为________。国家也在倡导科研人员参与科普，从科研人员的角度来说，这也是________的事情。（依次填入画横线部分最恰当的词语是**捉襟见肘、当务之急、责无旁贷**）

【考情分析】

词　语	出现次数	作为正确选项次数	作为干扰选项次数
捉襟见肘	14	6	8

30．背道而驰（bèidào’érchí）

【出现频率】14 次

【词语解释】朝相反的方向跑去，比喻彼此的方向和目的完全相反。

【真题助记】

2020 年江苏省公务员录用考试行测题（C 类，网友回忆版）第 33 题：

最初，不同颜色共享单车入驻城市时都打着激活闲置资源的旗子，因为过往的有桩公共自行车系统的不便利，人们一度以为城市的公共资源获得了________。但就是这样为了提高利用效率而生的项目，逐渐演变成城市的累赘。废弃的自行车堆积如山，反而造成了资源的过度浪费，这无疑和“共享”的初衷________。（依次填入画横线部分最恰当的词语是**重生、背道而驰**）

【考情分析】

词　语	出现次数	作为正确选项次数	作为干扰选项次数
背道而驰	14	6	8

31. 莫衷一是（mòzhōng-yīshì）

【出现频率】14 次

【词语解释】不能决定哪个是对的，形容意见分歧，没有一致的看法。

【真题助记】

2019 年 420 联考行测题（山东卷，网友回忆版）第 5 题：

一个政党执政，最怕的是在重大问题上态度不坚定，结果社会上的人们对有关问题沸沸扬扬、________，别有用心的人趁机________、蛊惑搅和，最终没有不出事的，所以，道路问题不能含糊，必须向全社会释放正确而又明确的信号。（依次填入画横线部分最恰当的词语是**莫衷一是、煽风点火**）

【考情分析】

词　语	出现次数	作为正确选项次数	作为干扰选项次数
莫衷一是	14	5	9

32. 如火如荼（rúhuǒ-rútú）

【出现频率】14 次

【词语解释】形容大规模的行动气势旺盛，气氛热烈。

【真题助记】

2019 年 420 联考行测题（山西县级 + 乡镇，网友回忆版）第 24 题：

关于科学革命的讨论________于 17 世纪。不过，其时革命尚在________地展开，相关讨论的焦点集中在科学的本性，而未有所谓“科学革命史”的理解。到 19 世纪，现代科学的基本模式逐渐定型，一些学者便回到现代科学的源头做起了编史和整理工作。（依次填入画横线部分最恰当的词语是**滥觞、如火如荼**）

【考情分析】

词　语	出现次数	作为正确选项次数	作为干扰选项次数
如火如荼	14	4	10

33．缘木求鱼（yuánmù-qiúyú）

【出现频率】14次

【词语解释】比喻方向或办法不对头，不可能达到目的。

【真题助记】

2019年国家公务员录用考试行测题（地市级网友回忆版）第23题：

阿道司·赫胥黎在《美丽新世界》中描绘了2532年一个依赖生殖技术的人类社会。在那里，人文跟不上科技的发展，人类的“拜物教”越来越兴盛：认为医学可以解决一切病痛，科技可以弥补人文的鸿沟。事实上，这无异于________。（填入画横线部分最恰当的词语是**缘木求鱼**）

【考情分析】

词 语	出现次数	作为正确选项次数	作为干扰选项次数
缘木求鱼	14	4	10

34．屡见不鲜（lǚjiàn-bùxiān）

【出现频率】14次

【词语解释】经常看到，并不新鲜。

【真题助记】

2019年辽宁省公务员录用考试行测题（网友回忆版）第38题：

我们从小就接受“无规矩不成方圆”的教育，明白世上任何事物皆有各自标准法度的道理。但总有人不守规则、________，个中道理值得深思。事实上，近年来有关漠视、违反、扭曲规则的事________，小到闯红灯、高铁霸座等，大到违规用权、官员腐败等，无不________着破坏规则导致的种种危害和风险。（依次填入画横线部分最恰当的词语是**各行其是、屡见不鲜、凸显**）

【考情分析】

词 语	出现次数	作为正确选项次数	作为干扰选项次数
屡见不鲜	14	3	11

35. 此起彼伏（cǐqǐ-bǐfú）

【出现频率】14 次

【词语解释】这里起来，那里下去，形容接连不断。

【真题助记】

2019 年 420 联考行测题（云南卷，网友回忆版）第 37 题：

今天，关于传统文化的书写存在两个极端：要么过于通俗，要么过于玄虚。中国传统文化的传播、国学的弘扬，需要摆脱这两个极端，走一条中间道路，做到________、微言大义。虽然，“文化热”“儒学热”“国学热”的浪潮________，但真正将自己的文化看作安身立命之本的人却________。很多人对待文化、对待国学，仍然没有走出经世致用、急功近利的目的预设。（依次填入画横线部分最恰当的词语是**深入浅出、此起彼伏、少之又少**）

【考情分析】

词　　语	出现次数	作为正确选项次数	作为干扰选项次数
此起彼伏	14	3	11

36. 耳濡目染（ěrrú-mùrǎn）

【出现频率】14 次

【词语解释】耳朵经常听到，眼睛经常看到，不知不觉地受到影响。

【真题助记】

2020 年深圳市考公务员录用考试行测 1 试题（网友回忆版）第 56 题：

（1）在金大的四年中，程先生如饥似渴地吸取营养，学问大进，他在晚年深情回忆：“在大学四年中，诸位老师各有专长，已使我________，枵腹日充。”

（2）张旭诗云：“山无物态弄春晖，莫为轻阴便拟归。”可见在日常生活中，斜风细雨也可能成为________的借口。

（依次填入画横线部分最恰当的词语是**耳濡目染、裹足不前**）

【考情分析】

词　语	出现次数	作为正确选项次数	作为干扰选项次数
耳濡目染	14	2	12

37. 人云亦云（rényún-yìyún）

【出现频率】14 次

【词语解释】人家怎么说，自己也跟着怎么说，指没有主见，只会随声附和。

【真题助记】

2019 年国家公务员录用考试行测题（地市级网友回忆版）第 33 题：

智慧是哲人对世道人生、天地宇宙的独见独闻或先知先觉，它注定不是________的市井常识，也不是循规蹈矩的老生常谈。“周虽旧邦，其命维新”，哲学的进步实则是哲人学术与智慧的不断________。（依次填入画横线部分最恰当的词语是**人云亦云、推陈出新**）

【考情分析】

词　语	出现次数	作为正确选项次数	作为干扰选项次数
人云亦云	14	1	13

38. 应运而生（yìngyùn’érshēng）

【出现频率】13 次

【词语解释】原指顺应天命而降生，后泛指随着某种形势而产生。

【真题助记】

2020 年安徽省公务员录用考试行测题（网友回忆版）第 24 题：

近年来，人们的生活条件越来越好，对旅游________的要求也越来越高，从前到此一游、________的旅游方式已逐渐被深度体验、注重文化与互动的旅游方式所替代。正是在这种背景下，文化与旅游融合的发展方式________，并成为热点。（依次填入画横线部分最恰当的词语

是**品质、走马观花、应运而生**）

【考情分析】

词　语	出现次数	作为正确选项次数	作为干扰选项次数
应运而生	13	11	2

39．息息相关（xīxī-xiāngguān）

【出现频率】13 次

【词语解释】形容彼此的关系非常密切。

【真题助记】

广东省 2020 年度选调生和急需紧缺专业公务员招录笔试综合行政能力测验（网友回忆版）第 50 题：

广大知识分子的前途命运与中华民族伟大复兴事业________。纵览历史，那些________的知识分子，无不是将聪明才智赤诚奉献于国家富强、民族振兴和人民幸福的追求之中。（依次填入画横线部分最恰当的词语是**息息相关、名垂青史**）

【考情分析】

词　语	出现次数	作为正确选项次数	作为干扰选项次数
息息相关	13	7	6

40．迫在眉睫（pòzàiméijié）

【出现频率】13 次

【词语解释】形容事情已到眼前，情势十分紧迫。

【真题助记】

2019 年 420 联考行测题（吉林乙级，网友回忆版）第 26 题：

维护网络在线教育市场的正常秩序________。首先需要加强监管。网络在线教育是一个新生事物，是“互联网 + 教育”的新兴产业，怎么管、谁来管、管什么等一系列问题尚待厘清。________是在立法等制度设计层面划定相关准入门槛。（依次填入画横线部分最恰当的词语是**迫在眉睫、当务之急**）

【考情分析】

词　　语	出现次数	作为正确选项次数	作为干扰选项次数
迫在眉睫	13	6	7

第二节　从“锲而不舍”到“顺理成章”等40个成语

一、本节成语汇总（见表2-2）

表2-2　从“　而不舍”到“顺理成章”

锲而不舍（13）	推陈出新（13）	墨守成规（12）	惟妙惟肖（12）	循规蹈矩（12）
持之以恒（13）	显而易见（13）	凤毛麟角（12）	因地制宜（12）	削足适履（11）
源远流长（13）	无与伦比（13）	不谋而合（12）	纸上谈兵（12）	随波逐流（11）
舍本逐末（13）	昙花一现（12）	不胜枚举（12）	轻而易举（12）	独善其身（11）
良莠不齐（13）	博大精深（12）	鱼龙混杂（12）	家喻户晓（12）	按部就班（11）
栩栩如生（13）	与生俱来（12）	脱颖而出（12）	汗牛充栋（12）	独一无二（11）
无可厚非（13）	立竿见影（12）	此消彼长（12）	顾此失彼（12）	与时俱进（11）
标新立异（13）	纷至沓来（12）	泾渭分明（12）	休戚与共（12）	顺理成章（11）

注：括号内的数字指该成语在真题中出现的次数。

二、成语分析

41. 锲而不舍（qiè’érbùshě）

【出现频率】13次

【词语解释】比喻有恒心有毅力。

【真题助记】

2020年国家公务员录用考试行测题（副省级网友回忆版）第

26 题：

渔业资源恢复是一个复杂而缓慢的过程，需要________的努力，如坚决减少捕捞力量、科学发展增殖渔业和加强栖息地保护与修复等。________生态系统水平的适应性对策，强化资源管理与养护，依然是下一步渔业资源恢复的重点工作。（依次填入画横线部分最恰当的词语是**锲而不舍、探索**）

【考情分析】

词　语	出现次数	作为正确选项次数	作为干扰选项次数
锲而不舍	13	5	8

42．持之以恒（chízhī-yǐhéng）

【出现频率】13 次

【词语解释】长久地坚持下去：努力学习，持之以恒；锻炼身体要持之以恒。

【真题助记】

2019 年江苏省公务员录用考试行测题（A 类，网友回忆版）第 39 题：

应当看到，农业调结构是一个动态的过程，不可能一调到位、________。农业也是慢热型产业，培育一个成熟品牌，要三五年、十多年，甚至更长时间，靠政府部门________不行，必须尊重农业发展规律和市场规律，扎扎实实、________、一步一步走。（依次填入画横线部分最恰当的词语是**一劳永逸、揠苗助长、持之以恒**）

【考情分析】

词　语	出现次数	作为正确选项次数	作为干扰选项次数
持之以恒	13	5	8

43．源远流长（yuányuǎn-liúcháng）

【出现频率】13 次

【词语解释】源头很远，水流很长，也形容历史悠久。

【真题助记】

2018年421联考行测题（安徽卷，网友回忆版）第7题：

中国传统菜肴对于烹调方法极为讲究，而且长期以来，由于物产和风俗的差异，各地的饮食习惯和品味爱好________，________的烹调技术经过历代人民的创造，形成了丰富多彩的地方菜系。（依次填入画横线部分最恰当的词语是**迥然不同、源远流长**）

【考情分析】

词　语	出现次数	作为正确选项次数	作为干扰选项次数
源远流长	13	4	9

44．舍本逐末（shěběn-zhúmò）

【出现频率】13次

【词语解释】比喻做事不注意根本，而只抓细枝末节，多用于指轻重主次颠倒，不会明辨轻重缓急。

【真题助记】

2019年重庆市法检系统招录考试行测题（网友回忆版）第23题：

为了迎合家长急于求成的心理需求，不少美术类培训机构纷纷带孩子参加各类绘画大赛和少儿绘画考级活动。这必然是________的做法。绘画是人们认识和感受世界、表达个人情绪和看法的一种方式，目的在于培养孩子对现实世界的认知能力。作为家长，不要急于让孩子出成果、获大奖，而应该________孩子用更加丰富的手段认识世界。（依次填入画横线部分最恰当的词语是**舍本逐末、引导**）

【考情分析】

词　语	出现次数	作为正确选项次数	作为干扰选项次数
舍本逐末	13	3	10

45．良莠不齐（liángyǒu-bùqí）

【出现频率】13次

【词语解释】指好的、坏的混杂在一起。莠：狗尾草，比喻品质坏的。

【真题助记】

2019 年黑龙江边境县（市、区）急需紧缺专业岗公务员考试行测题第 35 题：

国家级和省级博物馆往往建设完善，参观者________，甚至每天一早就出现排队的长龙；省级以下的公办博物馆则________。有的地方有充分的财政投入保障，博物馆拥有不错的硬件和软件设施，参观者的“回头率”较高；有的地方则缺乏对博物馆的投入，馆舍狭小老旧，展出品维护不当，专业讲解人员稀缺，导致博物馆________，可能连当地人都不知道博物馆的大门朝哪个方向开。（依次填入画横线部分最恰当的词语是**络绎不绝、良莠不齐、门庭冷落**）

【考情分析】

词　　语	出现次数	作为正确选项次数	作为干扰选项次数
良莠不齐	13	3	10

46．栩栩如生（xǔxǔrúshēng）

【出现频率】13 次

【词语解释】指艺术形象非常逼真，如同活的一样。

【真题助记】

2018 年国家公务员录用考试行测题（地市级网友回忆版）第 39 题：

漆画有其他画种达不到的效果，同时也有它的________。它不能像油画、水粉画那样自由地运用冷暖色彩，不能像素描那样丰富地运用明暗层次，不善于逼真地、________地再现对象。事实上，在似与不似之间表现对象，才是漆画最________的地方。（依次填入画横线部分最恰当的词语是**局限、栩栩如生、擅长**）

【考情分析】

词　　语	出现次数	作为正确选项次数	作为干扰选项次数
栩栩如生	13	3	10

47. 无可厚非（wúkěhòufēi）

【出现频率】13次

【词语解释】不可过分指摘，表示虽有缺点，但是可以理解或原谅。

【真题助记】

2018年新疆生产建设兵团面向社会招录公务员考试行测题（网友回忆版）第27题：

许多家长为了让孩子感受一下世界名校的氛围，趁暑假到海外转一圈，本________，然而，在对海外游学的目的和内容缺乏成熟考虑的情况下，不顾自身条件盲目跟风，这就值得商榷了。有家长抱怨，“花了钱心疼得不踏实，不花钱对不起孩子更不踏实”，显然这是因缺乏正确认识而________的结果。（依次填入画横线部分最恰当的词语是**无可厚非、随波逐流**）

【考情分析】

词　语	出现次数	作为正确选项次数	作为干扰选项次数
无可厚非	13	3	10

48. 标新立异（biāoxīn-lìyì）

【出现频率】13次

【词语解释】原义为表明自己新颖的义理，提出与众不同的见解，后来也指故意提出新奇的见解，表示自己与众不同。

【真题助记】

2016年山东省公务员录用考试行测题第6题：

19世纪批判现实主义文学最卓越的功绩之一就是揭露了资本主义社会人与人之间赤裸裸的金钱关系，而夏洛蒂·勃朗特则在这深入人心的主题上________，大胆开辟了新的价值观领域，以简·爱对爱情的追求，描绘了不以金钱标价的婚姻，使读者耳目一新。但是作者毕竟无法________金钱对个人幸福的决定作用，这就使简·爱陷入了自相矛盾

之中，给读者留下诸多的思考。（依次填入画横线部分最恰当的词语是**标新立异、回避**）

【考情分析】

词　语	出现次数	作为正确选项次数	作为干扰选项次数
标新立异	13	2	11

49．推陈出新（tuīchén-chūxīn）

【出现频率】13 次

【词语解释】对旧的文化进行批判地继承，剔除其糟粕，吸取其精华，创造出新的文化。

【真题助记】

2019 年国家公务员录用考试行测题（地市级网友回忆版）第 33 题：

智慧是哲人对世道人生、天地宇宙的独见独闻或先知先觉，它注定不是________的市井常识，也不是循规蹈矩的老生常谈。“周虽旧邦，其命维新”，哲学的进步实则是哲人学术与智慧的不断________。（依次填入画横线部分最恰当的词语是**人云亦云、推陈出新**）

【考情分析】

词　语	出现次数	作为正确选项次数	作为干扰选项次数
推陈出新	13	1	12

50．显而易见（xiǎn'éryìjiàn）

【出现频率】13 次

【词语解释】形容事情或道理很明显，极容易看清楚。

【考情分析】

词　语	出现次数	作为正确选项次数	作为干扰选项次数
显而易见	13	0	13

51．无与伦比（wúyǔlúnbǐ）

【出现频率】13 次

【词语解释】没有能够比得上的（多含褒义）。

【考情分析】

词　语	出现次数	作为正确选项次数	作为干扰选项次数
无与伦比	13	0	13

52. 昙花一现（tánhuā-yīxiàn）

【出现频率】12次

【词语解释】比喻稀有的事物或显赫一时的人物出现不久就消逝。

【真题助记】

广东省2021年度选调生和急需紧缺专业公务员招录笔试综合行政能力测验（网友回忆版）第53题：

对于地方决策者来说，在生态环境保护中避免________，才能把具体政策转化为老百姓实实在在的获得感。在这个意义上，绿色发展绝不能以________的景观效果代替真正着眼于长远的生态环境保护政策和治理手段。（依次填入画横线部分最恰当的词语是**急功近利、昙花一现**）

【考情分析】

词　语	出现次数	作为正确选项次数	作为干扰选项次数
昙花一现	12	10	2

53. 博大精深（bódà-jīngshēn）

【出现频率】12次

【词语解释】（思想、学说等）广博高深。

【真题助记】

2021年江苏省公务员录用考试行测题（A类，网友回忆版）第36题：

提质升级的公共文化服务极大提升了群众的获得感和幸福感，成为小康生活________的一部分。通过公共文化服务，更多人享受到了中国文化繁荣发展的成果，更多的普通人能徜徉于书海，________于艺术，为中华文化的________而惊叹，成为民族自信心和自豪感的重要滋养。

（依次填入画横线部分最恰当的词语是**不可或缺、纵情、博大精深**）

【考情分析】

词　语	出现次数	作为正确选项次数	作为干扰选项次数
博大精深	12	6	6

54. 与生俱来（yǔshēng-jùlái）

【出现频率】12 次

【词语解释】一生下来就有，也指天生。

【真题助记】

2020 年北京市公务员录用考试行测题（乡镇卷，网友回忆版）第 43 题：

辞书的“互联网基因”，似乎是________的。对于网络阅读，人们常常有“碎片化”的________，而辞书恰是由众多“碎片化”的条目组成的，并且供人们“碎片化”检索使用。因为有了数字化、互联网，辞书检索变得空前________：只要把那个字、那个词放入搜索框，轻点一下鼠标，古音、今音，古义、今义，例句乃至翻译，都可以同时呈现在眼前。（依次填入画横线部分最恰当的词语是**与生俱来、忧虑、简便**）

【考情分析】

词　语	出现次数	作为正确选项次数	作为干扰选项次数
与生俱来	12	5	7

55. 立竿见影（lìgān-jiànyǐng）

【出现频率】12 次

【词语解释】把竹竿立在太阳光下，立刻就能看到影子，比喻收效迅速。

【真题助记】

2019 年 420 联考行测题（吉林甲级，网友回忆版）第 28 题：

最初版本的个税 App 启用以后，人们质疑租户必须填写房东信息这项要求，担心此举会导致房东多缴一笔出租税，因而房东通过涨房租来对冲损失，客观上造成了房东和租户的零和博弈，这显然不是减税政策的本义。新版个税 App 正是意在回应舆论关于国家减税降负诚意的质疑。就实际效果来说，新版个税 App 一经公布，公众就掀起一片力挺之声，安抚效应可谓________。（填入画横线部分最恰当的词语是**立竿见影**）

【考情分析】

词　语	出现次数	作为正确选项次数	作为干扰选项次数
立竿见影	12	5	7

56. 纷至沓来（fēnzhì-tàlái）

【出现频率】12 次

【词语解释】形容纷纷到来、连续不断地到来，用于指人或事物。

【真题助记】

2019 年青海省公务员录用考试行测题（省市州级 A 类，网友回忆版）第 30 题：

传统文化是中华民族的灵魂，几千年来，春节庙会、清明祭祖、端午赛龙舟、重阳登高等传统民俗活动________，展现了乡土文化旺盛顽强的生命力。乡村旅游大发展，传统村落成为人们________的旅游胜地，民俗体验、乡村写生等成为消费热点。景德镇陶瓷、淄博琉璃、潍坊风筝等乡土工艺品以及泰山皮影、日照农民画等乡土民间艺术纷纷走出国门，中国乡村文化正________地走向世界，挺立于世界文化之林。实践证明，中国乡土文化历经劫难而不亡，________而新生，我们完全有理由树立对乡土文化的自信，这是文化自信的核心构成，决定着文化自信的深度和广度。（依次填入画横线部分最恰当的词语是**如火如荼、纷至沓来、踌躇满志、饱经风雨**）

【考情分析】

词　语	出现次数	作为正确选项次数	作为干扰选项次数
纷至沓来	12	4	8

57．墨守成规（mòshǒu-chéngguī）

【出现频率】12 次

【词语解释】形容因循守旧，不肯改进。

【真题助记】

2019 年河北省公务员录用考试行测题（县级 + 乡镇，网友回忆版）第 28 题：

全面依法治国，必须从我国________出发，突出中国特色、实践精神、时代特色，既不能罔顾国情、超越阶段，也不能因循守旧、________。（依次填入画横线部分最恰当的词语是**实际、墨守成规**）

【考情分析】

词　语	出现次数	作为正确选项次数	作为干扰选项次数
墨守成规	12	4	8

58．凤毛麟角（fèngmáo-línjiǎo）

【出现频率】12 次

【词语解释】比喻珍贵而稀少的人或物，修饰人时，强调突出、优秀、拔尖。

【真题助记】

2020 年四川省公务员考试行测题（网友回忆版）第 20 题：

近几十年来，苏绣讲究的“平、齐、光、亮”已被刺绣界广为认同，成为衡量传统针法技艺高低的基本________。各绣种最初习绣都要从学习平绣技法入手，而真正绣好一幅平绣作品并非易事，能成为经典的作品可谓________，这不仅因为此种技艺用针黹书写了刺绣艺术史，更是因为它承担着传承工匠精神的历史重任。（依次填入画横线部分最恰当的词语是**尺度、凤毛麟角**）

【考情分析】

词　语	出现次数	作为正确选项次数	作为干扰选项次数
凤毛麟角	12	4	8

59. 不谋而合（bùmóu'érhé）

【出现频率】12次

【词语解释】指事先没有商量过，意见或行动却完全一致。

【真题助记】

2020年四川省公务员考试行测题（网友回忆版）第18题：

在大数据的洪流中，互联网与传统文化产业的融合，成为一个新的市场________。作为创意性、知识性、融合性强的产业，三大要素的支撑对于文化生产力的发展至关重要。文化产业对资源、人才以及开放和多元包容具有高度依赖性，这与互联网和大数据的基因________。（依次填入画横线部分最恰当的词语是**契机、不谋而合**）

【考情分析】

词　语	出现次数	作为正确选项次数	作为干扰选项次数
不谋而合	12	4	8

60. 不胜枚举（bùshèng-méijǔ）

【出现频率】12次

【词语解释】不能一个个地列举出来，形容数量很多。

【真题助记】

2019年420联考行测题（山西县级+乡镇，网友回忆版）第32题：

古人根据经验编制了许多脍炙人口的农谚，比如“清明前后，种瓜点豆”。不仅是农谚，与二十四节气相关的诗词歌赋也是________，比如“蒹葭苍苍，白露为霜”，再比如“清明时节雨纷纷，路上行人欲断魂”。这些诗词歌赋________，将二十四节气与天气现象巧妙地结合在一起，具有很好的传播性。（依次填入画横线部分最恰当的词语是**不胜枚举、形神兼备**）

【考情分析】

词　语	出现次数	作为正确选项次数	作为干扰选项次数
不胜枚举	12	4	8

61．鱼龙混杂（yúlóng-hùnzá）

【出现频率】12 次

【词语解释】比喻坏人和好人混在一起。

【真题助记】

2019 年 420 联考行测题（云南卷，网友回忆版）第 34 题：

现在的诗词普及，还有许多需要留心和甄别的地方。如今市面上诗词普及的图书尤其多，也尤为________。有不少普及读物，其中文字错漏百出，采用的故事也都是________，甚至是杜撰而来的。作为读者，应该加以甄别，尽量选择学者编写的图书，他们的材料、解读都较为严谨扎实，采用的故事也都有正史作为依据。（依次填入画横线部分最恰当的词语是**鱼龙混杂、道听途说**）

【考情分析】

词　　语	出现次数	作为正确选项次数	作为干扰选项次数
鱼龙混杂	12	4	8

62．脱颖而出（tuōyǐng'érchū）

【出现频率】12 次

【词语解释】比喻人的才能全部显示出来。

【真题助记】

2015 年上海市公务员录用考试行测题（A 类）第 2 题：

（1）一粒绿豆大的金粒，可________成 0.6 平方米面积的金箔，可见其延展性之好。

（2）灌木丛长不高——它们都热衷于在低处相互掣肘、撕扯，所以，谁也不能________。

（3）小产权房之所以有市场，________，是因为民众对廉租、廉价房有强烈的需求。

依次填入画横线部分的词语是碾、脱颖而出、屡禁不止。

【考情分析】

词　　语	出 现 次 数	作为正确选项次数	作为干扰选项次数
脱颖而出	12	3	9

63．此消彼长（cǐxiāo-bǐzhǎng）

【出现频率】12 次

【词语解释】指这个下降，那个上升，引申为不要太过于在乎此时的失去，别的方面会有长进；什么事情都有两面或者多面性，或者引申为两个事物之间的反相关关系。

【真题助记】

2020 年福建省公务员考试行测题（网友回忆版）第 27 题：

中国长城是在农耕民族和游牧民族的分界线上耸立起来的，这条分界线随着双方力量的________，在不同历史时期就像改道的黄河一样，在大地上留下深浅不一的痕迹：有的________如巨龙蜿蜒，有的湮灭如草蛇灰线。（依次填入画横线部分最恰当的词语是**此消彼长、清晰**）

【考情分析】

词　　语	出 现 次 数	作为正确选项次数	作为干扰选项次数
此消彼长	12	3	9

64．泾渭分明（jīngwèifēnmíng）

【出现频率】12 次

【词语解释】比喻界限清楚或是非分明。

【真题助记】

2021 年江苏省公务员录用考试行测题（A 类，网友回忆版）第 33 题：

购物车升级的背后是新消费的崛起。新消费的外生动力在于技术创新、业态升级和服务体验。当前消费者的消费需求不断升级，________生产端提升供给水平。需求和供给间已不再是________，而是通过互联网与制造业的深度融合，依托数字经济的发展，架起线上购物与实体生产间的桥梁，生产、流通、分配、消费各个环节的效率和服务质量都在不断提升。（依次填入画横线部分最恰当的词语是**倒逼**、**泾渭分明**）

【考情分析】

词　语	出现次数	作为正确选项次数	作为干扰选项次数
泾渭分明	12	3	9

65. 惟妙惟肖（wéimiào-wéixiào）

【出现频率】12 次

【词语解释】描写或模仿的非常逼真。

【真题助记】

2015 年甘肃省公务员录用考试行测题第 26 题：

这次“老北京”展览以《旧京环顾图》长卷为________制作而成，以“胡同张”长 100 米的老北京立体微缩街景为主要内容，展示了________的微缩老北京店铺景观。（依次填入画横线部分最恰当的词语是**模板**、**惟妙惟肖**）

【考情分析】

词　语	出现次数	作为正确选项次数	作为干扰选项次数
惟妙惟肖	12	3	9

66. 因地制宜（yīndì-zhìyí）

【出现频率】12 次

【词语解释】根据当地的实际情况，制定适当的措施。

【真题助记】

2020 年广东省公务员录用考试行测题（乡镇卷，网友回忆版）第 1 题：

真正打赢脱贫攻坚战，还需要大力发展优势特色扶贫产业，通过统一规划、连片开发，建设一批特色鲜明、带动能力强的扶贫产业，________发展休闲农业、设施农业等农村第二、第三产业。（填入画

横线部分最恰当的词语是**因地制宜**）

【考情分析】

词　语	出现次数	作为正确选项次数	作为干扰选项次数
因地制宜	12	3	9

67．纸上谈兵（zhǐshàng-tánbīng）

【出现频率】12 次

【词语解释】在文字上谈用兵策略，比喻不联系实际情况，空发议论。

【真题助记】

2020 年国家公务员录用考试行测题（副省级网友回忆版）第 29 题：

五四运动表现出来的爱国主义精神，与以往的爱国主义相比较，具有历史进步性和鲜明时代性。这种爱国主义不是盲目排外，而是为了维护国家独立和民族尊严；不是________，而是与民主和科学精神紧密联系，追求发展进步；不是________，而是付诸行动，以“直接行动”投入反帝运动。（依次填入画横线部分最恰当的词语是**故步自封、纸上谈兵**）

【考情分析】

词　语	出现次数	作为正确选项次数	作为干扰选项次数
纸上谈兵	12	2	10

68．轻而易举（qīng'éryìjǔ）

【出现频率】12 次

【词语解释】形容事情容易做，不费力，省事；强调做起来轻松。搭配对象为事情。

【真题助记】

2020 年广东省公务员录用考试行测题（县级卷，网友回忆版）第 5 题：

伟大的成就与变革，往往是前所未有的，是________的，是惊心动魄的，却没有一个是________的，是信手拈来的，是一蹴而就的。（依次填入画横线部分最恰当的词语是**荡气回肠、轻而易举**）

【考情分析】

词　语	出现次数	作为正确选项次数	作为干扰选项次数
轻而易举	12	2	10

69．家喻户晓（jiāyù-hùxiǎo）

【出现频率】12 次

【词语解释】家家户户都知道，形容事物名气大，广为流传，人所共知。

【真题助记】

2015 年重庆市公务员录用考试行测题（下半年）第 12 题：

中国人对于外来文化，不但要求变压，还有强烈的选择性。二道手的佛教传播很广。本来没有什么特殊的阿弥陀佛，只是众佛之一，在中国________，名声竟在创教的释迦牟尼之上。观世音菩萨也是到女性后才________。（依次填入画横线部分最恰当的词语是**家喻户晓、大显神通**）

【考情分析】

词　语	出现次数	作为正确选项次数	作为干扰选项次数
家喻户晓	12	1	11

70．汗牛充栋（hànniú-chōngdòng）

【出现频率】12 次

【词语解释】指用牛运书，牛要累得出汗；用屋子放书，要放满整个屋子。形容藏书很多。

【真题助记】

2014 年上海市公务员录用考试行测题（B 类）第 4 题：

中国经学，假使我们慎重点说，上追到西汉初年为止，也已经有二千一百多年的历史。这两千多年中，经部书籍，因为传统的因袭的思想关系，只就量说，也可以配得上说“________”。不说别的，只要一看纳兰性德汇刊的《通志堂经解》，阮元、王先谦汇刊的《正续清经解》，也几乎使你目眩；至若列举朱彝尊《经义考》的书目，那真所谓“________”了。（依次填入画横线部分最恰当的词语是**汗牛充栋、更仆难数**）

【考情分析】

词　语	出现次数	作为正确选项次数	作为干扰选项次数
汗牛充栋	12	1	11

71．顾此失彼（gùcǐ-shībǐ）

【出现频率】12次

【词语解释】顾了这个，丢了那个，形容照顾不过来。

【真题助记】

2013年国家公务员录用考试行测题第32题：

我们如今有铺天盖地的新信息需要去消化和记忆。互联网、移动电话、电视和其他电子产品里，都________地涌现出新鲜事物。当不同信息同时涌现在记忆中，人们会无法________出与当前目标不相关的信息，甚至还会禁不住去思考那些尚未开始做的事情，于是会出现________。（依次填入画横线部分最恰当的词语是**源源不断、筛选、顾此失彼**）

【考情分析】

词　语	出现次数	作为正确选项次数	作为干扰选项次数
顾此失彼	12	1	11

72．休戚与共（xiūqī-yǔgòng）

【出现频率】12次

【词语解释】形容关系密切，祸福相连，利害相关。

【真题助记】

广东省 2021 年度选调生和急需紧缺专业公务员招录笔试综合行政能力测验（网友回忆版）第 51 题：

人类面临的共同风险挑战越来越突出，各国命运________，彼此相互依存，没有国家能够置身其外，国际社会只有________、患难与共，才能共克时艰、破浪前行。（依次填入画横线部分最恰当的词语是**休戚与共、勠力同心**）

【考情分析】

词　语	出现次数	作为正确选项次数	作为干扰选项次数
休戚与共	12	1	11

73．循规蹈矩（xúnguī-dǎojǔ）

【出现频率】12 次

【词语解释】原指遵守规矩，现多指拘泥于旧的准则，不敢稍做变通。

【考情分析】

词　语	出现次数	作为正确选项次数	作为干扰选项次数
循规蹈矩	12	0	12

74．削足适履（xuēzú-shìlǚ）

【出现频率】11 次

【词语解释】比喻过分迁就现成条件，或生搬硬套。

【真题助记】

2020 年山东省公务员录用考试行测题（网友回忆版）第 11 题：

人与工具协同进化、互相改变的进程从未停止。在技术尚不成熟的时期，人们为了享受新技术带来的便利和效率，可能会________。而当技术瓶颈被突破，人类的丰富创意和巨大需求又会把技术力量化作新的创新行动，在社会发展的历史上留下绚丽篇章。（填入画横线部分最恰当的词语是**削足适履**）

【考情分析】

词　语	出现次数	作为正确选项次数	作为干扰选项次数
削足适履	11	7	4

75. 随波逐流（suíbō-zhúliú）

【出现频率】11次

【词语解释】比喻没有坚定的立场，没有主见，盲目地随着别人行动。

【真题助记】

2020年四川下半年公务员录用考试行测题（网友回忆版）第18题：

从现实角度来说，“好面子”实际上是一种遵守社会游戏规则的表现。如果不把面子事做好，就容易被周围的人________。在很多人看来，根本不必考虑“好面子”背后的原因和目的，只要跟大多数人的行为保持一致，________，就一定不会错，这就是社会心理学中经常提到的“羊群效应”。（依次填入画横线部分最恰当的词语是**排斥、随波逐流**）

【考情分析】

词　语	出现次数	作为正确选项次数	作为干扰选项次数
随波逐流	11	7	4

76. 独善其身（dúshàn-qíshēn）

【出现频率】11次

【词语解释】指在污浊的环境中能不受干扰地坚持自己的美好品格，现在也指只顾自己，缺乏集体精神。

【真题助记】

2017年国家公务员录用考试行测题（副省级）第22题：

在这个万物互通互联的时代，单个企业是无法“________”的，只有人人安全、合作伙伴都安全、整个环境都安全，才能最大限度地保障自己的网络安全，这也是网络安全的更高等级——生态安全。（填入

画横线部分最恰当的词语是**独善其身**）

【考情分析】

词　语	出现次数	作为正确选项次数	作为干扰选项次数
独善其身	11	7	4

77．按部就班（ànbù-jiùbān）

【出现频率】11 次

【词语解释】指文章结构、选词造句合乎规范，现指按照正常的条理、步骤去做，有时也指拘泥陈规，缺乏创新精神。

【真题助记】

2021 年国家公务员录用考试行测题（地市级网友回忆版）第 25 题：

“为调研而调研”等现象的出现，很大程度上就在于调研不深入、不具体。现实中，有人了解情况习惯于大而化之、________；有人调研习惯于走设计“路线”，________。这些心中不揣问题、脚下不沾泥土的错误做法，导致调研不深、不实、不细、不准，最终也会无效。（依次填入画横线部分最恰当的词语是**粗枝大叶、按部就班**）

【考情分析】

词　语	出现次数	作为正确选项次数	作为干扰选项次数
按部就班	11	5	6

78．独一无二（dúyī-wú’èr）

【出现频率】11 次

【词语解释】指没有相同的或没有可以相比的，形容十分稀少。

【真题助记】

2015 年重庆市选调应届优秀大学毕业生到基层工作考试行测题（精选）第 26 题：

新闻媒介是沟通社会与政府的重要桥梁，在政务信息传输系统中具有________的作用。但体制转型的压力，加之巨大利益的诱惑及制度缺失，给记者的职业操守带来巨大________，各种虚假报道不时见诸报端，成为小道消息的渊薮。因此，我们必须不断完善新闻从业人员资格准入制度及新闻评估核实制度。（依次填入画横线部分最恰当的词语是**独一无二、冲击**）

【考情分析】

词 语	出现次数	作为正确选项次数	作为干扰选项次数
独一无二	11	4	7

79. 与时俱进（yǔshí-jùjìn）

【出现频率】11次

【词语解释】随着时代的发展而不断发展、前进。

【真题助记】

广东省2021年度选调生和急需紧缺专业公务员招录笔试综合行政能力测验（网友回忆版）第49题：

中国在国家治理上的探索与完善生动诠释了中国特色社会主义制度的________，这也是中国打赢这场没有硝烟的战争所________的制度保障，并为世界打赢疫情防控阻击战提供了宝贵经验。（依次填入画横线部分最恰当的词语是**与时俱进、倚重**）

【考情分析】

词 语	出现次数	作为正确选项次数	作为干扰选项次数
与时俱进	11	4	7

80. 顺理成章（shùnlǐ-chéngzhāng）

【出现频率】11次

【词语解释】写文章或做事顺着条理就能做好，也指某种情况合乎情理，自然产生某种结果。

【真题助记】

2015年甘肃省公务员录用考试行测题第27题：

在政府扩张性政策________的前提下，各国政府不得不千方百计寻找新的增长动力，通过本币贬值或者逼迫竞争对手货币升值，来提高本国出口商品的国际竞争力，通过扩大贸易顺差或者缩小贸易赤字来带动经济增长，就成为________的选择。（依次填入画横线部分最恰当的词语是**难以为继、顺理成章**）

【考情分析】

词　语	出现次数	作为正确选项次数	作为干扰选项次数
顺理成章	11	3	8

第三节　从“亦步亦趋”到“望尘莫及”等40个成语

一、本节成语汇总（见表2-3）

表2-3　从“亦步亦趋”到“望尘莫及”

亦步亦趋（11）	急功近利（10）	天马行空（10）	自然而然（10）	千姿百态（9）
走马观花（11）	如履薄冰（10）	振聋发聩（10）	首当其冲（10）	泥沙俱下（9）
一日千里（11）	势在必行（10）	接踵而至（10）	精益求精（10）	相去甚远（9）
相形见绌（11）	适得其反（10）	喜闻乐见（10）	水涨船高（9）	突飞猛进（9）
习以为常（11）	扑朔迷离（10）	变幻莫测（10）	力不从心（9）	刻不容缓（9）
进退维谷（11）	矢志不渝（10）	五花八门（10）	不遗余力（9）	举步维艰（9）
针锋相对（11）	眼花缭乱（10）	置若罔闻（10）	无所适从（9）	不可思议（9）
脍炙人口（10）	交相辉映（10）	如出一辙（10）	难以为继（9）	望尘莫及（9）

注：括号内的数字指该成语在真题中出现的次数。

二、成语分析

81. 亦步亦趋（yìbù-yìqū）

【出现频率】11次

【词语解释】比喻自己没有主张，或为了讨好，每件事都效仿或依从别人，跟着别人行事。

【真题助记】

2019年重庆市法检系统招录考试行测题（网友回忆版）第22题：

1955年我进入南开大学历史学系读书，老师告诉我们治史有“三求”：求真、求新、求用。到现在，我在史学园地已经耕耘60多年，对“三求”有了一些自己的体会，特别是认识到，学术研究不能照搬照抄、跟在别人后面________，而应在独立思考精神观照下进行研究，这样才有可能实现“三求”。（填入画横线部分最恰当的词语是**亦步亦趋**）

【考情分析】

词　语	出现次数	作为正确选项次数	作为干扰选项次数
亦步亦趋	11	3	8

82. 走马观花（zǒumǎ-guānhuā）

【出现频率】11次

【词语解释】比喻粗略地观察事物。

【真题助记】

2020年安徽省公务员录用考试行测题（网友回忆版）第24题：

近年来，人们的生活条件越来越好，对旅游________的要求也越来越高，从前到此一游、________的旅游方式已逐渐被深度体验、注重文化与互动的旅游方式所替代。正是在这种背景下，文化与旅游融合的发展方式________，并成为热点。（依次填入画横线部分最恰当的词语是**品质、走马观花、应运而生**）

【考情分析】

词　语	出现次数	作为正确选项次数	作为干扰选项次数
走马观花	11	3	8

83. 一日千里（yīrì-qiānlǐ）

【出现频率】11次

【词语解释】比喻事物进展极快。

【真题助记】

2018年广州市公务员录用考试行测题（网友回忆版）第4题：

新，还往往伴随着快。新业态的成长有时快到________、机会宝贵到稍纵即逝，好像逼着经营者不得不“多干快上”。但从另一个角度看，新业态往往又更敏感、更脆弱、不确定性更大，更加容不得________、“蒙眼狂奔”。（依次填入画横线部分最恰当的词语是**一日千里、急功近利**）

【考情分析】

词　语	出现次数	作为正确选项次数	作为干扰选项次数
一日千里	11	3	8

84．相形见绌（xiāngxíng-jiànchù）

【出现频率】11次

【词语解释】跟另一人或事物比较起来显得远远不如。

【真题助记】

2020年国家公务员录用考试行测题（地市级网友回忆版）第29题：

地球并非太阳系唯一有水的星球，木卫二所拥有的水资源就比地球还多，堪称一颗________的“水球”。不过，与其邻居木卫三相比，木卫二就________了。通过研究木卫三上极光的微小偏移，科学家推断木卫三拥有巨大的地下海洋，液态水的含量可能是地球的30倍。（依次填入画横线部分最恰当的词语是**不折不扣、相形见绌**）

【考情分析】

词　语	出现次数	作为正确选项次数	作为干扰选项次数
相形见绌	11	2	9

85. 习以为常（xíyǐwéicháng）

【出现频率】11次

【词语解释】指某种事情经常去做，或某种现象经常看到，也就觉得很平常了。

【真题助记】

2014年广东省公务员录用考试行测题（县级以上）第10题：

“四风”问题的形成是一个长期的过程，具有反复性和顽固性，其背后是________的陈旧观念、________的“潜规则”、________的利益纠结。（依次填入画横线部分最恰当的词语是**根深蒂固、习以为常、错综复杂**）

【考情分析】

词　语	出现次数	作为正确选项次数	作为干扰选项次数
习以为常	11	2	9

86. 进退维谷（jìntuì-wéigǔ）

【出现频率】11次

【词语解释】无论是进还是退，都会处在困境之中，形容进退两难。

【真题助记】

2011年江苏省公务员录用考试行测题（B类）第71题：

水污染的形势是严峻的，而尤其使我们________的是，当前工业发展的步伐是不可能停下来的。（填入画横线部分最恰当的词语是**进退维谷**）

【考情分析】

词　语	出现次数	作为正确选项次数	作为干扰选项次数
进退维谷	11	2	9

87. 针锋相对（zhēnfēng-xiāngduì）

【出现频率】11次

【词语解释】针尖对针尖，比喻双方策略、论点等尖锐地对立。

【真题助记】

2019 年重庆市法检系统招录考试行测题（网友回忆版）第 33 题：

实战化程度再高的对抗演习，和真正的实战都是有________的，只能无限趋近而不能画等号。实战中，作战双方是________的较量和厮杀，不可避免会有流血与伤亡；而在对抗演习中，一般是“不流血”或尽量“少流血”。如此，既要提高演习中的实战性、锤炼出实战能力，同时又要保证参训参演人员的安全，这就需要为演习制定________的对抗行动规则。（依次填入画横线部分最恰当的词语是**距离、针锋相对、刚性**）

【考情分析】

词　语	出现次数	作为正确选项次数	作为干扰选项次数
针锋相对	11	1	10

88. 脍炙人口（kuàizhì-rénkǒu）

【出现频率】10 次

【词语解释】美味食物人人都爱吃，比喻好的诗文或事物人们都称赞。

【真题助记】

广东省 2021 年度选调生和急需紧缺专业公务员招录笔试综合行政能力测验（网友回忆版）第 50 题：

一些戏曲剧目是________的经典之作，深受群众喜爱。这既是因为其艺术价值高，更是因为其中蕴含着深沉的家国情怀，________着追求正义与美好的理想。（依次填入画横线部分最恰当的词语是**脍炙人口、承载**）

【考情分析】

词　语	出现次数	作为正确选项次数	作为干扰选项次数
脍炙人口	10	8	2

89. 急功近利（jígōng-jìnlì）

【出现频率】10次

【词语解释】急于追求眼前的成效和利益。

【真题助记】

2021年国家公务员录用考试行测题（副省级网友回忆版）第26题：

当前，我国旅游市场的需求还在持续迸发，人民的旅游诉求也在不断升级。仅靠评级就想________的想法已经过时，口碑立身，品质说话才是景区吸引客源的正道。希望景区能摒弃________的心理，为游客营造更加令人舒心和放心的环境，为旅游行业发展带来更多正能量。（依次填入画横线部分最恰当的词语是**一劳永逸、急功近利**）

【考情分析】

词　语	出现次数	作为正确选项次数	作为干扰选项次数
急功近利	10	8	2

90. 如履薄冰（rúlǚbóbīng）

【出现频率】10次

【词语解释】战战兢兢地好像踩在薄冰上，形容谨慎戒惧。

【真题助记】

2021年山东省公务员录用考试行测题（网友回忆版）第12题：

一把剪刀、一个镊子、一支毛笔、一碗糨糊、一盏台灯……在图书馆的古籍中心，古籍修复师们年复一年重复着手中的工作。在需要修复的珍贵古籍面前，他们始终________。（填入画横线部分最恰当的词语是**如履薄冰**）

【考情分析】

词　语	出现次数	作为正确选项次数	作为干扰选项次数
如履薄冰	10	4	6

91．势在必行（shìzàibìxíng）

【出现频率】10 次

【词语解释】指某事根据事物的发展趋势必须做。

【真题助记】

2020 年国家公务员录用考试行测题（副省级网友回忆版）第 27 题：

现在很多人对快速发展的食品科技比较陌生，对食品从农田到餐桌的全过程知之甚少，因此对错误信息的辨识能力、对谣言的抵御能力十分有限。那些________的谣言不仅影响消费信心，也给行业、产业带来直接的危害。强化食品安全科普传播________，也迫在眉睫，这已经成为全行业和全社会的共识。（依次填入画横线部分最恰当的词语是**耸人听闻、势在必行**）

【考情分析】

词　语	出 现 次 数	作为正确选项次数	作为干扰选项次数
势在必行	10	4	6

92．适得其反（shìdé-qífǎn）

【出现频率】10 次

【词语解释】恰恰得到与预期相反的结果。

【真题助记】

2018 年北京市公务员录用考试行测题（网友回忆版）第 62 题：

我们生活在一个复杂的世界，因此不得不努力将其简化。我们把周围的人归类为朋友或敌人，将他们的动机分成善意的或恶意的，并将事件的复杂根源归结为直接的原因。这些捷径帮助我们游弋于社会存在的复杂性之中，协助我们对自己和他人的行为后果进行预测，从而促进决策。但这种“思维模型”是一种简化策略，必然会出错。我们可以借助这种策略应对日常的挑战，但是由于它遗漏了很多细节，当我们处于已有的经验分类和解释都不太适用的环境时，简化策略就会________。（填入画横线部分最恰当的词语是**适得其反**）

【考情分析】

词　语	出现次数	作为正确选项次数	作为干扰选项次数
适得其反	10	3	7

93．扑朔迷离（pūshuò-mílí）

【出现频率】10次

【词语解释】形容事物错综复杂，不容易看清真相。

【真题助记】

2016年重庆市公务员录用考试行测题（下半年）第38题：

英国是个小国，但却是吸引全球投资资金流第二多的国家，这不仅仅因为英国是世界第五大经济体，更因为很多投资人视英国为通往欧洲大陆的一扇大门。公投结果使得将来英国与欧洲国家的贸易关系________，而整个退欧谈判过程将至少需要2年，这期间所造成的各种不稳定性难以预计。因此，那些英国最大的投资国在未来各种贸易关系并不明朗的情况下，可能会________对英投资。（依次填入画横线部分最恰当的词语是**扑朔迷离、减少**）

【考情分析】

词　语	出现次数	作为正确选项次数	作为干扰选项次数
扑朔迷离	10	3	7

94．矢志不渝（shǐzhìbùyú）

【出现频率】10次

【词语解释】表示永远不变心。

【真题助记】

2017年新疆生产建设兵团公务员录用考试行测题（网友回忆版）第34题：

全国政协工作________关注民生、保障民生、改善民生，这既是职责所在，更是党和人民的重托。________，对于各级党委、政府和领导干部来说，关注民生是最大的政治，改善和保障民生是最大的政绩。（依次填入画横线部分最恰当的词语是**矢志不渝、同样**）

【考情分析】

词　语	出现次数	作为正确选项次数	作为干扰选项次数
矢志不渝	10	2	8

95. 眼花缭乱（yǎnhuā-liáoluàn）

【出现频率】10 次

【词语解释】眼睛看见复杂纷繁的东西，感到迷乱。

【真题助记】

2016 年江苏省公务员录用考试行测题（A 类）第 51 题：

每个时代都有自己的流行语，网络热词则是互联网时代最普遍的副产品，与以往不同，网络热词的更替速度令人________，“来得快，去得更快”成为网络热词的集体________。（依次填入画横线部分最恰当的词语是**眼花缭乱、宿命**）

【考情分析】

词　语	出现次数	作为正确选项次数	作为干扰选项次数
眼花缭乱	10	2	8

96. 交相辉映（jiāoxiānghuīyìng）

【出现频率】10 次

【词语解释】各种光亮、色彩等互相映照。

【真题助记】

2020 年福建省公务员考试行测题（网友回忆版）第 35 题：

数学是世界各个地方、各个民族最先发展起来的精密科学。以《九章算术》为代表的中国传统数学同以几何为代表的古希腊数学________，犹如两颗璀璨的明珠在世界的东方和西方________。（依次填入画横线部分最恰当的词语是**各有千秋、交相辉映**）

【考情分析】

词　语	出现次数	作为正确选项次数	作为干扰选项次数
交相辉映	10	2	8

97．天马行空（tiānmǎ-xíngkōng）

【出现频率】10次

【词语解释】多形容诗文、书画、言行等气势豪放，不受拘束。形容说话做事不着边际。

【真题助记】

江西省2018年市县两级法院、检察院统一考录公务员笔试行测题（网友回忆版）第11题：

时间不能倒流，但生活可以同样精彩，不一定是儿时的无知，却可以有当时的________；不一定是此时的四平八稳，却可以像小时候那样________；不一定要抓住过往牢牢不放，却可以珍惜当下创造不凡。（依次填入画横线部分最恰当的词语是**无邪、天马行空**）

【考情分析】

词　语	出现次数	作为正确选项次数	作为干扰选项次数
天马行空	10	2	8

98．振聋发聩（zhènlóng-fākuì）

【出现频率】10次

【词语解释】发出很大的声响，使耳聋的人也能听见，比喻用语言文字唤醒糊涂的人。

【真题助记】

2019年420联考行测题（黑龙江县乡卷，网友回忆版）第27题：

导致眼前相声难出精品的核心问题，是艺术观念和审美把握的错位，一些表演仅仅________在逗笑娱乐的浅表层面，缺乏相声应有的审美智慧和________的思想力量。（依次填入画横线部分最恰当的词语是**停留、振聋发聩**）

【考情分析】

词　语	出现次数	作为正确选项次数	作为干扰选项次数
振聋发聩	10	2	8

99．接踵而至（jiēzhǒng'érzhì）

【出现频率】10次

【词语解释】形容人或事物一个又一个接连不断。

【真题助记】

2019年浙江省公务员录用考试行测题（B类，网友回忆版）第92题：

近年来，各类互联网平台纷纷推出会员产品。客户会员越办越多，各种“套路”也________。比如，不办会员就限速，办了会员依然广告不断……这样的“赢利”模式，短期内似乎能尝到甜头，但长远看来，实则是________。（依次填入画横线部分最恰当的词语是**接踵而至、饮鸩止渴**）

【考情分析】

词　语	出现次数	作为正确选项次数	作为干扰选项次数
接踵而至	10	2	8

100．喜闻乐见（xǐwén-lèjiàn）

【出现频率】10次

【词语解释】喜欢听，乐意看，指事物很受欢迎。

【真题助记】

2019年新疆生产建设兵团面向社会招录公务员考试行测题（网友回忆版）第26题：

时下人民安居乐业，百姓在满足物质生活的同时，也更加追求精神上的享受。如何将中华优秀传统文化以________的方式推向大众，使人们能真正感受到中华上下五千年文化的厚重与美好，提升人们的文化认同与文化自信，成为当下________的课题。（依次填入画横线部分最恰当的词语是**喜闻乐见、势在必行**）

【考情分析】

词　语	出现次数	作为正确选项次数	作为干扰选项次数
喜闻乐见	10	2	8

101．变幻莫测（biànhuàn-mòcè）

【出现频率】10次

【词语解释】变化多端，难以揣测。

【真题助记】

2016年山东省公务员录用考试行测题第7题：

印象主义画家莫奈致力于观察沐浴在光线中的自然景色，把握色彩的冷暖变化和相互作用，用看似________实则准确的迅捷的手法，把________的光色效果记录在画布上，留下各种瞬间的永恒图像。（依次填入画横线部分最恰当的词语是**随意、变幻莫测**）

【考情分析】

词　语	出现次数	作为正确选项次数	作为干扰选项次数
变幻莫测	10	1	9

102．五花八门（wǔhuā-bāmén）

【出现频率】10次

【词语解释】比喻事物变化多端或花样繁多。

【真题助记】

2015年江苏省公务员录用考试行测题（A类）第24题：

随着人们环保意识的加强，在选购家具时人们更________于选择带有环保标识的产品，本来有这样的意识是件好事，但我国并没有强制家具认证规定，国内也尚未________环保家具认证标准，现在国内市面上的认证机构________，环保标识________。（依次填入画横线部分最恰当的词语是**倾向、颁布、鱼龙混杂、五花八门**）

【考情分析】

词　语	出现次数	作为正确选项次数	作为干扰选项次数
五花八门	10	1	9

103．置若罔闻（zhìruòwǎngwén）

【出现频率】10次

【词语解释】放在一边，好像没听见一样，形容不重视、不关心。

【真题助记】

2013 年广州市公务员录用考试行测题第 6 题：

20 世纪 40 年代，美国的大众媒介处于垄断地位。在商业利益的驱使下，媒体对国内的各类社会矛盾________，这种状况招致了社会各界的批评与不满，广大民众强烈要求传媒积极发挥正面的舆论导向作用，引导公民树立正确的价值观念。由此，“媒体的社会责任理论”________。（依次填入画横线部分最恰当的词语是**置若罔闻、应运而生**）

【考情分析】

词　语	出现次数	作为正确选项次数	作为干扰选项次数
置若罔闻	10	1	9

104. 如出一辙（rúchūyīzhé）

【出现频率】10 次

【词语解释】比喻两件事情非常相似。

【真题助记】

2017 年 422 联考行测题（四川卷）第 26 题：

索尔仁尼琴的终极关怀，与托尔斯泰和陀思妥耶夫斯基________，他们共同勾勒出俄罗斯文学的近现代________。在某种意义上，索氏就是两位先贤的________：不仅同样叙写反抗黑暗和寻找光明的先知话语，而且擅长文学叙事。（依次填入画横线部分最恰当的词语是**如出一辙、画卷、翻版**）

【考情分析】

词　语	出现次数	作为正确选项次数	作为干扰选项次数
如出一辙	10	1	9

105. 自然而然（zìrán'érrán）

【出现频率】10 次

【词语解释】不经外力作用而如此。

【考情分析】

词　语	出现次数	作为正确选项次数	作为干扰选项次数
自然而然	10	0	10

106. 首当其冲（shǒudāng-qíchōng）

【出现频率】10次

【词语解释】比喻最先受到攻击或遭到灾难，不是“冲在最前面”的意思。

【考情分析】

词　语	出现次数	作为正确选项次数	作为干扰选项次数
首当其冲	10	0	10

107. 精益求精（jīngyìqiújīng）

【出现频率】10次

【词语解释】（学术、技术、作品、产品等）好了还求更好。

【考情分析】

词　语	出现次数	作为正确选项次数	作为干扰选项次数
精益求精	10	0	10

108. 水涨船高（shuǐzhǎng-chuángāo）

【出现频率】9次

【词语解释】也作水长船高，比喻事物随着它所凭借的基础的提高而提高。

【真题助记】

2021年北京市公务员录用考试行测题（乡镇卷，网友回忆版）第40题：

公众对科普活动参与度越高，越有助于科学素质的提升；公众科学素质越高，科普事业也随之________。两者的良性循环，无疑会________出科学事业和创新驱动战略的一片沃土，培育出更多的创新

人才和高素质创新大军。（依次填入画横线部分最恰当的词语是**水涨船高、涵养**）

【考情分析】

词　语	出现次数	作为正确选项次数	作为干扰选项次数
水涨船高	9	7	2

109．力不从心（lìbùcóngxīn）

【出现频率】9 次

【词语解释】心里想做，但能力不足，办不到。

【真题助记】

2019 年浙江省公务员录用考试行测题（B 类，网友回忆版）第 93 题：

太空是一个充满未知和挑战的领域，面对人类的雄心，当前的化学火箭早已________。因为化学火箭所携带的燃料要占总重的 90% 以上，能量密度较低，工作时间也不长。若要飞向更远的深空和开展星际旅行，必须________，寻找新的“登天之梯”。（依次填入画横线部分最恰当的词语是**力不从心、另辟蹊径**）

【考情分析】

词　语	出现次数	作为正确选项次数	作为干扰选项次数
力不从心	9	6	3

110．不遗余力（bùyí-yúlì）

【出现频率】9 次

【词语解释】指毫无保留地使出全部力量。遗：保留。

【真题助记】

2017 年 422 联考行测题（云南卷）第 26 题：

雄企鹅这样煞费苦心地用石子来讨好雌企鹅绝非小题大做，而是由于筑巢的石子对它们有________的魅力。有好巢才能吸引好配偶，筑巢最好的雄企鹅，引起异性注意的机会最大。别致的巢能够________雄企鹅作为配偶的价值，确保配偶的珍贵投资——企鹅蛋不被冰雪冻坏，所以雄企鹅要________地通过建造新居来打败竞争对手。（依次填入画横线部分最恰当的词语是**不可抗拒、彰显、不遗余力**）

【考情分析】

词　语	出现次数	作为正确选项次数	作为干扰选项次数
不遗余力	9	5	4

111. 无所适从（wúsuǒshìcóng）

【出现频率】9 次

【词语解释】不知依从谁好，也指不知按哪个办法做才好。

【真题助记】

2016 年山东省公务员录用考试行测题第 8 题：

在现实生活中，“读什么信什么”的现象并不少见，这可能产生两种不同的后果：或者是被一种________的观念俘虏，变成错误学说的信徒；或者由于自己没有主见，觉得书中讲的都有道理，观点一日三变，特别是当书中的观点彼此矛盾时，更是________。（依次填入画横线部分最恰当的词语是**先入为主、无所适从**）

【考情分析】

词　语	出现次数	作为正确选项次数	作为干扰选项次数
无所适从	9	4	5

112. 难以为继（nányǐwéijì）

【出现频率】9 次

【词语解释】难以继续下去。

【真题助记】

2020 年国家公务员录用考试行测题（副省级网友回忆版）第 21 题：

中国正处于经济结构转型升级和世界新一轮技术革命的交汇时期，创新驱动高质量发展渐成共识。没有管理创新、市场创新的商业创新模式________，有真实需求场景的教育、医疗健康、信息消费、消费升级等模式的创新领域，将会迸发出新的投资机会。（填入画横线部分最恰当的词语是**难以为继**）

【考情分析】

词　语	出现次数	作为正确选项次数	作为干扰选项次数
难以为继	9	4	5

113. 千姿百态（qiānzī-bǎitài）

【出现频率】9 次

【词语解释】形容姿态多种多样，各不相同。

【真题助记】

2021 年上海市公务员录用考试行测题（A 类，网友回忆版）第 2 题：

（1）起风了，黄山的云雾________，让人目不暇接，真是美极了。

（2）雪花飘飘荡荡，________，宛如仙女个个披着漂亮的婚纱下凡。

（3）有些石笋从地上冒出来，形状________，让人忍不住赞叹大自然的鬼斧神工。

（依次填入画横线部分最恰当的词语是**千变万化、千姿百态、千奇百怪**）

【考情分析】

词　语	出现次数	作为正确选项次数	作为干扰选项次数
千姿百态	9	4	5

114. 泥沙俱下（níshā-jùxià）

【出现频率】9 次

【词语解释】比喻好人和坏人混杂在一起，或者好的事物和坏的事物一起来到。

【真题助记】

2021年浙江省公务员录用考试行测题（A类，网友回忆版）第30题：

面对高端芯片“卡脖子”问题，有紧迫感是好事，但不能________，捡到篮里都是菜。________产业规律才能保证产业健康有序发展。（依次填入画横线部分最恰当的词语是**泥沙俱下、尊重**）

【考情分析】

词　语	出现次数	作为正确选项次数	作为干扰选项次数
泥沙俱下	9	4	5

115．相去甚远（xiāngqùshènyuǎn）

【出现频率】9次

【词语解释】互相之间存在很大差异和距离。

【真题助记】

2020年福建省公务员考试行测试题（网友回忆版）第34题：

“新鲜”与“创新”，二者有一字之别却________。当今，一些篆刻家努力创作出些颇为“新鲜”的作品，它们也许是“创新”的前奏，却缺乏艺术土壤的滋养，必会像________一样，很快凋谢。（依次填入画横线部分最恰当的词语是**相去甚远、昙花一现**）

【考情分析】

词　语	出现次数	作为正确选项次数	作为干扰选项次数
相去甚远	9	4	5

116．突飞猛进（tūfēi-měngjìn）

【出现频率】9次

【词语解释】形容进步和发展特别迅速。

【真题助记】

2019年420联考行测题（四川卷，网友回忆版）第22题：

近年来，许多旅游演出的剧院和舞台充满新意和活力：舞台可搭在水面或山腰；座位席可移动、可旋转；观演方式有站着看的，还有走着看的……中国旅游演出舞台技术________，不断探索突破“老套路”，走出新模式。一个个新创意、新技术将舞台变得美不胜收，________地丰富游客的体验，让文化变得可以亲近和触摸。（依次填入画横线部分最恰当的词语是**突飞猛进、想方设法**）

【考情分析】

词　语	出现次数	作为正确选项次数	作为干扰选项次数
突飞猛进	9	4	5

117．刻不容缓（kèbùrónghuǎn）

【出现频率】9 次

【词语解释】指形势紧迫，一刻也不允许拖延。

【真题助记】

2019 年青海省公务员录用考试行测题省市州级（A 类，网友回忆版）第 32 题：

世界经济强劲，中国经济更有力量；国际市场疲软，中国经济也存在不确定性。面对外汇资产缩水风险，出口贸易受到影响和输入性通胀压力上升等________，中国需要________考量应对，谋定而后动，制订具有特色的中国方案更是________。（依次填入画横线部分最恰当的词语是**考验、审慎、刻不容缓**）

【考情分析】

词　语	出现次数	作为正确选项次数	作为干扰选项次数
刻不容缓	9	4	5

118．举步维艰（jǔbù-wéijiān）

【出现频率】9 次

【词语解释】迈步艰难，比喻办事情每前进一步都十分不容易。

【真题助记】

2018 年浙江省公务员录用考试行测题（B 类，网友回忆版）第 28 题：

“唯意志论”者固然________，只追求利益的人生同样苍白无力，“喻于利”不是开启幸福的万能之钥，“喻于义”才能推开梦想的必然之门。构筑精神的高地，________理想的底色，才有灵魂的原野郁郁葱葱，文明的河流碧波荡漾。（依次填入画横线部分最恰当的词语是**举步维艰、留存**）

【考情分析】

词　语	出现次数	作为正确选项次数	作为干扰选项次数
举步维艰	9	4	5

119. 不可思议（bùkě-sīyì）

【出现频率】9次

【词语解释】指思想、言语所不能达到的境界，后形容事物或言论无法想象、很难理解。

【真题助记】

2015年江西省法检系统招录考试行测题第15题：

这些壁画使我相信英雄白求恩和艺术家白求恩就是这么________地融在一起，多么丰富而有趣的白求恩，他不只是“一个高尚的人，一个纯粹的人，一个脱离了低级趣味的人，一个有益于人民的人”，他还是一个敏感、细腻、多情的艺术家；他不只是一个不畏炮火勇于赴死的战士，他也是一个曾经被死亡打入谷底的肺结核病人。在白求恩身上，敏感细腻的心灵和伟大________的品格共存。（依次填入画横线部分最恰当的词语是**不可思议、坚毅**）

【考情分析】

词　语	出现次数	作为正确选项次数	作为干扰选项次数
不可思议	9	3	6

120. 望尘莫及（wàngchén-mòjí）

【出现频率】9次

【词语解释】只望见走在前面的人带起的尘土而追赶不上，形容远远落后。

【真题助记】

2018年辽宁省公务员录用考试行测题（网友回忆版）第37题：

任正非引领华为走向成功，主要不是归功于华为的技术和实业，而是在于它的制度，在于他能把________的高技术人才聚集于一个组织平台上的分配制度。中国改革开放以来，高科技企业的利润分享已经成为一种新的制度安排，但是唯有任正非把这个利润分享制度做到了极致，让几乎每个职工在企业中真实地感受到是为自己打工。任正非这个制度创新无论怎样评价都不会过分，它的创新程度和先进程度令我国的国有企业________。（依次填入画横线部分最恰当的词语是**成千上万、望尘莫及**）

【考情分析】

词　　语	出现次数	作为正确选项次数	作为干扰选项次数
望尘莫及	9	3	6

第四节　从“循序渐进”到“无孔不入”等40个成语

一、本节成语汇总（见表2-4）

表2-4　从“循序渐进”到“无孔不入”

循序渐进（9）	千变万化（9）	瞻前顾后（9）	迎刃而解（8）	空中楼阁（8）
责无旁贷（9）	殊途同归（9）	嗤之以鼻（9）	声名鹊起（8）	妙趣横生（8）
曲高和寡（9）	等量齐观（9）	琳琅满目（9）	截然不同（8）	深入浅出（8）
积重难返（9）	与众不同（9）	夸夸其谈（9）	包罗万象（8）	入木三分（8）
薪火相传（9）	相提并论（9）	随心所欲（9）	望而却步（8）	一脉相承（8）
风起云涌（9）	殚精竭虑（9）	望洋兴叹（9）	大势所趋（8）	如影随形（8）
寥寥无几（9）	烟消云散（9）	无足轻重（9）	心无旁骛（8）	浅尝辄止（8）
于事无补（9）	崭露头角（9）	因噎废食（8）	一如既往（8）	无孔不入（8）

注：括号内的数字指该成语在真题中出现的次数。

二、成语分析

121. 循序渐进（xúnxù-jiànjìn）

【出现频率】9次

【词语解释】按照一定的步骤逐渐深入或提高（指学习或工作）。

【真题助记】

2019年420联考行测题（山西县级+乡镇，网友回忆版）第28题：

形成有文化特色、有地域特色、可识别的小城镇发展模式，是一个长期的渐进过程。我们应尊重当地实际，________、远近结合、量力而行，不能盲目________。在模式选择上，可以借鉴国内外小城镇建设的经验，但更重要的是结合自身实际，体现自身特色。（依次填入画横线部分最恰当的词语是**循序渐进、贪大求快**）

【考情分析】

词　语	出现次数	作为正确选项次数	作为干扰选项次数
循序渐进	9	3	6

122. 责无旁贷（zéwúpángdài）

【出现频率】9次

【词语解释】自己应尽的责任不能推卸给旁人。

【真题助记】

2021年江苏省公务员录用考试行测题（A类，网友回忆版）第40题：

科研人员是科技创新的核心力量，也是科普创作和科学传播的重要生力军。然而，由某科普研究所开展的一项调查显示，相比之下，我国的科普人力资源严重失衡，尤其是作为科普源头的科普创作人力资源更是________。推动科研人员参与科普事业成为________。国家也在倡导科研人员参与科普，从科研人员的角度来说，这也是________的事情。（依次填入画横线部分最恰当的词语是**捉襟见肘、当务之急、责无旁贷**）

【考情分析】

词　语	出现次数	作为正确选项次数	作为干扰选项次数
责无旁贷	9	3	6

123. 曲高和寡（qǔgāo-hèguǎ）

【出现频率】9 次

【词语解释】比喻言论或作品不通俗，能了解的人很少。

【真题助记】

2019 年重庆市选调优秀大学毕业生到基层工作考试行测题（精选，网友回忆版）第 17 题：

从概念迈向应用，从________到广受追捧，诞生于德国的工业 4.0 已进入第七个发展年头。根据德国信息技术、电信和新媒体协会的数据，工业 4.0 相关产值增长迅速，2018 年预计达 70 亿欧元。（填入画横线部分最恰当的词语是**曲高和寡**）

【考情分析】

词　语	出现次数	作为正确选项次数	作为干扰选项次数
曲高和寡	9	3	6

124. 积重难返（jīzhòng-nánfǎn）

【出现频率】9 次

【词语解释】指长期形成的不良的风俗、习惯不易改变，也指长期积累的问题不易解决。

【真题助记】

2019 年 420 联考行测题（山东卷，网友回忆版）第 10 题：

我们党领导人民干革命、搞建设、抓改革，从来都是为了解决中国的现实问题。如果对矛盾________，甚至回避、掩饰矛盾，在矛盾面前畏缩不前，坐看矛盾恶性转化，那就会________，最后势必造成无法弥补的损失。（依次填入画横线部分最恰当的词语是**熟视无睹、积重难返**）

【考情分析】

词　语	出现次数	作为正确选项次数	作为干扰选项次数
积重难返	9	3	6

125. 薪火相传（xīnhuǒxiāngchuán）

【出现频率】9次

【词语解释】比喻学问和技艺代代相传。

【真题助记】

广东省2021年度选调生和急需紧缺专业公务员招录笔试综合行政能力测验（网友回忆版）第52题：

砥砺复兴之志，是一个古老民族________的动力源泉。永葆赤子之心，是一个人民政党________的制胜法宝。（依次填入画横线部分最恰当的词语是**生生不息、薪火相传**）

【考情分析】

词　语	出现次数	作为正确选项次数	作为干扰选项次数
薪火相传	9	3	6

126. 风起云涌（fēngqǐ-yúnyǒng）

【出现频率】9次

【词语解释】形容雄浑磅礴之势，也比喻事物迅速发展，声势浩大。

【真题助记】

2020年深圳市公务员录用考试行测1试题（网友回忆版）第63题：

（1）这样多的读者哪一个是先看批评家的文章，然后再让批评家牵着鼻子走，________地去读原著呢？我看是绝无仅有的。

（2）30 年前，国际形势________，国内改革________，党中央做出重大决策，掀开了我国改革开放向纵深推进的崭新篇章。

（依次填入画横线部分最恰当的词语是**按图索骥、风云变幻、风起云涌**）

【考情分析】

词　语	出现次数	作为正确选项次数	作为干扰选项次数
风起云涌	9	2	7

127. 寥寥无几（liáoliáowújǐ）

【出现频率】9 次

【词语解释】非常稀少，没有几个。寥寥：形容数量少。

【真题助记】

2019 年黑龙江边境县（市、区）急需紧缺专业岗公务员考试行测题第 21 题：

随着现代通信工具的兴起，人们的联系越来越方便，如今仍在用纸笔亲手写信的人________，相关的家书代写职业以及《情书大全》一类指点迷津的宝典也逐渐________。（依次填入画横线部分最恰当的词语是**寥寥无几、销声匿迹**）

【考情分析】

词　语	出现次数	32.5	作为干扰选项次数
寥寥无几	9	2	7

128. 于事无补（yúshìwúbǔ）

【出现频率】9 次

【词语解释】对做好某事没有帮助。

【真题助记】

2019年青海省公务员录用考试行测题（省市州级A类，网友回忆版）第35题：

各种文明应该交流互鉴、取长补短、美美与共。把国与国之间的问题上升到文明层面，把不同文明降低到人种范畴，不仅________，而且有百害而无一利。对那些热衷于种族主义的斯金纳们，人们必须大喝一声，________吧！不要冒天下之大不韪，再执迷不悟、________，前面就是万丈深渊。（依次填入画横线部分最恰当的词语是**于事无补、悬崖勒马、一意孤行**）

【考情分析】

词　语	出现次数	作为正确选项次数	作为干扰选项次数
于事无补	9	2	7

129. 千变万化（qiānbiàn-wànhuà）

【出现频率】9次

【词语解释】形容变化极多。

【真题助记】

2021年上海市公务员录用考试行测题（A类，网友回忆版）第2题：

（1）起风了，黄山的云雾________，让人目不暇接，真是美极了。

（2）雪花飘飘荡荡，________，宛如仙女个个披着漂亮的婚纱下凡。

（3）有些石笋从地上冒出来，形状________，让人忍不住赞叹大自然的鬼斧神工。

（依次填入画横线部分最恰当的词语是**千变万化、千姿百态、千奇百怪**）

【考情分析】

词　语	出现次数	作为正确选项次数	作为干扰选项次数
千变万化	9	2	7

130．殊途同归（shūtú-tóngguī）

【出现频率】9 次

【词语解释】比喻采取不同的方法而得到相同的结果。

【真题助记】

2019 年上海市公务员录用考试行测题（B 类，网友回忆版）第 3 题：

当年刘邦入咸阳，“缓刑弛禁，以慰其望”，采取的是“有所不为”。后刘备入蜀，诸葛亮则“威之以法”“限之以爵”，采取的是“有所为”。“为”与“不为”________，都深得人心，实现大治。原因就在于________：秦朝苛政，百姓苦不堪言，不为而治，顺应人民的意愿；而蜀中刘璋长期暗弱，豪强专权自恣，必须严刑峻法。（依次填入画横线部分最恰当的词语是**殊途同归、审时度势**）

【考情分析】

词　语	出现次数	作为正确选项次数	作为干扰选项次数
殊途同归	9	2	7

131．等量齐观（děngliàng-qíguān）

【出现频率】9 次

【词语解释】指对有差别的事物同等看待，一般用于否定句。

【真题助记】

2015 年 425 联考行测题（湖南卷）第 25 题：

社会性的焦虑特属于某些社会或时代，它是一种________的心神不安和精神不定，是一种弥漫于社会不同阶层的焦虑，它不会轻易消退，不容易通过心理的调适而化解，人们所焦虑的对象或有不同，但在其性质和内容上又存在着一些共性，就如贫困者忧虑自己的生存缺乏保障，而富有者也可能忧虑自己的财产缺乏保障，两者虽然不可________，而忧虑则同。（依次填入画横线部分最恰当的词语是**广泛、等量齐观**）

【考情分析】

词　语	出现次数	作为正确选项次数	作为干扰选项次数
等量齐观	9	2	7

132. 与众不同（yǔzhòngbùtóng）

【出现频率】9次

【词语解释】跟大家不一样。

【真题助记】

2020年江苏省公务员录用考试行测题（B类，网友回忆版）第33题：

他从不要求学生死记硬背，组织考试也________。考试通常采用开卷的方式，让学生把试卷带回去做。凡是提出自己见解的，即使是与他唱反调，只要能________，往往也能得高分。（依次填入画横线部分最恰当的词语是**与众不同、自圆其说**）

【考情分析】

词　语	出现次数	作为正确选项次数	作为干扰选项次数
与众不同	9	2	7

133. 相提并论（xiāngtí-bìnglùn）

【出现频率】9次

【词语解释】把不同的或是相差悬殊的人或事物混在一起谈论或看待，多用于否定句。

【真题助记】

2019年辽宁省公务员录用考试行测题（网友回忆版）第39题：

中共中央、国务院《关于决定设立河北雄安新区的通知》一出台，可谓________，连续几天，关于雄安新区的报道和分析________。之所以引发如此巨大的关注，显然是因为雄安新区被提到了很高的地位。这些年国家陆续批准设立了十几个新区，只有雄安新区能和深圳特区、浦东新区________。（依次填入画横线部分最恰当的词语是**石破天惊、铺**

天盖地、相提并论）

【考情分析】

词　语	出现次数	作为正确选项次数	作为干扰选项次数
相提并论	9	2	7

134．殚精竭虑（dānjīng-jiélǜ）

【出现频率】9 次

【词语解释】使尽了精力，费尽了心思。

【真题助记】

2019 年新疆生产建设兵团面向社会招录公务员考试行测题（网友回忆版）第 30 题：

太阳能是恒星的馈赠，所以多年来，科学家们一直在为最大限度提高太阳能电池的转换效率而________。现在，新技术让每个光子产生的电能都可被太阳能电池吸收，这不仅是为下一代太阳能设备积蓄了更多力量，其所蕴藏的商业价值，以及对缓解能源危机的意义更加重大，这一成果在未来太阳能电池领域将________。（依次填入画横线部分最恰当的词语是**殚精竭虑、大有作为**）

【考情分析】

词　语	出现次数	作为正确选项次数	作为干扰选项次数
殚精竭虑	9	1	8

135．烟消云散（yānxiāo-yúnsàn）

【出现频率】9 次

【词语解释】形容事物消失净尽。

【真题助记】

2009 年贵州省公务员录用考试行测题第 62 题：

有轰动一时的荣誉，顷刻________；有永世长存的荣誉，它与________。真正的荣誉只有一种，就是和人类进步事业连在一起的荣誉。进步的事业________，真正的荣誉________。（依次填入画横线部

分最恰当的词语是**烟消云散、日月同辉、永垂不朽、万古长青**）

【考情分析】

词　语	出现次数	作为正确选项次数	作为干扰选项次数
烟消云散	9	1	8

136．崭露头角（zhǎnlù-tóujiǎo）

【出现频率】9次

【词语解释】比喻突出地显露出才能和本领（多指青少年）。

【真题助记】

2019年黑龙江边境县（市、区）急需紧缺专业岗公务员考试行测题第27题：

过去三年，《人民日报》海外版旗下的海外网一跃成为中央媒体中________的网站，并成为支持海外版媒介融合的独特平台；过去一年，“海客”客户端以清新的形象、鲜明的定位深受读者喜欢，两个微信号“侠客岛”和“学习小组”在互联网舆论场中________，成为时政解读的知名品牌。（依次填入画横线部分最恰当的词语是**独树一帜、崭露头角**）

【考情分析】

词　语	出现次数	作为正确选项次数	作为干扰选项次数
崭露头角	9	1	8

137．瞻前顾后（zhānqián-gùhòu）

【出现频率】9次

【词语解释】原形容做事谨慎，考虑周密；现在也形容顾虑太多，犹豫不决。

【真题助记】

2015年425联考行测题（安徽卷）第26题：

中国改革已进入攻坚期和深水区，面对的任务格外艰巨，都是难啃的硬骨头。这个时候就要一鼓作气，________、畏葸不前不仅不能前进，而且可能________。（依次填入画横线部分最恰当的词语是**瞻前顾后、前功尽弃**）

【考情分析】

词　语	出现次数	作为正确选项次数	作为干扰选项次数
瞻前顾后	9	1	8

138．嗤之以鼻（chīzhī-yǐbí）

【出现频率】9 次

【词语解释】从鼻子里发出冷笑的声音，表示讥笑和蔑视。

【真题助记】

2018 年 421 联考行测题（山东卷，网友回忆版）第 10 题：

“大众娱乐”这个标签并非贬义，恰恰相反，要想让消费者________地为娱乐埋单，其实很考验创作者的能力。艺术家们或许会对商业叙事作品的生产者们开发出的一整套完备的叙事模式________，但这也是一种能力的体现。（依次填入画横线部分最恰当的词语是**心甘情愿、嗤之以鼻**）

【考情分析】

词　语	出现次数	作为正确选项次数	作为干扰选项次数
嗤之以鼻	9	1	8

139．琳琅满目（línláng-mǎnmù）

【出现频率】9 次

【词语解释】满眼都是珍贵的东西，形容美好的事物很多，如书籍、工艺品很多。现在多用来说明产品、展品、商品多而丰富。

【真题助记】

2012 年 915 联考行测题（新疆 / 福建 / 重庆 / 河南）第 21 题：

为了满足不断被制造出来、被刺激起来的欲望，________的商品就像阿里巴巴的山洞，成为________购买欲的引擎。其实，拥有再多，也永远渴望货架上的下一个。（依次填入画横线部分最恰当的词语是**琳琅满目、触发**）

【考情分析】

词　语	出现次数	作为正确选项次数	作为干扰选项次数
琳琅满目	9	1	8

140．夸夸其谈（kuākuā-qítán）

【出现频率】9次

【词语解释】说话或写文章浮夸，不切实际。

【真题助记】

2021年浙江省公务员录用考试行测题（A类，网友回忆版）第23题：

这本书没有________的生涩文字，也没有________的说教辞令。全书朴实无华却字字珠玑，将家训家教中的为人处世道理细细道来，如春风化雨般启迪心智。（依次填入画横线部分最恰当的词语是**佶屈聱牙、夸夸其谈**）

【考情分析】

词　语	出现次数	作为正确选项次数	作为干扰选项次数
夸夸其谈	9	1	8

141．随心所欲（suíxīnsuǒyù）

【出现频率】9次

【词语解释】一切都由着自己的心意，想怎么做就怎么做。

【真题助记】

2016年国家公务员录用考试行测题（地市级）第38题：

普及历史知识，形式多种多样，可以是专业的史学论著，可以是各种形式的历史讲座，也可以是影视剧。但在多种多样的形式中，有一点应是________的，即在处理历史题材、普及历史知识的时候需要尊重历史真实，需要对历史发展的大势抱有________之心，而不能________地凭自己的喜好去“创造”。（依次填入画横线部分最恰当的词语是**共通、敬畏、随心所欲**）

【考情分析】

词　语	出现次数	作为正确选项次数	作为干扰选项次数
随心所欲	9	1	8

142. 望洋兴叹（wàngyáng-xīngtàn）

【出现频率】9 次

【词语解释】原指在伟大事物面前感叹自己的渺小，现多比喻做事时因力不胜任或没有条件而感到无可奈何。

【真题助记】

2018 年浙江省公务员录用考试行测题（B 类，网友回忆版）第 35 题：

面对时下大数据时代奔涌的多元、多源、异构的海量数据，无论是被美誉为“孕育了现代科学”的统计科学，还是应大科学之运而生、正如日中天的数据科学，也都只能________。今日之大数据，明日之大信息，扭转乾坤者，还属革新后的统计科学与数据科学。（填入画横线部分最恰当的词语是**望洋兴叹**）

【考情分析】

词　语	出现次数	作为正确选项次数	作为干扰选项次数
望洋兴叹	9	1	8

143. 无足轻重（wúzú-qīngzhòng）

【出现频率】9 次

【词语解释】指无关紧要。

【考情分析】

词　语	出现次数	作为正确选项次数	作为干扰选项次数
无足轻重	9	0	9

144. 因噎废食（yīnyē-fèishí）

【出现频率】8次

【词语解释】比喻因为怕出问题，索性不干。

【真题助记】

2018年重庆市公务员录用考试行测题（下半年）第28题：

“管”，不是要“管死”，而是要根据不同业态的发展规律来管理。比如，社区集中的地方建菜市场非常必要。如果管理不善，菜市场确实会带来一定的环境、交通等问题，________地“一关了之”当然省事，但与便民________。实际上，加强日常卫生管理，建好停车位等配套设施，借鉴使用超市解决卫生、交通等问题的招数，菜市场带来的问题也能较好解决。（依次填入画横线部分最恰当的词语是**因噎废食、背道而驰**）

【考情分析】

词　　语	出现次数	作为正确选项次数	作为干扰选项次数
因噎废食	8	7	1

145. 迎刃而解（yíngrèn'érjiě）

【出现频率】8次

【词语解释】用刀劈竹子，劈开了口儿，下面的一段就迎着刀口自己裂开（语出《晋书·杜预传》）。比喻主要的问题解决了，其他有关的问题就可以很容易地解决。

【真题助记】

2021年国家公务员录用考试行测题（地市级网友回忆版）第29题：

信息匮乏的年代，决策水平与信息量成正相关，但当信息从匮乏走向过载甚至“爆炸”时，决策质量与信息量间的函数曲线便开始下滑，利用繁杂信息形成________判断变得难上加难。此时，智能化就可以大显身手，计算智能未必能在逻辑能力上逾越人类，但其强大的处理

速度却恰好使信息过载带来的决策困境________。（依次填入画横线部分最恰当的词语是**准确、迎刃而解**）

【考情分析】

词　语	出现次数	作为正确选项次数	作为干扰选项次数
迎刃而解	8	5	3

146．声名鹊起（shēngmíng-quèqǐ）

【出现频率】8 次

【词语解释】形容名声突然大振，知名度迅速提高。

【真题助记】

2017 年 422 联考行测题（云南卷）第 35 题：

在传播媒介极不发达的年代，要成为名人并非易事，他必须在某一领域________，才能通过________、书籍记载等方式广为人知。而在数字网络为媒介的时代，尤其在微博、微信公众号等自媒体平台上，人人都能成为信息和观点的发布者，人人都可能________，出名的成本大幅度降低，于是“名人”遍地开花。（依次填入画横线部分最恰当的词语是**出类拔萃、口耳相传、声名鹊起**）

【考情分析】

词　语	出现次数	作为正确选项次数	作为干扰选项次数
声名鹊起	8	5	3

147．截然不同（jiéránbùtóng）

【出现频率】8 次

【词语解释】形容两种事物毫无共同之处。

【真题助记】

2016 年山东省公务员录用考试行测题第 2 题：

人们刚开始在纸上绘画时，沿用的也是帛画的技法、图式和法度要求。经过一千多年的发展，纸画才逐渐形成与帛画________的唯有宣纸才有的水墨表现体系。至此，纸本画终于蜕变为一个独立的画种，更在宋元之后日渐兴盛。而以重彩见长的帛画反而________，以致世人产生了中国画等于纸本画的错误印象，甚至还因中国画色彩表现力不如西洋画而面生愧色。（依次填入画横线部分最恰当的词语是**截然不同、日渐式微**）

【考情分析】

词　　语	出现次数	作为正确选项次数	作为干扰选项次数
截然不同	8	4	4

148. 包罗万象（bāoluó-wànxiàng）

【出现频率】8次

【词语解释】内容丰富，应有尽有。

【真题助记】

2020年四川下半年公务员录用考试行测题（网友回忆版）第14题：

作为承载信息极丰富的民族基因宝库，文物并非扁平的、冰冷的物件，其所涉及的学科门类________。它们包含了大量的历史文化信息，可以让今人________过去、找到认识自我的坐标，不仅蕴含博大精深的智慧、巧夺天工的技艺，而且有领先世界的成就。（依次填入画横线部分最恰当的词语是**包罗万象、回溯**）

【考情分析】

词　　语	出现次数	作为正确选项次数	作为干扰选项次数
包罗万象	8	4	4

149. 望而却步（wàng'érquèbù）

【出现频率】8次

【词语解释】看到了危险或力不能及的事而往后退缩。

【真题助记】

2020年国家公务员录用考试行测题（副省级网友回忆版）第22题：

传统饱和打击战术的核心，是从不同方向、不同层次向同一目标发射超出其防御上限的导弹，以数量优势形成绝对力量优势，压迫及摧毁其防御体系，对敌重要目标进行毁灭性打击。该战术需要庞大的火力投射平台和充足的武器弹药作支撑，这让世界上大多数国家________。（填入画横线部分最恰当的词语是**望而却步**）

【考情分析】

词　语	出现次数	作为正确选项次数	作为干扰选项次数
望而却步	8	4	4

150. 大势所趋（dàshìsuǒqū）

【出现频率】8 次

【词语解释】整个形势发展的趋向：国家的统一是大势所趋，人心所向。趋：向，往。

【真题助记】

2019 年 420 联考行测题（山东卷，网友回忆版）第 7 题：

融合发展是________，传统的平台介质或许会________，但是新闻没有________，媒体还有责任，理想还有价值，职业还有担当。我们相信不管媒体形态怎么变、舆论格局怎么变，原创依然是这个社会最宝贵的资源，思想依然是媒体最重要的品质，理性仍然是时代最需要的力量。（依次填入画横线部分最恰当的词语是**大势所趋、式微、消亡**）

【考情分析】

词　语	出现次数	作为正确选项次数	作为干扰选项次数
大势所趋	8	4	4

151. 心无旁骛（xīnwúpángwù）

【出现频率】8 次

【词语解释】心中没有另外的追求，形容心思集中，专心致志。旁：另外的；骛：追求。

【真题助记】

2020年北京市公务员录用考试行测题（乡镇卷，网友回忆版）第36题：

“致天下之治者在人才。”在当今人才竞争日趋激烈的背景下，如何网罗天下英才为我所用？如何让专家人才________地贡献才智、施展才华、创新创业？标准答案就是：对专家人才要多关心、多联系、多支持。（填入画横线部分最恰当的词语是**心无旁骛**）

【考情分析】

词　语	出现次数	作为正确选项次数	作为干扰选项次数
心无旁骛	8	4	4

152．一如既往（yīrú-jìwǎng）

【出现频率】8次

【词语解释】指态度或做法没有任何变化，还是像从前一样。

【真题助记】

2018年辽宁省公务员录用考试行测题（网友回忆版）第33题：

40年改革开放创造了中国________，中国愿意与世界共享“经济发展红利”和“思想理念红利”。中国不“输入”外国模式，也不“输出”中国模式，而是通过深化自身实践探索人类社会发展规律，________为世界和平安宁、共同发展、文化交流做贡献。（依次填入画横线部分最恰当的词语是**奇迹、一如既往**）

【考情分析】

词　语	出现次数	作为正确选项次数	作为干扰选项次数
一如既往	8	3	5

153．空中楼阁（kōngzhōng-lóugé）

【出现频率】8次

【词语解释】指海市蜃楼，多用来比喻虚幻的事物或脱离实际的理论、计划等。

【真题助记】

2020年山东省公务员录用考试行测题（网友回忆版）第13题：

历史研究的任务，不仅在于弄清每一件具体史实的原貌，更在于揭示隐藏在历史现象背后带有规律性的东西。忽视微观研究的宏观研究，只能是________，无法真正揭示历史发展的规律；忽视宏观研究的微观研究，又成了________，同样难以揭示历史演进的奥秘。（依次填入画横线部分最恰当的词语是**空中楼阁、盲人摸象**）

【考情分析】

词　语	出现次数	作为正确选项次数	作为干扰选项次数
空中楼阁	8	3	5

154．妙趣横生（miàoqù-héngshēng）

【出现频率】8次

【词语解释】形容洋溢着美妙的意趣，多指语言、文章或美术作品。

【真题助记】

2018年广西公务员录用考试行测题（网友回忆版）第19题：

一般我们总认为，文学重视形象思维，而科学需要理性逻辑。其实，科学也可以很文艺，________，充满艺术的想象力。这两者看似关涉领域不同，其实只要有创意，便能________。（依次填入画横线部分最恰当的词语是**妙趣横生、水乳交融**）

【考情分析】

词　语	出现次数	作为正确选项次数	作为干扰选项次数
妙趣横生	8	3	5

155．深入浅出（shēnrù-qiǎnchū）

【出现频率】8次

【词语解释】用浅显易懂的话把深刻的道理表达出来（指文章或讲话）。

【真题助记】

2019年420联考行测题（云南卷，网友回忆版）第37题：

今天，关于传统文化的书写存在两个极端：要么过于通俗，要么过于玄虚。中国传统文化的传播、国学的弘扬，需要摆脱这两个极端，走一条中间道路，做到________、微言大义。虽然，“文化热”“儒学热”“国学热”的浪潮________，但真正将自己的文化看作安身立命之本的人却________。很多人对待文化，对待国学，仍然没有走出经世致用、急功近利的目的预设。（依次填入画横线部分最恰当的词语是**深入浅出、此起彼伏、少之又少**）

【考情分析】

词　语	出现次数	作为正确选项次数	作为干扰选项次数
深入浅出	8	3	5

156．入木三分（rùmù-sānfēn）

【出现频率】8次

【词语解释】形容书法极有笔力，现多比喻分析问题很深刻。

【真题助记】

2014年四川省公务员录用考试行测题第30题：

唐朝社会的各色人物在唐朝文人笔下________，活灵活现。世界名著中有著名的四大吝啬鬼形象，即阿巴贡、泼留希金、夏洛克和葛朗台，而唐朝文人笔下的吝啬和贪婪之人亦________，这些生活在社会各阶层的人，被唐代文人刻画得________，读来呼之欲出，令人不禁莞尔。（依次填入画横线部分最恰当的词语是**栩栩如生、毫不逊色、入木三分**）

【考情分析】

词　语	出现次数	作为正确选项次数	作为干扰选项次数
入木三分	8	3	5

157．一脉相承（yīmài-xiāngchéng）

【出现频率】8次

【词语解释】由一个血统或一个派别传下来。

【真题助记】

2020年山西省公务员录用考试行测题（网友回忆版）第27题：

饮食在中国文化传承中是较稳定的领域，国有盛衰，代有兴亡，用筷子吃饭数千年不变，与宴饮相关的某些礼仪程式也很少变化，盛行在西周的乡饮酒礼，上可溯至三代遗风，下传至清道光年间，其敬老、尊长、议政的古风________，连酒会程序——谋宾、迎宾、旅酬和送宾等礼仪也________。（依次填入画横线部分最恰当的词语是**一脉相承、大同小异**）

【考情分析】

词　语	出现次数	作为正确选项次数	作为干扰选项次数
一脉相承	8	3	5

158. 如影随形（rúyǐngsuíxíng）

【出现频率】8次

【词语解释】好像影子总是跟着身体一样，比喻两个人常在一起，十分亲密。

【真题助记】

2014年浙江省公务员录用考试行测题（B类）第12题：

近些年，传统文化，尤其是儒家经典，正在重新出场，有人对此________，觉得儒家的这种出场违背自由与文明的现代趋势。他们的理据是，从周的封建式家天下到秦汉以来的皇权帝制式家天下，儒家学说与之________。有人认为，讲究民本、限制君权的儒家与绝对尊君的法家皆为皇权专制的一体两面。（依次填入画横线部分最恰当的词语是**忧心忡忡、如影随形**）

【考情分析】

词　语	出现次数	作为正确选项次数	作为干扰选项次数
如影随形	8	2	6

159．浅尝辄止（qiǎnchánɡ-zhézhǐ）

【出现频率】8次

【词语解释】略微尝试一下就停下来，指不深入钻研。

【真题助记】

2013年413联考行测题（辽宁/湖南/湖北/安徽/四川/福建/云南/黑龙江/江西/广西/贵州/海南/内蒙古/山西/重庆/宁夏/西藏）第29题：

“查清中国海，进军三大洋，登上南极洲”是曾经的海洋梦想“老三样”，这个梦想也只是在21世纪初才得以________实现。但限于当时的能力，主要做的是海洋的表面文章，对于海面之下隐藏的深海神秘世界，则只是________。（依次填入画横线部分最恰当的词语是**完整、浅尝辄止**）

【考情分析】

词　语	出现次数	作为正确选项次数	作为干扰选项次数
浅尝辄止	8	2	6

160．无孔不入（wúkǒnɡ-bùrù）

【出现频率】8次

【词语解释】有空子就钻，比喻利用一切机会进行活动（含贬义）。

【真题助记】

2015年黑龙江省公务员录用考试行测题第23题：

我们身处一个竞争激烈、讲人情、重情面的社会，社会生活方式、价值取向及文化氛围对文学批评的影响________，正如不少人指出的那样，当前文学批评还不同程度地存在着人情化、商业化等________。（依次填入画横线部分最恰当的词语是**无孔不入、弊病**）

【考情分析】

词　语	出现次数	作为正确选项次数	作为干扰选项次数
无孔不入	8	2	6

第五节 从“束手无策”到“浩如烟海”等 40个成语

一、本节成语汇总（见表2-5）

表2-5 从“束手无策”到“浩如烟海”

束手无策（8）	与日俱增（8）	兢兢业业（8）	始终如一（8）	微不足道（7）
唾手可得（8）	错综复杂（8）	同舟共济（8）	一丝不苟（8）	生机勃勃（7）
至关重要（8）	望而生畏（8）	闭门造车（8）	革故鼎新（8）	水乳交融（7）
因循守旧（8）	矫枉过正（8）	齐头并进（8）	好高骛远（8）	分道扬镳（7）
鱼目混珠（8）	众所周知（8）	一鸣惊人（8）	淋漓尽致（7）	妄自菲薄（7）
别具一格（8）	特立独行（8）	欣欣向荣（8）	异军突起（7）	锦上添花（7）
大行其道（8）	众说纷纭（8）	惊天动地（8）	当务之急（7）	焕然一新（7）
明察秋毫（8）	屈指可数（8）	如日中天（8）	波澜壮阔（7）	浩如烟海（7）

注：括号内的数字指该成语在真题中出现的次数。

二、成语分析

161．束手无策（shùshǒu-wúcè）

【出现频率】8次

【词语解释】形容遇到问题毫无解决的办法。

【真题助记】

2019年江西省法检统一考录公务员笔试行测题（网友回忆版）第20题：

网络文学自建立VIP在线收费制度以来，无数的作者想迎合读者口味，但问题是不知道怎么迎合，即使是最资深的编辑也往往________。原因是，读者并不知道自己喜欢什么。网络媒介的最大优势，就是能把全世界的同好聚集在一个趣缘社区，在这里情感结构相近、情感韵律________的人可以即时互动，于是形成一个能量场。敏感的作者能够________到这种能量，他不必迎合别人，因为他本身就在其中。（依次填入画横线部分最恰当的词语是**束手无策、合拍、捕捉**）

【考情分析】

词　语	出现次数	作为正确选项次数	作为干扰选项次数
束手无策	8	2	6

162．唾手可得（tuòshǒu-kědé）

【出现频率】8次

【词语解释】形容极容易得到。

【真题助记】

2015年广州市公务员录用考试行测题第23题：

“宝剑锋从磨砺出，梅花香自苦寒来。”人类的美好理想，都不可能________，都离不开________、________的艰苦奋斗。（依次填入画横线部分最恰当的词语是**唾手可得、筚路蓝缕、手胼足胝**）

【考情分析】

词　语	出现次数	作为正确选项次数	作为干扰选项次数
唾手可得	8	2	6

163．至关重要（zhìguānzhòngyào）

【出现频率】8次

【词语解释】相当重要，要紧关头是不可缺少的。

【真题助记】

2021年北京市公务员录用考试行测题（乡镇卷，网友回忆版）第43题：

人工智能可以自动识别标本，这对植物学家来说当然不是________。毕竟，大部分鉴定工作枯燥又无聊，但又________，人工智能在这些地方帮忙，真是不能更贴心。开一个脑洞，如果科学家能把那些________又不得不做的都交给人工智能，科学产出会不会更加丰富？（依次填入画横线部分最恰当的词语是**威胁、至关重要、烦琐**）

【考情分析】

词　　语	出现次数	作为正确选项次数	作为干扰选项次数
至关重要	8	2	6

164．因循守旧（yīnxún-shǒujiù）

【出现频率】8 次

【词语解释】不求变革，沿袭老的一套。

【真题助记】

2019 年国家公务员录用考试行测题（地市级网友回忆版）第 22 题：

科学精神的核心是求真务实，我们的一切实践都需符合规律、切合实际。规律指引下的世界变动不居，我们不能________，应敢于质疑、善于包容、勇于创新。（填入画横线部分最恰当的词语是**因循守旧**）

【考情分析】

词　　语	出现次数	作为正确选项次数	作为干扰选项次数
因循守旧	8	2	6

165．鱼目混珠（yúmù-hùnzhū）

【出现频率】8 次

【词语解释】比喻用假的冒充真的，以假乱真。

【真题助记】

2018 年辽宁省公务员录用考试行测题（网友回忆版）第 35 题：

近年来每逢传统节日、西方节日，抑或是“双 11、双 12”等人造节日，都成为互联网商家炒作的卖点，成为那些足不出户的年轻网民“买买买”的“狂欢盛宴”。交易额的放量增长带来了快递业的繁荣发展。然而快递数激增、过度包装、违规包装造成的污染及危害愈发________；假货、仿冒品、残次品________，随之而来的是一些消费者维权困难，因此加强网购平台监管责任迫在眉睫。（依次填入画横线部分最恰当的词语是**引人关注、鱼目混珠**）

【考情分析】

词　语	出现次数	作为正确选项次数	作为干扰选项次数
鱼目混珠	8	2	6

166. 别具一格（biéjù-yīgé）

【出现频率】8 次

【词语解释】另有一种独特的风格。

【真题助记】

2012 年上海市公务员录用考试行测题（A 类）第 4 题：

（1）《漫步华尔街》热销 30 余年仍经久不衰，很大程度上是因为本书构思新颖、________、创见频出而又资料翔实，它为投资者在险象环生的华尔街上引路导航。

（2）“晴天水潋滟，雨天山空蒙”的杭州西湖，无论雨雪晴阴早霞晚辉，还是春花秋月夏荷冬雪，都独具风韵，若想去“不雨山长润，无云水自阴”的十里梅坞品茶，更见山有美貌，坞有灵水，以茶生文，以文茗茶，________。

（3）人们选择和布置这么一个场面来作为迎春的高潮，真是________。

（4）大家都很熟识的黄山谷的书法，在宋代算是________的了。

（依次填入画横线部分最恰当的词语是**不落窠臼、别具一格、匠心独运、独树一帜**）

【考情分析】

词　语	出现次数	作为正确选项次数	作为干扰选项次数
别具一格	8	2	6

167. 大行其道（dàxíng-qídào）

【出现频率】8 次

【词语解释】指在某一范围内广为流传，盛行一时。

【真题助记】

2019 年 420 联考行测题（云南卷，网友回忆版）第 36 题：

最近几年，网红食品________。为了买到一杯奶茶、一块蛋糕，人们愿意花上几个小时排队，甚至出高价从“黄牛”手中拿货，拿到美食后，再拍照上传到社交平台“打卡”……这已经成为时下许多年轻人的饮食新时尚。但必须注意的是，部分商家在追求利益的同时无视食品安全问题。一些网红食品借助网络平台隐蔽销售，________于监管体系之外，存在较大的安全隐患。依次填入画横线部分最恰当的词语是**大行其道、游离**。

【考情分析】

词　语	出现次数	作为正确选项次数	作为干扰选项次数
大行其道	8	2	6

168. 明察秋毫（míngchá-qiūháo）

【出现频率】8 次

【词语解释】指人目光敏锐，任何细小的事物都能看得很清楚，现多形容人能洞察事理。

【真题助记】

2020 年深圳市考公务员录用考试行测 1 试题（网友回忆版）第 60 题：

（1）她对这些诗人诗作的解析，________，丝丝入扣，毫无牵强，读她的文章，就像是面对着那个活生生的诗人。

（2）在边防工作站，我们见到了年轻的站长，他能用流利的外语与境外人员交谈，对境外的民族、文化等知识更是________。

（3）他删除的用心是隐秘的，手法是细腻的，但是，在________的历史学家眼里，他所有暗中的手脚都无所遁形。

（依次填入画横线部分最恰当的词语是**洞若观火、了如指掌、明察秋毫**）

【考情分析】

词　　语	出现次数	作为正确选项次数	作为干扰选项次数
明察秋毫	8	2	6

169．与日俱增（yǔrì-jùzēng）

【出现频率】8次

【词语解释】随着时间的推移不断增加、增多。

【真题助记】

2017年江苏省公务员录用考试行测题（A类）第48题：

城市人口过度聚集，对土地、水、空气等资源的需求与消耗________，加之使用不当，浪费严重，使得城市资源________，越来越短缺，结果是水资源和食物供应不足，清洁空气也越发稀缺。（依次填入画横线部分最恰当的词语是**与日俱增、供不应求**）

【考情分析】

词　　语	出现次数	作为正确选项次数	作为干扰选项次数
与日俱增	8	2	6

170．错综复杂（cuòzōng-fùzá）

【出现频率】8次

【词语解释】许多东西交叉牵连，情况多而杂。

【真题助记】

2015年国家公务员录用考试行测题（省部级）第35题：

天气预报看似很________，只有寥寥几句话，但实际上，要做出________的天气预报，工程量非常大。而且，气象是一个大环境，大气运动本身又________，这是天气预报有时不准确的根本原因所在。（依次填入画横线部分最恰当的词语是**简单、精准、错综复杂**）

【考情分析】

词　语	出现次数	作为正确选项次数	作为干扰选项次数
错综复杂	8	2	6

171. 望而生畏（wàng'érshēngwèi）

【出现频率】8 次

【词语解释】表示看见了就害怕。

【真题助记】

2016 年 3 月四川省选调优秀大学生到基层工作考试行测题（精选）第 23 题：

冷冰冰的标语口号，不仅令人________，起不到警示教育作用，反而让人产生反感和抵触情绪。在我们文明程度日益提高的今天，我们的口号标语是不是也应该________，多一点感情和温度，多一点幸福的提醒呢？（依次填入画横线部分最恰当的词语是**望而生畏、与时俱进**）

【考情分析】

词　语	出现次数	作为正确选项次数	作为干扰选项次数
望而生畏	8	2	6

172. 矫枉过正（jiǎowǎng-guòzhèng）

【出现频率】8 次

【词语解释】比喻纠正错误超过了应有的限度。

【真题助记】

2017 年 422 联考行测题（福建卷）第 27 题：

这也许有些________，男性和女性都把自己和对方看作平等的人，才是正常的、自然的态度。但文学本来有异于科学。文学家写的是活生生的人，是活的感受和感发，它们是否合乎科学，不是一眼看得出来的。有时看似________，恰好包含着合乎科学的内容。（依次填入画横线部分最恰当的词语是**矫枉过正、偏颇**）

【考情分析】

词　语	出现次数	作为正确选项次数	作为干扰选项次数
矫枉过正	8	1	7

173．众所周知（zhòngsuǒzhōuzhī）

【出现频率】8 次

【词语解释】大家全都知道。

【真题助记】

2008 年湖南省公务员录用考试行测题第 8 题：

两栖爬行动物通过冬眠或夏蛰以抵御严寒酷暑；昆虫以“蛹”或“卵”的形式进行冬眠；鸟类借助长途迁徙或更替羽翼适应气候的变化。这都是________的事。填入画横线部分最恰当的成语是众所周知。

【考情分析】

词　语	出现次数	作为正确选项次数	作为干扰选项次数
众所周知	8	1	7

174．特立独行（tèlì-dúxíng）

【出现频率】8 次

【词语解释】指有操守、有见识，不随波逐流。

【真题助记】

2019 年深圳市公务员录用考试行测题（网友回忆版）第 59 题：

性格直爽，动不动就对记者________的她，却成为中国体坛标志性的人物。她________，似乎很难被归类，她脾气火爆，不是乖乖女。但她在球场上的坚韧以及所取得的成就，在为中国体育赢得世界________的同时，足以传递关于力与美的正能量。（依次填入画横线部分最恰当的词语是**反唇相讥、特立独行、瞩目**）

【考情分析】

词　语	出现次数	作为正确选项次数	作为干扰选项次数
特立独行	8	1	7

175．众说纷纭（zhòngshuōfēnyún）

【出现频率】8 次

【词语解释】人多嘴杂，各有各的说法，议论纷纷。

【真题助记】

2016 年 3 月四川省选调优秀大学生到基层工作考试行测题（精选）第 30 题：

狗狗到底能否感知其他同类以及人类的情绪，一直以来________。不过美国一个研究就为此找出了答案。他们发现狗狗透过听觉与视觉感官，不仅能________到同类的情绪，更会看主人甚至是陌生人的“喜怒哀乐”。（依次填入画横线部分最恰当的词语是**众说纷纭、辨识**）

【考情分析】

词　语	出现次数	作为正确选项次数	作为干扰选项次数
众说纷纭	8	1	7

176．屈指可数（qūzhǐkěshǔ）

【出现频率】8 次

【词语解释】形容数目很少，扳着手指头就能数过来。

【真题助记】

2018 年 421 联考行测题（云南卷，网友回忆版）第 24 题：

目前能在国际上制造大功率 IGBT 芯片的国家________，中车株洲所成为国内唯一一家全面掌握 IGBT 芯片技术的企业，其技术可与世界顶尖的公司________，而价格却远远低于竞争对手。（依次填入画横线部分最恰当的词语是**屈指可数、媲美**）

【考情分析】

词　语	出现次数	作为正确选项次数	作为干扰选项次数
屈指可数	8	1	7

177．兢兢业业（jīngjīng-yèyè）

【出现频率】8 次

【词语解释】形容做事谨慎、勤恳。

【真题助记】

2016年江西省法检系统招录考试行测题第17题：

作为文化名人，他深感自己是盛名之下，________，唯有________、勤勤恳恳地工作，才能不负众望。（依次填入画横线部分最恰当的词语是**其实难副、兢兢业业**）

【考情分析】

词　语	出现次数	作为正确选项次数	作为干扰选项次数
兢兢业业	8	1	7

178．同舟共济（tóngzhōu-gòngjì）

【出现频率】8次

【词语解释】大家坐一条船过河，比喻在艰险的处境中团结互助，共同战胜困难。

【真题助记】

2019年河北省公务员录用考试行测题（县级＋乡镇，网友回忆版）第33题：

“神舟七号”航天团队________的团结精神，是“嫦娥”成功奔月的强大动力；他们求真务实的工作作风，让“嫦娥”的舞姿________完美；他们“一切为了祖国，一切为了成功”的航天精神，永恒地________在浩瀚无垠的太空。（依次填入画横线部分最恰当的词语是**同舟共济、精准、镌刻**）

【考情分析】

词　语	出现次数	作为正确选项次数	作为干扰选项次数
同舟共济	8	1	7

179．闭门造车（bìmén-zàochē）

【出现频率】8次

【词语解释】比喻做事不考虑实际情况，只凭主观，自作主张；

贬义。

【真题助记】

2012年广州市公务员录用考试行测题第5题：

（1）“广州精神”不是文人________写出来的，它来源于广大人民群众的生动实践，是上千年文化、历史精髓的传承。

（2）贫困是世界各国和国际社会面临的挑战。促进发展，消除贫困，实现共同富裕，是人类________的理想。

（依次填入画横线部分最恰当的词语是**闭门造车、孜孜以求**）

【考情分析】

词　语	出现次数	作为正确选项次数	作为干扰选项次数
闭门造车	8	1	7

180．齐头并进（qítóu-bìngjìn）

【出现频率】8次

【词语解释】不分先后地一齐前进或同时进行。

【真题助记】

2020年江苏省公务员录用考试行测题（C类，网友回忆版）第37题：

解决气候变化不是一个零和博弈，而是需要多种方案________。我们的确需要保护和更有效地管理森林，但对森林碳汇能力也不能________，需要更加严谨的考证计算。归根到底，科学有效地制定并执行减排政策，才是解决气候变化问题的真正良药。（依次填入画横线部分最恰当的词语是**齐头并进、盲目乐观**）

【考情分析】

词　语	出现次数	作为正确选项次数	作为干扰选项次数
齐头并进	8	1	7

181．一鸣惊人（yīmíng-jīngrén）

【出现频率】8次

【词语解释】比喻平时没有特殊的表现，一下子做出惊人的成绩。

【考情分析】

词　语	出现次数	作为正确选项次数	作为干扰选项次数
一鸣惊人	8	0	8

182．欣欣向荣（xīnxīn-xiàngróng）

【出现频率】8次

【词语解释】比喻事业蓬勃发展，兴旺昌盛。

【考情分析】

词　语	出现次数	作为正确选项次数	作为干扰选项次数
欣欣向荣	8	0	8

183．惊天动地（jīngtiān-dòngdì）

【出现频率】8次

【词语解释】声音特别响亮；形容声势浩大或事业伟大。

【考情分析】

词　语	出现次数	作为正确选项次数	作为干扰选项次数
惊天动地	8	0	8

184．如日中天（rúrìzhōngtiān）

【出现频率】8次

【词语解释】比喻事物正发展到十分兴盛的阶段。

【考情分析】

词　语	出现次数	作为正确选项次数	作为干扰选项次数
如日中天	8	0	8

185．始终如一（shǐzhōng-rúyī）

【出现频率】8次

【词语解释】指人能坚持，做事从不间断。

【考情分析】

词　语	出现次数	作为正确选项次数	作为干扰选项次数
始终如一	8	0	8

186. 一丝不苟（yīsī-bùgǒu）

【出现频率】8 次

【词语解释】做事认真细致，一点儿也不马虎。

【考情分析】

词　语	出现次数	作为正确选项次数	作为干扰选项次数
一丝不苟	8	0	8

187. 革故鼎新（gégù-dǐngxīn）

【出现频率】8 次

【词语解释】旧指朝政变革或改朝换代，现泛指除去旧的，建立新的。

【考情分析】

词　语	出现次数	作为正确选项次数	作为干扰选项次数
革故鼎新	8	0	8

188. 好高骛远（hàogāo-wùyuǎn）

【出现频率】8 次

【词语解释】脱离实际地追求目前不可能实现的过高、过远的目标。

【考情分析】

词　语	出现次数	作为正确选项次数	作为干扰选项次数
好高骛远	8	0	8

189. 淋漓尽致（línlí-jìnzhì）

【出现频率】7 次

【词语解释】形容文章或说话表达得非常充分、透彻，也可形容非常痛快。

【真题助记】

2020年国家公务员录用考试行测题（地市级网友回忆版）第26题：

短视频诞生之初就________了用户、内容制作方和营销方的界限，打通了自上而下和自下而上的传播渠道，鼓励用户对已有内容进行再创作。因此，短视频拥有比传统影视作品更快、更多样的传播方式，“内容即营销”的理念也在短视频上体现得________。（依次填入画横线部分最恰当的词语是**模糊、淋漓尽致**）

【考情分析】

词　语	出现次数	作为正确选项次数	作为干扰选项次数
淋漓尽致	7	6	1

190．异军突起（yìjūn-tūqǐ）

【出现频率】7次

【词语解释】指新的派别或新的力量突然兴起。

【真题助记】

2019年420联考行测题（四川卷，网友回忆版）第26题：

20多年过去，原始创新，集成创新，引进消化吸收再创新，中国迅速缩短了同发达国家在信息领域的差距，成为拥有网民最多的网络大国。一大批颇具竞争力的网信企业________，一大批市场需求旺盛的新应用________，引领着经济的转型升级，也倒逼着治理体系体制机制的改革创新。（依次填入画横线部分最恰当的词语是**异军突起、层出不穷**）

【考情分析】

词　语	出现次数	作为正确选项次数	作为干扰选项次数
异军突起	7	5	2

191．当务之急（dāngwùzhījí）

【出现频率】7次

【词语解释】当前任务中急切要办的事。

【真题助记】

2021年江苏省公务员录用考试行测题（A类，网友回忆版）第40题：

科研人员是科技创新的核心力量，也是科普创作和科学传播的重要生力军。然而，由某科普研究所开展的一项调查显示，相比之下，我国的科普人力资源严重失衡，尤其是作为科普源头的科普创作人力资源更是________。推动科研人员参与科普事业，成为________。国家也在倡导科研人员参与科普，从科研人员的角度来说，这也是________的事情。（依次填入画横线部分最恰当的词语是**捉襟见肘、当务之急、责无旁贷**）

【考情分析】

词　语	出现次数	作为正确选项次数	作为干扰选项次数
当务之急	7	5	2

192．波澜壮阔（bōlán-zhuàngkuò）

【出现频率】7次

【词语解释】比喻声势浩大或规模巨大。

【真题助记】

2018年广东省公务员录用考试行测题（县级、乡镇统一卷，网友回忆版）第10题：

________的中华民族发展史是中国人民书写的，________的中华文明是中国人民创造的，________的中华民族精神是中国人民培育的，中华民族迎来了从站起来、富起来到强起来的伟大飞跃是中国人民奋斗出来的。（依次填入画横线部分最恰当的词语是**波澜壮阔、博大精深、历久弥新**）

【考情分析】

词　语	出现次数	作为正确选项次数	作为干扰选项次数
波澜壮阔	7	5	2

193. 微不足道（wēibùzúdào）

【出现频率】7次

【词语解释】非常渺小，不值得一提。

【真题助记】

广东省2019年选调优秀大学毕业生笔试综合行政能力测验题（网友回忆版）第28题：

或许一个人的力量________，但如果全国人民同心同德，和衷共济，心往一处想，劲往一处使，那便能积沙成塔，集腋成裘，为民族复兴注入不竭动力。（填入画横线部分最恰当的词语是**微不足道**）

【考情分析】

词　语	出现次数	作为正确选项次数	作为干扰选项次数
微不足道	7	4	3

194. 生机勃勃（shēngjībóbó）

【出现频率】7次

【词语解释】形容自然界充满生命力，或社会生活活跃。

【真题助记】

2019年黑龙江边境县（市、区）急需紧缺专业岗公务员考试行测题第30题：

当年的松阳也曾随着城市化进程的加速而________，村里人不是选择进城务工，就是迁居城镇，乡村中留下的大都是老人、孩子，很多老屋闲置了，破败了，无人管理维护，保存状况________。幸运的是，无数的人因此行动起来，才有了今天________的松阳。（依次填入画横线部分最恰当的词语是**萧条、岌岌可危、生机勃勃**）

【考情分析】

词　语	出现次数	作为正确选项次数	作为干扰选项次数
生机勃勃	7	4	3

195．水乳交融（shuǐrǔ-jiāoróng）

【出现频率】7 次

【词语解释】水和乳汁融合在一起，比喻关系非常融洽或结合十分紧密。

【真题助记】

2019 年 420 联考行测题（四川卷，网友回忆版）第 18 题：

互联网新技术新应用对文化产业进行全方位、全角度、全产业链的改造，释放数字化对文化产业发展的放大、叠加和倍增作用，推动互联网、移动网与文化之间形成________的新形态。（填入画横线部分最恰当的词语是**水乳交融**）

【考情分析】

词　语	出现次数	作为正确选项次数	作为干扰选项次数
水乳交融	7	4	3

196．分道扬镳（fēndào-yángbiāo）

【出现频率】7 次

【词语解释】也说分路扬镳，原指分路而行，后多比喻因目标不同而各走各的路。

【真题助记】

2019 年国家公务员录用考试行测题（地市级网友回忆版）第 26 题：

历史是昨天的新闻，新闻是明天的历史。历史与新闻有如隔世兄弟，________。历史作为事实的记载，往往和文学相互补充，而文学的天赋是想象、虚构和夸张。因此，沾上了文学的历史与新闻就像到了岔路口，不光是________，可能还会走向对立。（依次填入画横线部分最恰当的词语是**一脉相通、分道扬镳**）

【考情分析】

词　语	出现次数	作为正确选项次数	作为干扰选项次数
分道扬镳	7	4	3

197．妄自菲薄（wàngzì-fěibó）

【出现频率】7 次

【词语解释】过分看不起自己，形容自卑。

【真题助记】

2020 年国家公务员录用考试行测题（地市级网友回忆版）第 38 题：

5G 网络的建设是一个复杂的过程，无论对于运营商还是产业链中的其他企业都极具挑战性，不能指望________。毫无疑问，5G 时代正在到来。中国既要避免盲目自信，也不能________。我们应把 5G 作为科技创新的一个突破口，抓住机遇，________，实现自我突破。（依次填入画横线部分最恰当的词语是**一蹴而就、妄自菲薄、迎难而上**）

【考情分析】

词　语	出现次数	作为正确选项次数	作为干扰选项次数
妄自菲薄	7	4	3

198．锦上添花（jǐnshàng-tiānhuā）

【出现频率】7 次

【词语解释】比喻使美好的事物更加美好。

【真题助记】

2020 年北京市公务员录用考试行测题（乡镇卷，网友回忆版）第 45 题：

腰封也叫书腰，定义为“于书籍中间地带另置一条类似腰带的文字介绍，以配合行销或书籍推荐”。在腰封的编辑和设计中，应将营销策略________于腰封的设计过程中，以便更好地推广图书。这也是有助于读者________了解图书内容的信息沟通手段，应该说，优秀的腰封可以起到________的作用。（依次填入画横线部分最恰当的词语是**贯穿、迅速、锦上添花**）

【考情分析】

词　　语	出现次数	作为正确选项次数	作为干扰选项次数
锦上添花	7	4	3

199．焕然一新（huànrán-yīxīn）

【出现频率】7 次

【词语解释】指改变陈旧的面貌，呈现出崭新的样子。

【真题助记】

2019 年国家公务员录用考试行测题（地市级网友回忆版）第 40 题：

当中原的青铜文化如火如荼之时，面对铜料欠缺的窘境，务实的越人________，开创了瓷器生产的新纪元。秦汉时期是中国历史上大动荡大变革的时代，各行各业的面貌都________，古老越地的陶瓷业也是如此。进入东汉，过去的原始瓷________退出历史的舞台，一种面貌全新的青瓷在上虞曹娥江中游地区的窑场随之诞生。（依次填入画横线部分最恰当的词语是**另辟蹊径、焕然一新、悄然**）

【考情分析】

词　　语	出现次数	作为正确选项次数	作为干扰选项次数
焕然一新	7	4	3

200．浩如烟海（hàorúyānhǎi）

【出现频率】7 次

【词语解释】形容典籍、图书等极为丰富。范围比“汗牛充栋”要广，既可说明多，也可说明丰富。

【真题助记】

2019 年 420 联考行测题（云南卷，网友回忆版）第 24 题：

考古学研究要充分结合文献记载，在历史时代考古学的研究中尤其如此。中国古代文献________，自当按个人的专业需求，择要阅读，要紧的是必须懂得文献史、目录学等，以便在繁多的古籍中寻取确切的

相关记载，加以________。（依次填入画横线部分最恰当的词语是**浩如烟海、考核**）

【考情分析】

词　语	出现次数	作为正确选项次数	作为干扰选项次数
浩如烟海	7	4	3

第六节　从“无处不在”到“今非昔比”等40个成语

一、本节成语汇总（见表2-6）

表2-6　从“无处不在”到“今非昔比”

无处不在（7）	专心致志（7）	珠联璧合（7）	门可罗雀（7）	聚精会神（7）
无懈可击（7）	势不可挡（7）	铺天盖地（7）	融会贯通（7）	坚定不移（7）
引人入胜（7）	一以贯之（7）	危在旦夕（7）	蒸蒸日上（7）	风靡一时（7）
鬼斧神工（7）	千差万别（7）	居安思危（7）	格格不入（7）	举一反三（7）
杀鸡取卵（7）	精雕细琢（7）	各有千秋（7）	润物无声（7）	任重道远（7）
得天独厚（7）	千头万绪（7）	异彩纷呈（7）	不约而同（7）	掩耳盗铃（7）
并驾齐驱（7）	按图索骥（7）	大同小异（7）	不知所措（7）	断章取义（7）
脱胎换骨（7）	柳暗花明（7）	目不暇接（7）	高瞻远瞩（7）	今非昔比（7）

注：括号内的数字指该成语在真题中出现的次数。

二、成语分析

201．无处不在（wúchǔbùzài）

【出现频率】7次

【词语解释】无论什么地方都有，形容数量多，存在范围极大。

【真题助记】

2018年国家公务员录用考试行测题（地市级网友回忆版）第25题：

一项世界规模的宏基因组研究显示，含耐药基因的微生物在自然界________。这意味着人类有可能回到没有抗生素的时代，医疗体系中的很大一部分可能会退回到抗生素发明之前的境地，轻微的细菌感染都可能引起________的后果。（依次填入画横线部分最恰当的词语是**无处不在、致命**）

【考情分析】

词　语	出现次数	作为正确选项次数	作为干扰选项次数
无处不在	7	3	4

202. 无懈可击（wúxiè-kějī）

【出现频率】7次

【词语解释】没有可以被攻击或挑剔的漏洞，形容十分严密。

【真题助记】

2018年深圳市公务员录用考试行测题（网友回忆版）第58题：

（1）江苏区域一直有“苏南”“苏北”之分，其中“苏南”在改革开放初期就已成为中国经济最活跃的区域之一，而“苏北”则________。

（2）作家对批评家的批评意见，需具备一种超越性的情怀，不仅能够发现其中可以借鉴的________，而且善于在其上触类旁通，生发出更多的创作灵感。

（3）在出访英国的两天行程里，她以8个不同的造型在不同场合亮相，不论是外交礼仪还是衣着谈吐，都表现得________。

（依次填入画横线部分最恰当的词语是**相形见绌、真知灼见、无懈可击**）

【考情分析】

词　语	出现次数	作为正确选项次数	作为干扰选项次数
无懈可击	7	3	4

203. 引人入胜（yǐnrén-rùshèng）

【出现频率】7 次

【词语解释】景物或文艺作品吸引人。

【真题助记】

2019 年江西省法检统一考录公务员笔试行测题（网友回忆版）第 6 题：

在艺术摄影中，常常看到这样的画面：无边无际的海滩上，一个人俯身在拾些什么；天上漂浮着云彩，远处激溅着浪花……这样的画面令人走进一个哲理和诗情________的境界。这种情景是很________的。（依次填入画横线部分最恰当的词语是**水乳交融、引人入胜**）

【考情分析】

词　语	出现次数	作为正确选项次数	作为干扰选项次数
引人入胜	7	3	4

204. 鬼斧神工（guǐfǔ-shéngōng）

【出现频率】7 次

【词语解释】形容建筑、雕塑等的技艺非常精细巧妙，好像不是人工所能制成的。

【真题助记】

2020 年河南省公务员考试行测题（网友回忆版）第 3 题：

大自然的________创造了光这个神奇的东西，因为光，我们能去感受这个斑斓的世界。光有着绚丽的色彩，而其中最为神奇的要属绿光了。尽管________的世界里到处都能看到绿色，但是植物的绿色属于反射光，植物本身并不是绿光源。（依次填入画横线部分最恰当的词语是**鬼斧神工、五彩缤纷**）

【考情分析】

词　语	出现次数	作为正确选项次数	作为干扰选项次数
鬼斧神工	7	3	4

205．杀鸡取卵（shājī-qǔluǎn）

【出现频率】7次

【词语解释】也说杀鸡取蛋，比喻只顾眼前微小的好处而损害长远的利益。卵：蛋。

【真题助记】

2018年四川省公务员录用考试行测题（下半年，网友回忆版）第22题：

看待好事、喜事，中国文化有一种“一则以喜、一则以惧”的辩证态度。“喜”是欣慰，“惧”是敬畏。面对“世遗后时代”，我们同样要保有一种对遗产的敬畏感和对遗产保护的________感。可以看到，近些年来一些国家和地区出现了过度开发世界遗产项目的现象，有的地方把世界遗产视为摇钱树，进行________式的开发，以致一些项目“申遗”成功之时就成了遗产遭殃之日。（依次填入画横线部分最恰当的词语是**忧患、杀鸡取卵**）

【考情分析】

词　语	出现次数	作为正确选项次数	作为干扰选项次数
杀鸡取卵	7	3	4

206．得天独厚（détiāndúhòu）

【出现频率】7次

【词语解释】具备的条件特别优越，所处环境特别好。

【真题助记】

2019年江苏省公务员录用考试行测题（A类，网友回忆版）第32题：

青藏高原的特殊生物环境和生物资源为我国科学家开展原创性的工作提供了________的条件。我们需要建设一支年富力强、野外经验丰富、多民族________的科研团队，寻找高端人才培养的学术援藏新模式，让西藏的生态学研究真正实现可持续发展。（依次填入画横线部分

最恰当的词语是**得天独厚、融合**）

【考情分析】

词　语	出现次数	作为正确选项次数	作为干扰选项次数
得天独厚	7	3	4

207．并驾齐驱（bìngjià-qíqū）

【出现频率】7 次

【词语解释】比喻彼此的力量或才能不分高下。

【真题助记】

2019 年重庆市法检系统招录考试行测题（网友回忆版）第 37 题：

随着贵金属货币演化成纸币，货币借助于信用发展出了金融产业。金融一旦成为一个产业，就可以与实体经济________，就有了自己独立的利益，就会________赚取利润。然而，经济过度金融化以及金融业丰厚的利润会带来两方面的________后果：一方面导致资金脱实向虚，另一方面助长投机。（依次填入画横线部分最恰当的词语是**并驾齐驱、想方设法、消极**）

【考情分析】

词　语	出现次数	作为正确选项次数	作为干扰选项次数
并驾齐驱	7	3	4

208．脱胎换骨（tuōtāi-huàngǔ）

【出现频率】7 次

【词语解释】用来比喻彻底改变立场观点。

【真题助记】

2019 年国家公务员录用考试行测题（地市级网友回忆版）第 38 题：

东北人喜欢的酸菜，四川人喜欢的泡菜，广东人喜欢的梅菜，都是依靠时间“________”的美食。但在腌制食品中________存在的亚硝酸盐，是健康的一大威胁。更何况很多中国家庭还特别喜欢自制腌制品，一旦操作不当就会引发中毒。腌制品和腐败食物，美味和损伤，有时候只是________。（依次填入画横线部分最恰当的词语是**脱胎换骨、普遍、一步之遥**）

【考情分析】

词　语	出现次数	作为正确选项次数	作为干扰选项次数
脱胎换骨	7	3	4

209. 专心致志（zhuānxīn-zhìzhì）

【出现频率】7 次

【词语解释】形容一心一意，聚精会神。

【真题助记】

2021 年上海市公务员录用考试行测题（B 类，网友回忆版）第 5 题：

度过了漫长的中世纪之后，西方社会迎来了文化启蒙的思想大解放时期。这一时期，西方的哲学家将本体论的问题抛在了一边，________地研究起了认识论，也就是“人如何认识外在世界”的问题。外在世界________可以认识？这在我们普通人看来根本不是一个问题，________在哲学家眼中，这却是一个很大的问题。（依次填入画横线部分最恰当的词语是**专心致志、是否、但**）

【考情分析】

词　语	出现次数	作为正确选项次数	作为干扰选项次数
专心致志	7	3	4

210. 势不可挡（shìbùkědǎng）

【出现频率】7 次

【词语解释】来势迅猛，不可抵挡。

【真题助记】

2020 年国家公务员录用考试行测题（地市级网友回忆版）第 34 题：

当今世界，处于百年未有之大变局。世界多极化、经济全球化________，人类的命运紧密相连，各国利益深度融合。但同时，各种挑战也日益严峻。变局之中，要合作还是要对立，要开放还是要封闭，要互利共赢还是要________，人类发展处在何去何从的十字路口。（依次填入画横线部分最恰当的词语是**势不可挡、以邻为壑**）

【考情分析】

词　语	出现次数	作为正确选项次数	作为干扰选项次数
势不可挡	7	3	4

211．一以贯之（yīyǐguànzhī）

【出现频率】7次

【词语解释】泛指用同一种思想理论贯穿始终。

【真题助记】

2019年辽宁省公务员录用考试行测题（网友回忆版）第21题：

中国共产党的历史，就是一部党领导人民持续进行伟大社会革命的历史。习近平总书记指出："新时代中国特色社会主义是我们党领导人民进行伟大社会革命的成果，也是我们党领导人民进行伟大社会革命的继续，必须________进行下去。"（填入画横线部分最恰当的词语是**一以贯之**）

【考情分析】

词　语	出现次数	作为正确选项次数	作为干扰选项次数
一以贯之	7	3	4

212．千差万别（qiānchā-wànbié）

【出现频率】7次

【词语解释】形容种类多，差别大。

【真题助记】

2020年山东省公务员录用考试行测题（网友回忆版）第18题：

尽管"互联网医疗健康"是大势所趋，但现阶段全面推广"共享护士”也有问题。就算是正规护士，其专业素养和擅长领域也________，况且上门护理不比在医院病房，出现紧急情况不好及时有效地处置，容易引发医疗事故和相关纠纷，风险隐患________。（依次填入画横线部分最恰当的词语是**千差万别、不容小觑**）

【考情分析】

词　语	出现次数	作为正确选项次数	作为干扰选项次数
千差万别	7	3	4

213．精雕细琢（jīngdiāo-xìzhuó）

【出现频率】7 次

【词语解释】比喻做事情精益求精。

【真题助记】

2018 年 421 联考行测题（吉林甲级，网友回忆版）第 33 题：

文化节目应当追求“慢”与“深”，要坚持自主原创，应提高外国版权引进门槛、________进行本土化改造和创新，实现从“模式引进”到“中国创造”的改变，并形成________的竞争力、传播力和影响力。（依次填入画横线部分最恰当的词语是**精雕细琢、持久**）

【考情分析】

词　语	出现次数	作为正确选项次数	作为干扰选项次数
精雕细琢	7	3	4

214．千头万绪（qiāntóu-wànxù）

【出现频率】7 次

【词语解释】比喻事情的开端，头绪非常多，也形容事情复杂纷乱。

【真题助记】

2018 年 421 联考行测题（陕西卷，网友回忆版）第 8 题：

霍金的病症恶化得相当迅速，他预料自己活不到博士毕业答辩。他开始极度迷恋瓦格纳的作品，符合他________的黑暗情绪。瓦格纳歌剧《尼伯龙根的指环》的第二部《女武神》是霍金的心头好，乐队在演奏“宝剑的动机”和“爱的动机”的交织中，达到演出的高潮。此时的霍金，正在“命运的动机”的________里，试图找到一丝光亮。（依次填入画横线部分最恰当的词语是**穷途末路、千头万绪**）

【考情分析】

词　　语	出现次数	作为正确选项次数	作为干扰选项次数
千头万绪	7	3	4

215. 按图索骥（àntú-suǒjì）

【出现频率】7次

【词语解释】照图上画的样子去寻求好马。本比喻拘泥而不能灵活变通（含贬义），现多用在正面，比喻根据线索寻找或追究事物。

【真题助记】

2020年深圳市公务员录用考试行测1试题（网友回忆版）第63题：

（1）这样多的读者哪一个是先看批评家的文章，然后再让批评家牵着鼻子走，________地去读原著呢？我看是绝无仅有的。

（2）30年前，国际形势________，国内改革________，党中央做出重大决策，掀开了我国改革开放向纵深推进的崭新篇章。

（依次填入画横线部分最恰当的词语是**按图索骥、风云变幻、风起云涌**）

【考情分析】

词　　语	出现次数	作为正确选项次数	作为干扰选项次数
按图索骥	7	3	4

216. 柳暗花明（liǔ'àn-huāmíng）

【出现频率】7次

【词语解释】形容柳树成荫、繁花似锦的春天景象，也比喻在困境中出现转机。

【真题助记】

2017年422联考行测题（陕西卷）第52题：

自己已过不惑之年，有时静下心来，纵观过往，回味旧事，沉淀心情，不由得感慨万千。人的一生，面对________的世界，会产生许多迷惘和困惑，在曲折坎坷的生活道路上，常常需要做出很多重要而艰难的________。一些含蓄隽永的小诗和富有哲理性的警句，往往会使人顿悟，促人奋起，为人指点迷津，引导人们摆脱困境，走向________的新天地。（依次填入画横线部分最恰当的词语是**纷繁复杂、抉择、柳暗花明**）

【考情分析】

词　语	出现次数	作为正确选项次数	作为干扰选项次数
柳暗花明	7	2	5

217. 珠联璧合（zhūlián-bìhé）

【出现频率】7次

【词语解释】比喻美好的人或事物凑在一起。

【真题助记】

2014年河北省公务员录用考试行测题第25题：

（1）《四库全书》与《四库全书总目》________，构成一个巨大的研究空间，潜藏着重大的学术价值。

（2）这个老头大冷的天还在早晨打着赤膊跑步，让人________。

（3）一个时期以来，歌剧《图兰朵》的上演，成了许多人________的话题。

（依次填入画横线部分最恰当的词语是**珠联璧合、匪夷所思、津津乐道**）

【考情分析】

词　语	出现次数	作为正确选项次数	作为干扰选项次数
珠联璧合	7	2	5

218. 铺天盖地（pūtiān-gàidì）

【出现频率】7次

【词语解释】形容声势大，来势猛，到处都是。

【真题助记】

2019年辽宁省公务员录用考试行测题（网友回忆版）第39题：

中共中央、国务院《关于决定设立河北雄安新区的通知》一出台，可谓________，连续几天，关于雄安新区的报道和分析________。之所以引发如此巨大的关注，显然是因为雄安新区被提到了很高的地位。这些年国家陆续批准设立了十几个新区，只有雄安新区能和深圳特区、浦东新区________。（依次填入画横线部分最恰当的词语是**石破天惊、铺天盖地、相提并论**）

【考情分析】

词　语	出现次数	作为正确选项次数	作为干扰选项次数
铺天盖地	7	2	5

219. 危在旦夕（wēizàidànxī）

【出现频率】7次

【词语解释】形容危险就在眼前。

【真题助记】

2012年国家公务员录用考试行测题第44题：

唐朝中期以后，帝国再次陷入激烈的持续动荡中，农民起义和藩镇割据成为唐帝国后叶的________。最终，中国进入了50余年的五代十国大分裂时期，看起来，黄河文明似乎已经________。但是，为什么中国的文明没像古埃及和古巴比伦那样彻底衰亡，而是________，一直延续至今呢？（依次填入画横线部分最恰当的词语是**主题、危在旦夕、薪尽火传**）

【考情分析】

词　语	出现次数	作为正确选项次数	作为干扰选项次数
危在旦夕	7	2	5

220. 居安思危（jū'ān-sīwēi）

【出现频率】7 次

【词语解释】虽然处在平安的环境里，也想到有出现危险的可能，指随时有应付意外事件的思想准备。

【真题助记】

广东省 2021 年度选调生和急需紧缺专业公务员招录笔试综合行政能力测验（网友回忆版）第 42 题：

当前，中国粮食安全形势持续稳定好转，但也要________。粮食事关国计民生，粮食安全这根弦片刻不能放松。（填入画横线部分最恰当的词语是**居安思危**）

【考情分析】

词　语	出现次数	作为正确选项次数	作为干扰选项次数
居安思危	7	2	5

221. 各有千秋（gèyǒu-qiānqiū）

【出现频率】7 次

【词语解释】比喻在同一层次内各人有各人的长处，各人有各人的特色。

【真题助记】

2020 年福建省公务员考试行测题（网友回忆版）第 35 题：

数学是世界各个地方、各个民族最先发展起来的精密科学。以《九章算术》为代表的中国传统数学，同以几何为代表的古希腊数学________，有如两颗璀璨的明珠在世界的东方和西方________。（依次填入画横线部分最恰当的词语是**各有千秋、交相辉映**）

【考情分析】

词　语	出现次数	作为正确选项次数	作为干扰选项次数
各有千秋	7	2	5

222. 异彩纷呈（yìcǎi-fēnchéng）

【出现频率】7次

【词语解释】比喻突出的成就或表现纷纷呈现。

【真题助记】

2012年421联考行测题（山西/辽宁/黑龙江/福建/湖北/湖南/广西/海南/四川/重庆/云南/西藏/陕西/青海/宁夏/新疆兵团）第33题：

当天下午，加尔各答的唐人街可谓________，人们携老扶幼，喜气洋洋地来到当地著名的科学城礼堂观看________的文艺演出。当《春节序曲》等全球华人________的乐曲响彻整个表演大厅时，整个大厅变成了一片欢庆的海洋。（依次填入画横线部分最恰当的词语是**万人空巷、异彩纷呈、耳熟能详**）

【考情分析】

词　语	出现次数	作为正确选项次数	作为干扰选项次数
异彩纷呈	7	2	5

223. 大同小异（dàtóng-xiǎoyì）

【出现频率】7次

【词语解释】指大体相同，略有差异。

【真题助记】

2020年山西省公务员录用考试行测题（网友回忆版）第27题：

饮食在中国文化传承中是较稳定的领域，国有盛衰，代有兴亡，用筷子吃饭数千年不变，与宴饮相关的某些礼仪程式也很少变化，盛行在西周的乡饮酒礼，上可溯至三代遗风，下传至清道光年间，其敬老、尊长、议政的古风________，连酒会程序——谋宾、迎宾、旅酬和送宾

等礼仪也________。（依次填入画横线部分最恰当的词语是**一脉相承、大同小异**）

【考情分析】

词　语	出现次数	作为正确选项次数	作为干扰选项次数
大同小异	7	2	5

224. 目不暇接（mùbùxiájiē）

【出现频率】7次

【词语解释】指东西多，眼睛都看不过来。

【真题助记】

2014年江苏省公务员录用考试行测题（B类）第20题：

信息技术的发展及广泛应用是一个重大的系统工程，其日新月异的发展与________的应用令人________，或者有些始料未及。（依次填入画横线部分最恰当的词语是**无所不在、目不暇接**）

【考情分析】

词　语	出现次数	作为正确选项次数	作为干扰选项次数
目不暇接	7	2	5

225. 门可罗雀（ménkěluóquè）

【出现频率】7次

【词语解释】大门前面可以张网捕雀，形容十分冷落，宾客稀少。

【真题助记】

2019年420联考行测题（山东卷，网友回忆版）第2题：

在网络书店的强有力竞争下，不少实体书店________，而书店的租金、人工等费用却在猛增。这时候通过装修店面，给读者带来全新的感受，不失为一个好办法。实际上，与网络书店相比，实体书店能给人带来独特的体验，那就是逛书店。（填入画横线部分最恰当的词语是**门可罗雀**）

【考情分析】

词　语	出现次数	作为正确选项次数	作为干扰选项次数
门可罗雀	7	2	5

226. 融会贯通（rónghuì-guàntōng）

【出现频率】7次

【词语解释】把各方面的知识和道理融化汇合，得到全面透彻的理解。

【真题助记】

2019年420联考行测题（云南卷，网友回忆版）第26题：

有的人没有“专业性”观念，欣赏全才、通才，不重视乃至鄙视专业人才，以为只要悟“道”，就可以________，什么问题都可以迎刃而解，什么领域都可以去坐而论道。这种观念在部分当代人文学者中仍然存在，科学家在他们眼中只是些关注细枝末节的技术员，不如他们掌握了先进的哲学思想后，可以站得高看得远，乃至以科学导师自居，可以为科学的发展________。（依次填入画横线部分最恰当的词语是**融会贯通、指点迷津**）

【考情分析】

词　语	出现次数	作为正确选项次数	作为干扰选项次数
融会贯通	7	2	5

227. 蒸蒸日上（zhēngzhēng-rìshàng）

【出现频率】7次

【词语解释】形容事业天天向上发展，十分兴旺。

【真题助记】

2019年湖北省选调生招录考试综合知识和行政职业能力测验题第74题：

新中国成立初期，美术作品中中国画逐渐占据重要地位，题材广泛多样，拓展了中国画的表现领域，出现了一批直接表现新时代现实生活和精神风貌的国画作品，一扫传统国画的荒寒落寞，表现出________的态势，为国画艺术最终摆脱传统________奠定了基础。（依次填入画横线部分最恰当的词语是**蒸蒸日上、窠臼**）

【考情分析】

词　语	出现次数	作为正确选项次数	作为干扰选项次数
蒸蒸日上	7	2	5

228. 格格不入（gégé-bùrù）

【出现频率】7次

【词语解释】形容彼此不协调，不相容。格格：阻碍，隔阂。

【真题助记】

2016年重庆市公务员录用考试行测题（下半年）第25题：

娱乐节目走进博物馆，为博物馆开拓了一个有声有色的广告世界，却与博物馆所要求的环境氛围________。综艺节目的自身特性决定了其与博物馆文化存在着天然的不一致，因此当演员在文物面前________地“秀”时，即使这档真人秀节目未曾损坏一件文物，但放任其在博物馆里________，就已经与文物保护的要求相抵触了。（依次填入画横线部分最恰当的词语是**格格不入、放肆、喧嚣**）

【考情分析】

词　语	出现次数	作为正确选项次数	作为干扰选项次数
格格不入	7	2	5

229. 润物无声（rùnwùwúshēng）

【出现频率】7次

【词语解释】悄无声息地滋润万物，多形容潜移默化的影响。

【真题助记】

2016年吉林省公务员录用考试行测题（甲级）第25题：

美是真正的世界语言。看台上，来自世界各地的嘉宾啧啧称赞，纷纷拍照留念，久久回味。当伯牙、子期的“高山流水”遇到德彪西的

“月光”，当________的“梁祝”触碰缠绵悱恻的《天鹅湖》，当淡香悠悠的“茉莉花”引出慷慨奔放的《欢乐颂》……文化的力量________。全球治理的磨合，首先要寻求文化的认同；全球治理的共识，也要从文化传统中探索沟通之道。（依次填入画横线部分最恰当的词语是**发乎情止乎礼、润物无声**）

【考情分析】

词　　语	出现次数	作为正确选项次数	作为干扰选项次数
润物无声	7	2	5

230．不约而同（bùyuē'értóng）

【出现频率】7次

【词语解释】事先没有商量约定而彼此见解或行动一致。

【真题助记】

2018年浙江省公务员录用考试行测题（B类，网友回忆版）第26题：

在候鸟的眼中，中国的东北是湖沼成群、草水茫茫的绝佳驿站。每年春季，鹤、鹳、天鹅等候鸟纷纷飞向安静凉爽的地球北端求偶育雏。漫漫长路之中，它们会________地从富饶的东北湿地经过，有的吃饱睡足之后继续北上，有的则干脆在这里筑巢安家，等待秋天的到来。（填入画横线部分最恰当的词语是**不约而同**）

【考情分析】

词　　语	出现次数	作为正确选项次数	作为干扰选项次数
不约而同	7	2	5

231．不知所措（bùzhī-suǒcuò）

【出现频率】7次

【词语解释】不知道怎么办才好，形容面对突发情况，无法应付。

【真题助记】

2018年421联考行测题（云南卷，网友回忆版）第31题：

对于人工智能来说，这种学习的广度实在是________，凡是人类社会的东西和事物，都是其学习的对象。但对它未学习过的东西，人工智能就会________，而且不知道逻辑推理，犯错误和发生事故也在所难免。（依次填入画横线部分最恰当的词语是**广袤无边、不知所措**）

【考情分析】

词　语	出现次数	作为正确选项次数	作为干扰选项次数
不知所措	7	1	6

232. 高瞻远瞩（gāozhān-yuǎnzhǔ）

【出现频率】7 次

【词语解释】形容眼光远大。

【真题助记】

2017 年新疆生产建设兵团公务员录用考试行测题（网友回忆版）第 32 题：

制定一项公共政策时就算再________、未雨绸缪，也不能无视广大基层民众的心声，无视“公平”二字，否则只能成为________了。（依次填入画横线部分最恰当的词语是**高瞻远瞩、众矢之的**）

【考情分析】

词　语	出现次数	作为正确选项次数	作为干扰选项次数
高瞻远瞩	7	1	6

233. 聚精会神（jùjīng-huìshén）

【出现频率】7 次

【词语解释】形容专心致志，注意力高度集中的样子。

【真题助记】

2009 年 913 联考行测题（辽宁 / 海南 / 重庆 / 福建）第 28 题：

“不折腾”，其实是对一个常识的________：一个正常的社会，必须________致力于增进以民主和民生为双轴的全民核心利益，必须________改善包括物质生活、精神生活、政治生活在内的公共生活，

必须在安定和谐中让民众免于匮乏与恐惧。（依次填入画横线部分最恰当的词语是**概括、聚精会神、锲而不舍**）

【考情分析】

词　语	出现次数	作为正确选项次数	作为干扰选项次数
聚精会神	7	1	6

234. 坚定不移（jiāndìngbùyí）

【出现频率】7 次

【词语解释】稳定坚强，毫不动摇；不放弃，不改变自己的想法。

【真题助记】

2015 年天津市公务员录用考试行测题第 22 题：

（1）因为滞后，后发优势至今仍有足够的________空间，帮助中国制造在和美国制造的竞争中保持优势。

（2）我们将建立一个带给人民幸福的体系，这个信念我们________。

（3）另一个时代的尘埃在这里沉淀，仿佛是无形的，但当你伸手去摸的时候，它们又像是溅起了________泥浆的泥塘。

（依次填入画横线部分最恰当的词语是**释放、坚定不移、浑浊**）

【考情分析】

词　语	出现次数	作为正确选项次数	作为干扰选项次数
坚定不移	7	1	6

235. 风靡一时（fēngmǐ-yīshí）

【出现频率】7 次

【词语解释】形容一种事物在一个时期内非常风行。靡：顺风倒下。

【真题助记】

2019 年四川省公务员录用考试行测题（下半年，网友回忆版）第 24 题：

网络文学经过 20 年的快速发展，已收获丰富的作品、巨大的经济效益和来自各方的关注。但在爆发式增长的同时，有关其价值及合理性的质疑也________。综观网络文学整体，虽然不乏________的佳作，但与庞大基数相比，精品数量依旧偏少。（依次填入画横线部分最恰当的词语是**不绝于耳、风靡一时**）

【考情分析】

词　语	出现次数	作为正确选项次数	作为干扰选项次数
风靡一时	7	1	6

236. 举一反三（jǔyī-fǎnsān）

【出现频率】7 次

【词语解释】比喻从一件事情类推而知道其他许多事情。

【真题助记】

2010 年福建省公务员录用考试行测题（春季）第 37 题：

人是会思考的芦苇，也是世界上唯一会运用逻辑推理的生物。环环相扣、________的逻辑推理确实可以帮助我们进行正确的思考、研究和决策。在二战前著名的德国国会纵火案中，季米特洛夫的无罪辩护，就是利用自己娴熟的法律知识和________的逻辑推理，驳倒了法西斯分子的诬陷栽赃，使法官不得不当庭宣判无罪释放。但错误的逻辑推理也常常会使人陷入诡辩荒唐的________。（依次填入画横线部分最恰当的词语是**举一反三、无懈可击、泥淖**）

【考情分析】

词　语	出现次数	作为正确选项次数	作为干扰选项次数
举一反三	7	1	6

237. 任重道远（rènzhòng-dàoyuǎn）

【出现频率】7 次

【词语解释】担子很重，路程遥远。比喻责任重大，需要经过长期的艰苦奋斗。

【真题助记】

2018 年新疆生产建设兵团面向社会招录公务员考试行测题（网友

回忆版）第30题：

近年来，国际恐怖主义活动范围不断扩大，原本安全的欧洲接连发生恐怖袭击事件，民众心中________。欧洲专家学者认为，造成恐怖主义泛滥的根本原因并未根除，恐怖袭击变得更加难以防范。世界，尤其是欧洲反恐斗争依然________。（依次填入画横线部分最恰当的词语是**惶惶不安、任重道远**）

【考情分析】

词　语	出现次数	作为正确选项次数	作为干扰选项次数
任重道远	7	1	6

238. 掩耳盗铃（yǎněr-dàolíng）

【出现频率】7次

【词语解释】比喻自己欺骗自己，明明掩盖不住的事情偏要想办法掩盖。

【真题助记】

2020年国家公务员录用考试行测题（地市级网友回忆版）第32题：

商品或服务没有质量的保障，就像生命失去了健康一样，一切都________。人们进行网络消费时，能够一眼看到价格，却很难发现是否存在质量问题。这种情况下，质量因素便更加关键。如果商家在营销环节耍小聪明，以低价为噱头，轻视质量，就如同________，等到“东窗事发”，注定会收到消费者的差评。（依次填入画横线部分最恰当的词语是**无从谈起、掩耳盗铃**）

【考情分析】

词　语	出现次数	作为正确选项次数	作为干扰选项次数
掩耳盗铃	7	1	6

239. 断章取义（duànzhāng-qǔyì）

【出现频率】7次

【词语解释】不顾全篇文章或谈话的内容，孤立地取其中的一段或一句的意思，指引用与原意不符。

【真题助记】

2012年国家公务员录用考试行测题第33题：

现在一些谈中国科技落后的文章，经常以晚清保守派把西方科技作为“奇技淫巧”的例子来说明中国封建社会________科学技术。这只是一种________的说法。实际中国传统上并不排斥科学技术，中国早期学者对此前影响生产力变化和社会变迁的重大发明创造都是相当看重的，并对它们给予了没有任何神秘色彩的记述和肯定。（依次填入画横线部分最恰当的词语是**抵制、断章取义**）

【考情分析】

词　语	出现次数	作为正确选项次数	作为干扰选项次数
断章取义	7	1	6

240．今非昔比（jīnfēixībǐ）

【出现频率】7次

【词语解释】指现在不是过去能比得上的，多指形势、自然面貌等发生了巨大的变化，且多指好的变化。

【真题助记】

2012年915联考行测题（新疆/福建/重庆/河南）第29题：

作为曾经的媒介大亨，报纸的影响力已经________，互联网、手机的普及，让现代人获取信息的方式发生了________的变化，报纸媒体的阅读群体日益萎缩。新媒体留给报纸的发展空间已经越来越小。（依次填入画横线部分最恰当的词语是**今非昔比、翻天覆地**）

【考情分析】

词　语	出现次数	作为正确选项次数	作为干扰选项次数
今非昔比	7	1	6

第七节　从“休戚相关”到“同日而语”等40个成语

一、本节成语汇总（见表2-7）

表2-7　从“休戚相关”到“同日而语”

休戚相关（7）	活灵活现（7）	耳熟能详（6）	络绎不绝（6）	难能可贵（6）
全神贯注（7）	沧海桑田（7）	越俎代庖（6）	销声匿迹（6）	独辟蹊径（6）
蔚然成风（7）	刻舟求剑（7）	釜底抽薪（6）	翻天覆地（6）	面目全非（6）
千奇百怪（7）	江河日下（7）	必不可少（6）	经久不衰（6）	坚持不懈（6）
心驰神往（7）	绘声绘色（7）	渐行渐远（6）	前所未有（6）	生生不息（6）
深入人心（7）	一步登天（7）	源源不断（6）	不屑一顾（6）	俯拾皆是（6）
取长补短（7）	不计其数（7）	本末倒置（6）	饮鸩止渴（6）	千篇一律（6）
不置可否（7）	出类拔萃（6）	大有可为（6）	不可替代（6）	同日而语（6）

注：括号内的数字指该成语在真题中出现的次数。

二、成语分析

241．休戚相关（xiūqī-xiāngguān）

【出现频率】7次

【词语解释】形容关系密切，利害一致。休：喜悦。戚：悲伤。

【真题助记】

2019年新疆生产建设兵团面向社会招录公务员考试行测题（网友回忆版）第27题：

世界上任何一种文化形态，都有其产生的特定时代和生态原因。

在中国，传统艺术是传统文化家族中不可分割的组成，________着无与伦比的魅力。艺术与生产生活________，透过这扇窗户，人们能够审视古代中国的历史进程、社会风貌、日常生活、审美心态和价值追求。（依次填入画横线部分最恰当的词语是**彰显、休戚相关**）

【考情分析】

词　语	出 现 次 数	作为正确选项次数	作为干扰选项次数
休戚相关	7	1	6

242. 全神贯注（quánshén-guànzhù）

【出现频率】7 次

【词语解释】形容注意力高度集中。

【真题助记】

2013 年江苏省公务员录用考试行测题（C 类）第 14 题：

如今在地铁或公交汽车上，人们手持智能手机或者电子阅读器等终端设备________看小说的情景已________，其中最流行的莫过于玄幻、仙侠以及女生言情小说。（依次填入画横线部分最恰当的词语是**全神贯注、屡见不鲜**）

【考情分析】

词　语	出 现 次 数	作为正确选项次数	作为干扰选项次数
全神贯注	7	1	6

243. 蔚然成风（wèirán-chéngfēng）

【出现频率】7 次

【词语解释】形容一件事情逐渐发展、盛行，形成一种风气。

【真题助记】

2018 年 421 联考行测题（吉林甲级，网友回忆版）第 27 题：

“移风易俗”的口号喊了很多年，然而好的“新民俗”能否诞生，不但需要有良好的愿望，还要有懂得民俗心理的“新创意”。这种创意，既衔接传统文化，又紧搭时代脉搏。唯有如此，才有可能让这种“新民

俗”________。（填入画横线部分最恰当的词语是**蔚然成风**）

【考情分析】

词　语	出现次数	作为正确选项次数	作为干扰选项次数
蔚然成风	7	1	6

244．千奇百怪（qiānqí-bǎiguài）

【出现频率】7次

【词语解释】形容事物奇异而多样。

【真题助记】

2021年上海市公务员录用考试行测题（A类，网友回忆版）第2题：

（1）起风了，黄山的云雾________，让人目不暇接，真是美极了。

（2）雪花飘飘荡荡，________，宛如仙女个个披着漂亮的婚纱下凡。

（3）有些石笋从地上冒出来，形状________，让人忍不住赞叹大自然的鬼斧神工。

（依次填入画横线部分最恰当的词语是**千变万化、千姿百态、千奇百怪**）

【考情分析】

词　语	出现次数	作为正确选项次数	作为干扰选项次数
千奇百怪	7	1	6

245．心驰神往（xīnchí-shénwǎng）

【出现频率】7次

【词语解释】心神飞到向往的地方。

【真题助记】

2017年422联考行测题（陕西卷）第46题：

夜攀华山，自古以来便为一桩美说，据说这传统是因为古时华山的________，常令不少登山者丧命，许多人也因此丧失了攀登的勇气。古人选择夜里爬山，是因为夜中看不见华山的凶险，自然也没了________。时至今日，华山之险虽在安全设施的布置下不复以往，但夜爬的趣味性仍令无数攀登者________。（依次填入画横线部分最恰当的词语是**雄奇险峻、畏惧、心驰神往**）

【考情分析】

词　语	出现次数	作为正确选项次数	作为干扰选项次数
心驰神往	7	1	6

246. 深入人心（shēnrù-rénxīn）

【出现频率】7 次

【词语解释】指理论、学说、政策等为人们深切了解和信服。

【真题助记】

2021 年浙江省公务员录用考试行测题（A 类，网友回忆版）第 24 题：

从“蓝天保卫战”到“史上最严”的新环境保护法，再到对“洋垃圾”说“不”，“绿水青山就是金山银山”的理念已________。对于中国而言，这是转变发展方式、破解资源环境瓶颈制约、提升国际竞争力的内在要求，与国家乃至全球的可持续发展目标________。（依次填入画横线部分最恰当的词语是**深入人心、同向而行**）

【考情分析】

词　语	出现次数	作为正确选项次数	作为干扰选项次数
深入人心	7	1	6

247. 取长补短（qǔcháng-bǔduǎn）

【出现频率】7 次

【词语解释】吸取长处，弥补不足。

【考情分析】

词　语	出现次数	作为正确选项次数	作为干扰选项次数
取长补短	7	0	7

248. 不置可否（bùzhì-kěfǒu）

【出现频率】7次

【词语解释】不明确表态，既不说对，也不说不对。

【考情分析】

词　语	出现次数	作为正确选项次数	作为干扰选项次数
不置可否	7	0	7

249. 活灵活现（huólíng-huóxiàn）

【出现频率】7次

【词语解释】形容神情逼真，使人感到好像亲眼看到一般，特指说话、表演等。

【考情分析】

词　语	出现次数	作为正确选项次数	作为干扰选项次数
活灵活现	7	0	7

250. 沧海桑田（cānghǎi-sāngtián）

【出现频率】7次

【词语解释】比喻世事变化很大。

【考情分析】

词　语	出现次数	作为正确选项次数	作为干扰选项次数
沧海桑田	7	0	7

251. 刻舟求剑（kèzhōu-qiújiàn）

【出现频率】7次

【词语解释】比喻拘泥成例，不知道跟着情势的变化而改变看法或办法。

【考情分析】

词　语	出现次数	作为正确选项次数	作为干扰选项次数
刻舟求剑	7	0	7

252. 江河日下（jiānghé-rìxià）

【出现频率】7 次

【词语解释】江河的水天天向下流，比喻情况一天一天地坏下去。

【考情分析】

词　　语	出现次数	作为正确选项次数	作为干扰选项次数
江河日下	7	0	7

253. 绘声绘色（huìshēng-huìsè）

【出现频率】7 次

【词语解释】形容叙述或描写生动逼真。

【考情分析】

词　　语	出现次数	作为正确选项次数	作为干扰选项次数
绘声绘色	7	0	7

254. 一步登天（yībù-dēngtiān）

【出现频率】7 次

【词语解释】比喻一下子就达到很高的境界或程度，也用来比喻人突然得志，爬上高位。

【考情分析】

词　　语	出现次数	作为正确选项次数	作为干扰选项次数
一步登天	7	0	7

255. 不计其数（bùjì-qíshù）

【出现频率】7 次

【词语解释】无法计算数目，形容极多。

【考情分析】

词　　语	出现次数	作为正确选项次数	作为干扰选项次数
不计其数	7	0	7

256. 出类拔萃（chūlèi-bácuì）

【出现频率】6次

【词语解释】超出同类。可用于人，也可用于物。用于人时，多指才干、实力、品行超群。

【真题助记】

2019年河北省公务员录用考试行测题（县级+乡镇，网友回忆版）第21题：

将一门技术掌握到________绝非易事，但工匠精神的内涵远不限于此。倘若没有发自肺腑的热爱，怎有废寝忘食的付出？没有超今冠古的追求，怎有________的卓越？没有物我两忘的境界，怎有脚踏实地的淡定？工匠精神所深藏的，有格物致知的生命哲学，也有超然达观的人生信念。（依次填入画横线部分最恰当的词语是**炉火纯青、出类拔萃**）

【考情分析】

词　语	出现次数	作为正确选项次数	作为干扰选项次数
出类拔萃	6	5	1

257. 耳熟能详（ěrshú-néngxiáng）

【出现频率】6次

【词语解释】听的次数多了，熟悉得能详尽地说出来。

【真题助记】

2019年420联考行测题（云南卷，网友回忆版）第28题：

说起分布式存储，大家可能都会觉得这是一个________的问题。虽然分布式存储并不是一个全新的技术，许多人也对它________。但它涉及文件系统、存储系统、网络、算法、管理等多方面的技术，因此，真正掌握分布式存储技术绝不是一件轻松的事。（依次填入画横线部分最恰当的词语是**老生常谈、耳熟能详**）

【考情分析】

词　语	出现次数	作为正确选项次数	作为干扰选项次数
耳熟能详	6	4	2

258. 越俎代庖（yuèzǔ-dàipáo）

【出现频率】6 次

【词语解释】一般用来比喻超过自己的职务范围，去处理别人所管的事情。

【真题助记】

2016 年广东省公务员录用考试行测题（乡镇）第 6 题：

政府部门应该在社区治理中鼓励社区自治。假如政府部门在这过程中________，没有处理好社区自治和政府管理的关系，那么，最终做出的决策就很可能会引发社会矛盾。（填入画横线部分最恰当的词语是**越俎代庖**）

【考情分析】

词　语	出现次数	作为正确选项次数	作为干扰选项次数
越俎代庖	6	4	2

259. 釜底抽薪（fǔdǐ-chōuxīn）

【出现频率】6 次

【词语解释】比喻从根本上解决问题。

【真题助记】

2021 年国家公务员录用考试行测题（地市级网友回忆版）第 23 题：

在芯片、操作系统等很多方面，我们需要下定决心，攻坚克难，自力更生。因为一旦核心技术受制于人，就有被人“________”的威胁。所以，我们要有“宝剑锋从磨砺出，梅花香自苦寒来”的定力，逐渐形成一批拥有自主知识产权的核心技术和产业，把发展的主动权牢牢掌握在自己手中。（填入画横线部分最恰当的词语是**釜底抽薪**）

【考情分析】

词　语	出现次数	作为正确选项次数	作为干扰选项次数
釜底抽薪	6	4	2

260．必不可少（bìbùkěshǎo）

【出现频率】6次

【词语解释】绝对需要的。

【真题助记】

2019年江西省法检统一考录公务员笔试行测题（网友回忆版）第16题：

书画琴棋诗酒花，书画是文人生活________的一项。文人挂画，以营造一个清雅的环境，不仅仅是耳目之娱、社交之法，更多的是志之所向。不只是文人贵族以挂画来彰显身份地位，坊间的茶楼酒肆也多以挂名人字画来装点门面________，招揽食客。（依次填入画横线部分最恰当的词语是**必不可少、附庸风雅**）

【考情分析】

词　语	出现次数	作为正确选项次数	作为干扰选项次数
必不可少	6	4	2

261．渐行渐远（jiànxíng-jiànyuǎn）

【出现频率】6次

【词语解释】指由于性格、观念、背景、立场等的不同，导致前进的方向与目标发生偏离。

【真题助记】

2018年广西公务员录用考试行测题（网友回忆版）第8题：

当前，房地产市场几乎被西方舶来式建筑风格一统天下，世界级文化遗产苏州园林正面临着严重的________危机，大师匠人的缺位、传统手艺的失传，都让传统的苏州园林风格________，几近绝迹。在这种背景下，可以富含苏州文化遗产卖点的房地产项目引爆市场。（依次填

入画横线部分最恰当的词语是**断代、渐行渐远**）

【考情分析】

词　语	出现次数	作为正确选项次数	作为干扰选项次数
渐行渐远	6	4	2

262. 源源不断（yuányuán-bùduàn）

【出现频率】6次

【词语解释】形容接连不断。

【真题助记】

2020年国家公务员录用考试行测题（副省级网友回忆版）第31题：

有关部门制订银龄讲学计划，在全国招募万名优秀退休教师下乡支援农村学校。相信白发苍苍的师者会无私地奉献燃烧；但是要________乡村师生双双流失的困境，不能仅凭一时兴起的“输血”和情怀。唯有教育资源真正向农村________，真正提高乡村教师的待遇和吸引力，乡村振兴才会有________的新鲜血液。（依次填入画横线部分最恰当的词语是**扭转、倾斜、源源不断**）

【考情分析】

词　语	出现次数	作为正确选项次数	作为干扰选项次数
源源不断	6	4	2

263. 本末倒置（běnmò-dàozhì）

【出现频率】6次

【词语解释】比喻把主要的和次要的、本质的和非本质的关系弄颠倒了。

【真题助记】

2019年420联考行测题（吉林甲级，网友回忆版）第24题：

“爱的匮乏限制了我们对人生的想象力。”我们常常说，因为我们缺爱，所以没有安全感。也许是我们________了，是因为我们拿不出爱，我们才会有庞大的不安全感。你自己不愿意先拿出来，对世界的________才是无爱的。（依次填入画横线部分最恰当的词语是**本末倒置、投射**）

【考情分析】

词　　语	出现次数	作为正确选项次数	作为干扰选项次数
本末倒置	6	4	2

264．大有可为（dàyǒu-kěwéi）

【出现频率】6次

【词语解释】有广阔的发展前途，能大大地发挥作用。

【真题助记】

广东省2020年度选调生和急需紧缺专业公务员招录笔试综合行政能力测验（网友回忆版）第49题：

金砖五国孕育出各自灿烂的文明，彼此________，人文交流合作________。我们要继续以民心相通为宗旨，广泛开展文化、教育、卫生、体育、旅游等各领域人文大交流，筑牢金砖合作民意基础。（依次填入画横线部分最恰当的词语是**交相辉映、大有可为**）

【考情分析】

词　　语	出现次数	作为正确选项次数	作为干扰选项次数
大有可为	6	4	2

265．络绎不绝（luòyìbùjué）

【出现频率】6次

【词语解释】形容人、马、车、船等连续不断。

【真题助记】

2019年黑龙江边境县（市、区）急需紧缺专业岗公务员考试行测题第35题：

国家级和省级博物馆往往建设完善，参观者________，甚至每天一早就出现排队的长龙；省级以下的公办博物馆则________。有的地方有充分的财政投入保障，博物馆拥有不错的硬件和软件设施，参观者的“回头率”较高；有的地方则缺乏对博物馆的投入，馆舍狭小老旧，展出品维护不当，专业讲解人员稀缺，导致博物馆________，可能连当地人都不知道博物馆的大门朝哪个方向开。（依次填入画横线部分最恰当的词语是**络绎不绝、良莠不齐、门庭冷落**）

【考情分析】

词　语	出现次数	作为正确选项次数	作为干扰选项次数
络绎不绝	6	3	3

266．销声匿迹（xiāoshēng-nìjì）

【出现频率】6 次

【词语解释】指隐藏起来，不公开露面。

【真题助记】

2020 年河南省公务员考试行测题（网友回忆版）第 12 题：

在人类文明的历史长河中，我们曾数次面临来自微生物的致命威胁。天花、梅毒、黑死病、流感、霍乱等流行病曾________人类社会数千年。每一次大流行后，它们都会突然________，所发生的一切都会将印迹烙在我们的基因里。（依次填入画横线部分最恰当的词语是**肆虐、销声匿迹**）

【考情分析】

词　语	出现次数	作为正确选项次数	作为干扰选项次数
销声匿迹	6	3	3

267．翻天覆地（fāntiān-fùdì）

【出现频率】6 次

【词语解释】也说天翻地覆，形容变化巨大而彻底。

【真题助记】

2019 年黑龙江边境县（市、区）急需紧缺专业岗公务员考试行测题第 25 题：

在改革开放的伟大实践中，中国大踏步赶上时代潮流，经济社会面貌发生了________的变化，________了持续高速发展的人间奇迹。（依次填入画横线部分最恰当的词语是**翻天覆地、创造**）

【考情分析】

词　语	出现次数	作为正确选项次数	作为干扰选项次数
翻天覆地	6	3	3

268．经久不衰（jīngjiǔbùshuāi）

【出现频率】6次

【词语解释】形容某事或某人经历很长时间仍旧保持较好的状态。

【真题助记】

2021年山东省公务员录用考试行测题（网友回忆版）第13题：

侦探小说的长久流行，部分原因是读者对世理人情中的阴暗面________的好奇心。安宁与平静只是一种表象，只要稍微留心，便能觉察到看似________的日常中处处有大大小小的危机。平凡生活的危机就是侦探小说最广泛和丰富的素材来源。（依次填入画横线部分最恰当的词语是**经久不衰、一成不变**）

【考情分析】

词　语	出现次数	作为正确选项次数	作为干扰选项次数
经久不衰	6	3	3

269．前所未有（qiánsuǒwèiyǒu）

【出现频率】6次

【词语解释】历史上从来没有过：前所未有的规模。

【真题助记】

2018年421联考行测题（四川卷，网友回忆版）第27题：

当今世界，文化交流、交融、交锋之势________，西方强势文化深刻影响甚至侵蚀着一些欠发达国家和民族的文化。如何保持和________自身的文化主体性，成为这些国家和民族最关切的问题之一。对于中华文化来说也是如此：如果没有主体意识，就有可能被其他文化侵蚀甚至________，沦为“文化殖民地”。（依次填入画横线部分最恰当的词语是**前所未有、彰显、同化**）

【考情分析】

词　语	出现次数	作为正确选项次数	作为干扰选项次数
前所未有	6	3	3

270．不屑一顾（bùxièyīgù）

【出现频率】6 次

【词语解释】认为不值得一看，形容极端轻视。

【真题助记】

2016 年国家公务员录用考试行测题（地市级）第 39 题：

图书出版人首先应是一个文化人，然后才是一个生意人。只有在这两者之间求得一种________的平衡，才能在这个日益萎缩的图书市场中生存下去。用这个标准来衡量，有些出版人就不太合格：要么过于看重文化的附加值，对市场化的道路________；要么把图书看作一单单生意，只顾着炮制各种________的畅销书。（依次填入画横线部分最恰当的词语是**微妙、不屑一顾、粗制滥造**）

【考情分析】

词　语	出现次数	作为正确选项次数	作为干扰选项次数
不屑一顾	6	3	3

271．饮鸩止渴（yǐnzhèn-zhǐkě）

【出现频率】6 次

【词语解释】用毒酒来解渴，比喻只求解决目前的困难而不顾严重后果。

【真题助记】

2019 年浙江省公务员录用考试行测题（B 类，网友回忆版）第 92 题：

近年来，各类互联网平台纷纷推出会员产品。客户会员越办越多，各种“套路”也________。比如，不办会员就限速，办了会员依然广告不断……这样的“赢利”模式，短期内似乎能尝到甜头，但从长远来看，实则是________。（依次填入画横线部分最恰当的词语是**接踵而至、饮鸩止渴**）

【考情分析】

词　　语	出现次数	作为正确选项次数	作为干扰选项次数
饮鸩止渴	6	3	3

272．不可替代（bùkětìdài）

【出现频率】6次

【词语解释】指某人或某物是不能够用他人或他物来代替的。

【真题助记】

2021年国家公务员录用考试行测题（地市级网友回忆版）第28题：

在实际应用中，专网通常服务于政府、军队、公安、能源、消防、轨道交通等部门或领域，大部分情况下被用来进行应急通信、调度指挥。性能可靠、低成本、定制化的特点，使其在行业应用中具备________的优势。即便5G时代呼啸而来，专网依旧能够找到________。（依次填入画横线部分最恰当的词语是**不可替代、用武之地**）

【考情分析】

词　　语	出现次数	作为正确选项次数	作为干扰选项次数
不可替代	6	3	3

273．难能可贵（nánnéng-kěguì）

【出现频率】6次

【词语解释】做到了难做之事，十分可贵。

【真题助记】

2020年山东省公务员录用考试行测题（网友回忆版）第15题：

见义勇为者需要迅速果断出击方可抓住________的机会有效制止不法侵害。作为普通人，在紧急情况下来不及思考就冲上去制止侵害行为的精神________。（依次填入画横线部分最恰当的词语是**转瞬即逝、难能可贵**）

【考情分析】

词　语	出现次数	作为正确选项次数	作为干扰选项次数
难能可贵	6	3	3

274．独辟蹊径（dúpì-xījìng）

【出现频率】6 次

【词语解释】单独开出一条道路，比喻独创出新风格或新方法。

【真题助记】

2018 年 421 联考行测题（青海卷，网友回忆版）第 29 题：

科学的发展和进步往往________于科学假说，科学理论发展的历史就是假说的形成、发展和假说之间的竞争、更迭的历史。面对茫茫人类历史源头，面对________、虚虚实实的人类文明历史遗存，科学假说同样至关重要。它________地将历史、文化、人性、环境视角的“聚光灯”汇集在一起，形成了属于它的一盏“无影灯”，并以这样的视角照射幽暗的历史深处，从而解析出一些可能接近历史本源的朦胧真相。（依次填入画横线部分最恰当的词语是**肇始、吉光片羽、独辟蹊径**）

【考情分析】

词　语	出现次数	作为正确选项次数	作为干扰选项次数
独辟蹊径	6	3	3

275．面目全非（miànmù-quánfēi）

【出现频率】6 次

【词语解释】事物的样子改变得很厉害（多含贬义）。

【真题助记】

2017 年 422 联考行测题（陕西卷）第 51 题：

人们把随地吐痰、踩踏草坪归咎于道德问题，其实这些举动也透露出对自然的不敬畏，对环境的________。正是由于这些举手投足的小事，让我们共同的家园变得________。（依次填入画横线部分最恰当的词语是**轻视、面目全非**）

【考情分析】

词　语	出现次数	作为正确选项次数	作为干扰选项次数
面目全非	6	3	3

276．坚持不懈（jiānchíbùxiè）

【出现频率】6次

【词语解释】比喻有恒心，有毅力。

【真题助记】

2021年北京市公务员录用考试行测题（乡镇卷，网友回忆版）第39题：

总是盯着科学大问题，不如蹲下身子多从________之处发掘一些“小问题”。有些科学问题看似小，只要________可能会有意想不到的惊喜。（依次填入画横线部分最恰当的词语是**细微、坚持不懈**）

【考情分析】

词　语	出现次数	作为正确选项次数	作为干扰选项次数
坚持不懈	6	3	3

277．生生不息（shēngshēngbùxī）

【出现频率】6次

【词语解释】事物不断繁衍生长，永不停止。

【真题助记】

广东省2021年度选调生和急需紧缺专业公务员招录笔试综合行政能力测验（网友回忆版）第52题：

砥砺复兴之志，是一个古老民族________的动力源泉。永葆赤子之心，是一个人民政党________的制胜法宝。（依次填入画横线部分最

恰当的词语是**生生不息、薪火相传**）

【考情分析】

词　语	出现次数	作为正确选项次数	作为干扰选项次数
生生不息	6	3	3

278. 俯拾皆是（fǔshí-jiēshì）

【出现频率】6 次

【词语解释】只要低下头来捡取，到处都是，形容多而易得。

【真题助记】

2020 年山西省公务员录用考试行测题（网友回忆版）第 29 题：

中国的格律诗，总体上在唐代________，达到无法超越的地步。宋诗其实是唐诗的延续，宋代有一些优秀的诗人，他们的创作可与唐人媲美，譬如苏东坡、王安石、陆游等。宋诗中，写得情景交融、意境优美的作品，可以说________。（依次填入画横线部分最恰当的词语是**登峰造极、俯拾皆是**）

【考情分析】

词　语	出现次数	作为正确选项次数	作为干扰选项次数
俯拾皆是	6	3	3

279. 千篇一律（qiānpiān-yīlǜ）

【出现频率】6 次

【词语解释】指文章公式化；也比喻办事按一个格式，非常机械；也泛指事物形式陈旧呆板。

【真题助记】

2019 年辽宁省公务员录用考试行测题（网友回忆版）第 40 题：

显微摄影是一门使用照相机拍摄显微镜下一般用肉眼无法看清的标本的技术。肉眼中________的细沙，在显微镜下确是“一沙一世界”，有的________像宝石，有的金黄酥脆像饼干。即使是________的柴米油盐，在显微镜下也会展现其神奇而美丽的一面。（依次填入画横线部分

最恰当的词语是**千篇一律、晶莹剔透、司空见惯**）

【考情分析】

词　语	出现次数	作为正确选项次数	作为干扰选项次数
千篇一律	6	3	3

280．同日而语（tóngrì'éryǔ）

【出现频率】6次

【词语解释】放在同一时间谈论，指相提并论。常用于否定式：不可同日而语。

【真题助记】

2018年421联考行测题（山东卷，网友回忆版）第4题：

数字世界的革命固然玄妙，但其经济规模和在人们生活中的重要程度，直到今天，仍旧不能与实体世界________。（填入画横线部分最恰当的词语是**同日而语**）

【考情分析】

词　语	出现次数	作为正确选项次数	作为干扰选项次数
同日而语	6	3	3

第八节　从"裹足不前"到"自怨自艾"等40个成语

一、本节成语汇总（见表2-8）

表2-8　从"裹足不前"到"自怨自艾"

裹足不前（6）	轻描淡写（6）	势如破竹（6）	熙熙攘攘（6）	鹤立鸡群（6）
防患未然（6）	游刃有余（6）	天经地义（6）	趋之若鹜（6）	独占鳌头（6）
见仁见智（6）	恰如其分（6）	耳目一新（6）	不期而遇（6）	苦心孤诣（6）

续表

闻名遐迩（6）	光怪陆离（6）	一帆风顺（6）	囫囵吞枣（6）	稍纵即逝（6）
手足无措（6）	推波助澜（6）	熟视无睹（6）	高枕无忧（6）	独具匠心（6）
跌宕起伏（6）	以偏概全（6）	事半功倍（6）	千方百计（6）	鞭辟入里（6）
一无是处（6）	绞尽脑汁（6）	不足为奇（6）	信手拈来（6）	作茧自缚（6）
得不偿失（6）	登堂入室（6）	循循善诱（6）	不以为然（6）	自怨自艾（6）

注：括号内的数字指该成语在真题中出现的次数。

二、成语分析

281. 裹足不前（guǒzú-bùqián）

【出现频率】6 次

【词语解释】比喻由于害怕或有顾虑而停步不前。

【真题助记】

2020 年深圳市考公务员录用考试行测 1 试题（网友回忆版）第 56 题：

（1）在金大的四年中，程先生如饥似渴地吸取营养，学问大进，他在晚年深情回忆：“在大学四年中，诸位老师各有专长，已使我________，枵腹日充。”

（2）张旭诗云：“山无物态弄春晖，莫为轻阴便拟归”，可见在日常生活中，斜风细雨也可能成为________的借口。

（依次填入画横线部分最恰当的词语是**耳濡目染、裹足不前**）

【考情分析】

词　　语	出现次数	作为正确选项次数	作为干扰选项次数
裹足不前	6	3	3

282. 防患未然（fánghuàn-wèirán）

【出现频率】6 次

【词语解释】在祸患发生之前就加以预防。

【真题助记】

2014年山东省选调应届优秀高校毕业生到基层工作考试行测试卷（精选）第39题：

安全检查工作非常重要，要________，不应麻痹大意，一旦出了事故，后悔莫及。（填入画横线部分最恰当的词语是**防患未然**）

【考情分析】

词　语	出现次数	作为正确选项次数	作为干扰选项次数
防患未然	6	2	4

283. 见仁见智（jiànrén-jiànzhì）

【出现频率】6次

【词语解释】对同一个问题，不同的人从不同的立场或角度有不同的看法。

【真题助记】

2013年国家公务员录用考试行测题第33题：

尽管诗歌绝无翻译的可能，却大有翻译介绍的必要。有多位前辈时贤对诗歌翻译理论不乏鞭辟入里的________。然而，何谓诗歌翻译的理想形式却________。（依次填入画横线部分最恰当的词语是**不刊之论、见仁见智**）

【考情分析】

词　语	出现次数	作为正确选项次数	作为干扰选项次数
见仁见智	6	2	4

284. 闻名遐迩（wénmíng-xiáěr）

【出现频率】6次

【词语解释】形容名声很大，远近都知道。遐：远；迩：近。

【真题助记】

2018年421联考行测题（四川卷，网友回忆版）第23题：

明清以来，北京城南天桥地区随着人口增加，逐渐成为集合北京平民消遣种类之大成的演艺场，因江湖艺人聚集而________。天桥形成的“江湖文化”，是京、冀民间文化艺术最重要的展示平台之一。天桥因有江湖艺人而繁华，艺人也因天桥而________，正所谓“人能兴地，地能兴人”。（依次填入画横线部分最恰当的词语是**闻名遐迩、安身立命**）

【考情分析】

词　语	出现次数	作为正确选项次数	作为干扰选项次数
闻名遐迩	6	2	4

285. 手足无措（shǒuzú-wúcuò）

【出现频率】6 次

【词语解释】形容举动慌乱或没有办法应付。

【真题助记】

2019 年辽宁省公务员录用考试行测题（网友回忆版）第 28 题：

面对新生事物，很多时候我们是________的。但是，纵观当前互联网经济的侵权新现象，如退押金难等，其所直陈的仍然是经济中存在的诚信缺失、假冒伪劣等老问题。因为互联网经济与实体经济一样，________着相同的市场交易规律，它的本质特征依然是信用经济。（依次填入画横线部分最恰当的词语是**手足无措、遵循**）

【考情分析】

词　语	出现次数	作为正确选项次数	作为干扰选项次数
手足无措	6	2	4

286. 跌宕起伏（diēdàng-qǐfú）

【出现频率】6 次

【词语解释】形容事物多变，不稳定，也比喻音乐音调忽高忽低，有时也形容心情。

【真题助记】

2011 年浙江省公务员录用考试行测题第 12 题：

《最后的通用语言》的作者奥斯特勒向读者讲述了世界主要

语言________的命运。事实说明每种语言的“唯我独尊”到最后均是________。波斯语差不多花了1000年才确立通用语的地位，但在短短的16年里就沦为了寻常语言。如果现在我们________英语至高无上的地位会永远持续下去，就是犯了“失忆症”与“典型的想象力缺乏症”。（依次填入画横线部分最恰当的词语是**跌宕起伏、不堪一击、臆想**）

【考情分析】

词　语	出现次数	作为正确选项次数	作为干扰选项次数
跌宕起伏	6	2	4

287. 一无是处（yīwúshìchù）

【出现频率】6次

【词语解释】没有一点儿对的或好的地方。

【真题助记】

2020年国家公务员录用考试行测题（地市级网友回忆版）第40题：

具有“边缘型状态”的人往往缺乏________的自我认知，没有相对明确的自我形象。有时候他们觉得自己充满力量，非常自信，似乎是全能的存在；有时候却又觉得自己好像虚弱无力，________，非常自卑。在“边缘型状态”的人身上，这种转变往往是突然而________的。（依次填入画横线部分最恰当的词语是**稳定、一无是处、剧烈**）

【考情分析】

词　语	出现次数	作为正确选项次数	作为干扰选项次数
一无是处	6	2	4

288. 得不偿失（débùchángshī）

【出现频率】6次

【词语解释】所得的利益抵偿不了所受的损失。

【真题助记】

2020年国家公务员录用考试行测题（副省级网友回忆版）第

28 题：

古城区发展到一定阶段，适度的提升改造是必要的，但如果是通过“拆真”来为“建假”腾出地方，这样的开发改造必然是________。其实，提升改造与对老建筑的保护本来可以________，恰当的修缮，不但可以让历史建筑重新焕发活力，也能够提升城区的整体质量，达到提升改造的目的。（依次填入画横线部分最恰当的词语是**得不偿失、并行不悖**）

【考情分析】

词　　语	出现次数	作为正确选项次数	作为干扰选项次数
得不偿失	6	2	4

289．轻描淡写（qīngmiáo-dànxiě）

【出现频率】6 次

【词语解释】着力不多的描写或叙述，也指谈问题时把重要问题轻轻带过。

【真题助记】

2015 年河北省公务员录用考试行测题第 39 题：

（1）导游________地告诉我们，遇到野象没什么，最多回头跑 50 米，野象就不会再追了。

（2）你为什么不对我说真话？你为什么总是________应付我？

（3）他们看我们，也许就像我们看蚂蚁一般，即使我们中间的那些伟大人物，在他们看来也________。

（依次填入画横线部分最恰当的词语是**轻描淡写、闪烁其词、不过尔尔**）

【考情分析】

词　　语	出现次数	作为正确选项次数	作为干扰选项次数
轻描淡写	6	2	4

290．游刃有余（yóurèn-yǒuyú）

【出现频率】6 次

【词语解释】形容做事熟练，轻而易举。

【真题助记】

2020年四川省公务员考试行测题（网友回忆版）第25题：

拍摄行业剧难就难在既要在专业上不被________，又要能在戏剧情感上引发共鸣，巧妙地将艺术性与专业性结合起来。我国电视剧行业发展到现在，对于家庭伦理剧、都市情感剧的驾驭已经________，但是在行业剧的创作上还是要注意立足于真实情况和现实模型，决不能对行业________、胡编乱造。（依次填入画横线部分最恰当的词语是**指摘、游刃有余、一知半解**）

【考情分析】

词　语	出现次数	作为正确选项次数	作为干扰选项次数
游刃有余	6	2	4

291. 恰如其分（qiàrú-qífèn）

【出现频率】6次

【词语解释】指办事或说话正合分寸。

【真题助记】

2019年江苏省公务员录用考试行测题（A类，网友回忆版）第33题：

中国传统文化中的“和而不同”与共享观念________地成为“人类命运共同体”以及“民心相通”的价值观的注脚。中国向世界提出了“人类共同命运”的全球倡议，包含了对全球“普遍联结”与“价值关联”等发展特征的________概括，是中国特色全球传播的生动表述。（依次填入画横线部分最恰当的词语是**恰如其分、凝练**）

【考情分析】

词　语	出现次数	作为正确选项次数	作为干扰选项次数
恰如其分	6	2	4

292. 光怪陆离（guāngguài-lùlí）

【出现频率】6 次

【词语解释】形容奇形怪状，五颜六色，现象奇特，也形容事物离奇多变。不能用来形容人。

【真题助记】

2016 年上海市公务员录用考试行测题（B 类）第 53 题：

山雄伟，海辽阔，经奇幻，中国自古便有奇书《山海经》。作为先秦重要古籍，它也是一部________的奇书。《山海经》在现代学者的眼中________，“成书并非一时，作者亦非一人”，是悠悠千载的历史造就了令人________的想象力。而现在，书中那些________的世界经由影视转码，频繁登上大银幕、小荧幕。这个暑期，无论是在院线里刷新票房数据的《捉妖记》，还是在网络视频累计超百亿次点击量的《花千骨》，其源头设定都与《山海经》不无关联。（依次填入画横线部分最恰当的词语是**脍炙人口、荒诞不经、瞠目结舌、光怪陆离**）

【考情分析】

词　语	出现次数	作为正确选项次数	作为干扰选项次数
光怪陆离	6	2	4

293. 推波助澜（tuībō-zhùlán）

【出现频率】6 次

【词语解释】比喻从旁助长或推动事物（多指坏的事物）的发展，扩大声势或影响。

【真题助记】

2013 年浙江省公务员录用考试行测题（B 类）第 13 题：

自文艺复兴以来，特别是第一次世界大战期间，因为民族主义和阶级斗争等意识形态作祟产生了一系列伤亡惨重的战争。其中，许多知识分子起到了________的作用，他们或打扮成青年导师和精神领袖________种族差异、民族至上和阶级对立，或投笔从戎，直接参与战争。对这一现象，哲学家班达不以为然，认为知识分子假借种族主义、民族主义和阶级斗争________了知识分子的价值理想。（依次填入画横线部分最恰当的词语是**推波助澜、鼓吹、背叛**）

【考情分析】

词　语	出现次数	作为正确选项次数	作为干扰选项次数
推波助澜	6	2	4

294. 以偏概全（yǐpiān-gàiquán）

【出现频率】6次

【词语解释】指用片面的观点看待整体问题。

【真题助记】

2017年湖北省选调生行测题（精选）第78题：

共享单车中的不文明现象不断见诸报端，一场有关“国民素质高低”的争论也随之而来。实际上，所谓的“低素质者”，只是在无规则规范、无法律约束状态下________的“无监管人群”而已。简单以市民素质低来解释共享单车乱象频发，颇有________之嫌。（依次填入画横线部分最恰当的词语是**催生、以偏概全**）

【考情分析】

词　语	出现次数	作为正确选项次数	作为干扰选项次数
以偏概全	6	2	4

295. 绞尽脑汁（jiǎojìnnǎozhī）

【出现频率】6次

【词语解释】形容苦思积虑，费尽脑筋，想尽办法；费尽心思去思考一件事情。

【真题助记】

2020年浙江公务员考试行测题（A类，网友回忆版）第25题：

天下熙熙攘攘，为稀土而来，为稀土而往。各种黑科技产品________离不开的稀土一直都是“香饽饽”，各国都为寻找掌握更多

稀土资源而________。（依次填入画横线部分最恰当的词语是**须臾、绞尽脑汁**）

【考情分析】

词　语	出现次数	作为正确选项次数	作为干扰选项次数
绞尽脑汁	6	2	4

296．登堂入室（dēngtáng-rùshì）

【出现频率】6次

【词语解释】意思是登上厅堂，进入内室，比喻学问或技能从浅到深，达到很高的水平。

【真题助记】

2019年深圳市公务员录用考试行测题（网友回忆版）第60题：

（1）对于西方汉学家来说，若想解读《红楼梦》，不仅要了解作者的生平，还要迈过好几道难关，才能________，领悟其独特的艺术魅力。

（2）文艺复兴时期的绝世天才达·芬奇，既是一位艺术家和哲学家，同时又是工程师、物理学家和生物学家，他在上述每个领域都达到了他那个时代________的成就。

（依次填入画横线部分最恰当的词语是**登堂入室、登峰造极**）

【考情分析】

词　语	出现次数	作为正确选项次数	作为干扰选项次数
登堂入室	6	2	4

297．势如破竹（shìrúpòzhú）

【出现频率】6次

【词语解释】形容作战或工作节节胜利，毫无阻碍。

【真题助记】

2018年421联考行测题（四川卷，网友回忆版）第24题：

市场放缓，有实力的车企调整对策，使得自主品牌车企在乘用车市场的表现呈现出两极分化的态势：趋于成熟的自主品牌车企________，越走越好；也有一些企业走到了生死存亡的关头，已到________的地步。（依次填入画横线部分最恰当的词语是**势如破竹、如履薄冰**）

【考情分析】

词　　语	出 现 次 数	作为正确选项次数	作为干扰选项次数
势如破竹	6	2	4

298. 天经地义（tiānjīng-dìyì）

【出现频率】6 次

【词语解释】指绝对正确，不能改变的道理，也指理所当然的事。

【真题助记】

2015 年 425 联考行测题（陕西卷）第 39 题：

赛场上的竞技仿佛象征了民族之间的较量，金牌成了民族荣誉的证明，一切都似乎________。人们如此________地以民族主义观念包装各种体育竞技，以至于没有多少人愿意指出，这仅仅是某一个特殊场合人为的临时规定。因为一项竞技失利，运动员的自责是“对不起国家”，利用体育赛事证明民族国家的强盛似乎已经________。（依次填入画横线部分最恰当的词语是**天经地义、娴熟、约定俗成**）

【考情分析】

词　　语	出 现 次 数	作为正确选项次数	作为干扰选项次数
天经地义	6	2	4

299. 耳目一新（ěrmù-yīxīn）

【出现频率】6 次

【词语解释】听到的、看到的都跟以前不一样，感到很新鲜。

【真题助记】

2018 年 421 联考行测题（吉林甲级，网友回忆版）第 31 题：

“山一程，水一程，身向榆关那畔行，夜深千帐灯。”在文化节目《经典咏流传》的舞台上，当纳兰性德的《长相思·山一程》被棋手柯洁用深情的歌声唱出时，这句________的词句还是给予我惊艳和陌生。那份数百年前的故园情思、羁旅感慨因悠扬的旋律被再度激活，令人________。（依次填入画横线部分最恰当的词语是**耳熟能详、耳目一新**）

【考情分析】

词　　语	出现次数	作为正确选项次数	作为干扰选项次数
耳目一新	6	2	4

300．一帆风顺（yīfān-fēngshùn）

【出现频率】6 次

【词语解释】船挂满帆，顺风行驶，比喻非常顺利，没有阻碍。

【真题助记】

2018 年国家公务员录用考试行测题（地市级网友回忆版）第 36 题：

近年来，西方观众对中国功夫片的套路、动作、术语等已颇为熟悉，中国功夫的神秘感、陌生感在他们眼中逐渐________，所以中国功夫片要体现作品的________，很有难度。当下国产功夫电影在制作和传播方面并非________，收获的口碑和奖杯都很难超越传统功夫片。（依次填入画横线部分最恰当的词语是**消失、差异性、一帆风顺**）

【考情分析】

词　　语	出现次数	作为正确选项次数	作为干扰选项次数
一帆风顺	6	2	4

301．熟视无睹（shúshì-wúdǔ）

【出现频率】6 次

【词语解释】看惯了就像没看见一样，也指看到某种现象，但不关心，只当没有看见。

【真题助记】

2020 年福建省公务员考试行测题（网友回忆版）第 23 题：

繁花盛开的季节，蜜蜂在姹紫嫣红之间辛勤劳作，如果你仔细观察一只蜜蜂的活动就会发现，蜜蜂对柑橘和咖啡的花朵仿佛着了魔一般，而对其他植物的花朵________，这是为什么呢？（填入画横线部分最恰当的成语是**熟视无睹**）

【考情分析】

词　语	出现次数	作为正确选项次数	作为干扰选项次数
熟视无睹	6	2	4

302．事半功倍（shìbàn-gōngbèi）

【出现频率】6次

【词语解释】形容用力小而收效大。

【真题助记】

2021年国家公务员录用考试行测题（地市级网友回忆版）第22题：

“人民城市人民建”。搭建民意“直通车”、公众“议事厅”，有事好商量，大家来出力，很多工作就能做到________。比如上海能在短短一年内迅速形成垃圾分类的新风尚，靠的就是人民群众的主动性、积极性与创造性。（填入画横线部分最恰当的成语是**事半功倍**）

【考情分析】

词　语	出现次数	作为正确选项次数	作为干扰选项次数
事半功倍	6	2	4

303．不足为奇（bùzúwéiqí）

【出现频率】6次

【词语解释】某种事物或现象很平常，没有什么奇怪的。

【真题助记】

2016年重庆市公务员录用考试行测题（下半年）第22题：

一项研究结果________了在梦中各种感官体验出现的频率，结果显示视觉体验居第一，听觉体验居第二，而触觉、嗅觉和味觉体验的出现频率相当低。视觉和听觉处理与大脑的关系要密切得多，多达三分之二的大脑皮层以某种方式参与视觉处理。因此，视觉如此频繁地在梦中出现，________。而嗅觉等几乎与大脑皮层无关。与其他感觉不同，嗅觉直接连接进入记忆和情感系统，这就是为什么某种气味能如此清晰地唤起某个记忆。（依次填入画横线部分最恰当的词语是**考察、不足为奇**）

【考情分析】

词　语	出现次数	作为正确选项次数	作为干扰选项次数
不足为奇	6	2	4

304．循循善诱（xúnxún-shànyòu）

【出现频率】6次

【词语解释】善于有步骤地引导别人学习。

【真题助记】

2019年浙江省公务员录用考试行测题（B类，网友回忆版）第94题：

历史上，小至个人荣辱、大到国家兴亡，优良家风通过________的情感教化、________的严格要求塑造着人们的人生观、价值观，辐射带动着整个国家和社会的价值导向。（依次填入画横线部分最恰当的词语是**循循善诱、耳提面命**）

【考情分析】

词　语	出现次数	作为正确选项次数	作为干扰选项次数
循循善诱	6	2	4

305．熙熙攘攘（xīxī-rǎngrǎng）

【出现频率】6次

【词语解释】形容人来人往，非常热闹拥挤。

【真题助记】

2016年江西省法检系统招录考试行测题第12题：

刚下过一场小雪，就迎来了新春，漫步在________的南昌街头，

随处都能见到一派________的景象。（依次填入画横线部分最恰当的词语是**熙熙攘攘、春意盎然**）

【考情分析】

词　语	出现次数	作为正确选项次数	作为干扰选项次数
熙熙攘攘	6	2	4

306．趋之若鹜（qūzhī-ruòwù）

【出现频率】6次

【词语解释】像鸭子一样成群地跑过去，形容许多人争着去追逐某种事物（含贬义）。

【真题助记】

2018年421联考行测题（山西卷，网友回忆版）第13题：

当下，“网红食品”让一些美食爱好者________。然而，朋友圈里的美食宣传往往真假莫辨。“网红食品”利用朋友圈熟人关系、口碑传播的社交特性推销产品，甚至________营销公众号为其背书。（依次填入画横线部分最恰当的词语是**趋之若鹜、发动**）

【考情分析】

词　语	出现次数	作为正确选项次数	作为干扰选项次数
趋之若鹜	6	2	4

307．不期而遇（bùqī'éryù）

【出现频率】6次

【词语解释】指意外碰见。

【真题助记】

2014年江苏省公务员录用考试行测题（C类）第17题：

公共艺术比之传统的博物馆、美术馆的艺术，其基本差异在于前者设立于________的公共空间，面向不特定的社会公众，在________的情境中与不同的观众会面，以多元的文化态度、审美经验与公众对话或互动，实现其公益价值。（依次填入画横线部分最恰当的词语是**开放、**

不期而遇）

【考情分析】

词　语	出现次数	作为正确选项次数	作为干扰选项次数
不期而遇	6	1	5

308．囫囵吞枣（húlún-tūnzǎo）

【出现频率】6 次

【词语解释】把枣子整个吞下去，比喻读书等不加分析地笼统接受。

【真题助记】

2017 年江苏省公务员录用考试行测题（C 类）第 43 题：

读书有两种情形，一种是看大意，________地看故事消磨时间，一种是细细品味，去________寻找文章的构思，寻找文外的寓意。这就是读书的两种不同的方式和目的。不过，不管是哪一种读书方式都是一种知识的积累。（依次填入画横线部分最恰当的词语是**囫囵吞枣、字里行间**）

【考情分析】

词　语	出现次数	作为正确选项次数	作为干扰选项次数
囫囵吞枣	6	1	5

309．高枕无忧（gāozhěn-wúyōu）

【出现频率】6 次

【词语解释】比喻平安无事，不用担忧；也比喻放松警惕。

【真题助记】

2018 年广西公务员录用考试行测题（网友回忆版）第 5 题：

世界遗产指的是联合国教科文组织确认的、世界罕见的、目前无法替代的文化和自然财产。所以，成为世界文化遗产后，遗产点也不能________。事实上，申遗成功后，遗产点每年都要提交一份详细的监测报告，如地质与环境监测、气象环境监测等，接受联合国教科文组织

的监督，按照高标准来________。（依次填入画横线部分最恰当的词语是**高枕无忧、保护**）

【考情分析】

词　　语	出现次数	作为正确选项次数	作为干扰选项次数
高枕无忧	6	1	5

310．千方百计（qiānfāng-bǎijì）

【出现频率】6次

【词语解释】想尽一切办法，用尽一切计谋。

【真题助记】

2009年广东省公务员录用考试行测题第24题：

现在的标准化考试几乎都变成了考试组织方和应考方斗智斗勇的博弈游戏。考试的主办方________用一个个小陷阱________考生做错，考生则尽可能地搜集陷阱模式，境界是眼睛一扫题目，就知道对方腰里别的是什么暗器。（依次填入画横线部分最恰当的词语是**千方百计、引诱**）

【考情分析】

词　　语	出现次数	作为正确选项次数	作为干扰选项次数
千方百计	6	1	5

311．信手拈来（xìnshǒu-niānlái）

【出现频率】6次

【词语解释】随手拿来，多指写文章时能自由纯熟地选用词语或应用典故，用不着怎么思考。信手：随手；拈：用手指捏取东西。

【真题助记】

2009年贵州省公务员录用考试行测题第50题：

发挥宗教在促进社会和谐方面的积极作用命题的提出，不是________而是深思熟虑，不是一般口号而是________命题，不是权宜之计而是基本政策。（依次填入画横线部分最恰当的词语是**信手拈来、科学**）

【考情分析】

词　语	出现次数	作为正确选项次数	作为干扰选项次数
信手拈来	6	1	5

312．不以为然（bùyǐwéirán）

【出现频率】6 次

【词语解释】不认为是对的，表示不同意或者否定。不是“不当回事”的意思。

【真题助记】

2009 年上海市公务员录用考试行测题第 26 题：

王大妈听到小李说他父母的不是，嘴上虽然没说什么，心里却________。（填入画横线部分最恰当的词语是**不以为然**）

【考情分析】

词　语	出现次数	作为正确选项次数	作为干扰选项次数
不以为然	6	1	5

313．鹤立鸡群（hèlìjīqún）

【出现频率】6 次

【词语解释】比喻一个人的仪表或才能在周围一群人中显得很突出；褒义词。

【真题助记】

2018 年深圳市公务员录用考试行测题（网友回忆版）第 62 题：

（1）杨绛先生是中国现当代文学史上一位________的学者兼作家。

（2）这位得奖青年果然相貌堂堂，在同伴中________，十分引人注目。

（3）而在那海一样的人民当中，到处都有________的劳动英雄，这些英雄本身就是人民当中开出的鲜艳花朵。

（依次填入画横线部分最恰当的词语是**卓尔不群、鹤立鸡群、出类拔萃**）

【考情分析】

词　　语	出现次数	作为正确选项次数	作为干扰选项次数
鹤立鸡群	6	1	5

314．独占鳌头（dúzhàn-áotóu）

【出现频率】6 次

【词语解释】比喻占首位或获得第一名。

【真题助记】

2016 年江西省法检系统招录考试行测题第 11 题：

（1）从前治安环境不好，总有一伙人在这一带称王称霸，________，光天化日，为非作歹。

（2）在这次点钞票的比赛中，她无可争议地________。

（依次填入画横线部分最恰当的词语是**不可一世、独占鳌头**）

【考情分析】

词　　语	出现次数	作为正确选项次数	作为干扰选项次数
独占鳌头	6	1	5

315．苦心孤诣（kǔxīn-gūyì）

【出现频率】6 次

【词语解释】费尽心思钻研或经营，达到别人达不到的境地。

【真题助记】

2013 年国家公务员录用考试行测题第 38 题：

可以毫不夸张地说，每一个老字号背后都是道不尽的________，数不清的传奇风流。但是有的地方的老字号或者消失或者________，唯独广州的中药老字号不仅数量多，而且各个越活越年轻。这其实与广州人对中医药文化的推崇和信任________。（依次填入画横线部分最恰当的词语是**苦心孤诣、奄奄一息、息息相关**）

【考情分析】

词　　语	出现次数	作为正确选项次数	作为干扰选项次数
苦心孤诣	6	1	5

316．稍纵即逝（shāozòng-jíshì）

【出现频率】6 次

【词语解释】形容时间或机会等很容易流逝。

【真题助记】

2011 年江苏省公务员录用考试行测题（A 类）第 15 题：

这世上有一种文字可以抵抗岁月，它的存在不因现代媒介的日渐茂盛而萎缩、消亡或被替代，它________在人的内心，将它生命的芬芳________在人汩汩流淌的血液中，它总是能够调动起人所有的阅历和人生储藏，让曾经________的、只属于个人的美的感受一再降临。依次填入画横线部门最恰当的词语是蛰伏、浸润、稍纵即逝。

【考情分析】

词　语	出现次数	作为正确选项次数	作为干扰选项次数
稍纵即逝	6	1	5

317．独具匠心（dújù-jiàngxīn）

【出现频率】6 次

【词语解释】具有独到的灵巧的心思，多指在技巧和艺术方面的创造性。

【真题助记】

2017 年新疆生产建设兵团公务员录用考试行测题（网友回忆版）第 27 题：

《金陵小巷人物志》这本书在设计上________，几乎没有封面，直接以装订的第一页作为封面，从封面到内页，都选用了粗糙耐用、富有生活气息的牛皮纸，整本书像是块毛坯砖，________，“小人物”的精彩也在设计中得到了很好的体现。（依次填入画横线部分最恰当的词语是**独具匠心、朴实无华**）

【考情分析】

词　语	出现次数	作为正确选项次数	作为干扰选项次数
独具匠心	6	1	5

318. 鞭辟入里（biānpì-rùlǐ）

【出现频率】6次

【词语解释】形容做学问切实，也形容分析透彻，切中要害。

【真题助记】

2014年山东省公务员录用考试行测题第4题：

许多人文社科类著作因对人的处境有真切的关心，对人的命运有深刻的认识，对人的内心经验有________的体谅，并精骛八极、________，因此都应成为我们阅读的重点。（依次填入画横线部分最恰当的词语是**感同身受、鞭辟入里**）

【考情分析】

词　语	出现次数	作为正确选项次数	作为干扰选项次数
鞭辟入里	6	1	5

319. 作茧自缚（zuòjiǎn-zìfù）

【出现频率】6次

【词语解释】比喻做了某事，结果反而使自己受困。

【真题助记】

2020年浙江公务员考试行测题（A类，网友回忆版）第20题：

芸芸众生中的一些人，放不下自己的身段，觉得到了某个年龄某个职位，就一定要有怎样的标配，略有不足，就觉得________。这样的人________又乏味。当把自己套进一个标准里面，就难免变得坚硬、无趣，________。其实，聪明的活法是可以把生活过得有弹性，能屈能伸，能进能退。（依次填入画横线部分最恰当的词语是**屈就、刻板、作茧自缚**）

【考情分析】

词　语	出现次数	作为正确选项次数	作为干扰选项次数
作茧自缚	6	1	5

320．自怨自艾（zìyuàn-zìyì）

【出现频率】6 次

【词语解释】本义是悔恨自己的错误，自己改正，现在只指悔恨。

【真题助记】

2011 年 424 联考行测题（贵州 / 四川 / 福建 / 黑龙江 / 湖北 / 山西 / 重庆 / 辽宁 / 海南 / 江西 / 天津 / 陕西 / 云南 / 广西 / 山东 / 湖南）第 3 题：

卡夫卡生活在世界形势激烈动荡的时期，他看到西方社会的内在危机，但无法找到解决这些危机的出路。他孤独、苦恼，________，心情矛盾，他的小说大多描写人的孤独和犯罪心理，或人在重重压迫下不了解自己的命运以致异化的现象，内容________。（依次填入画横线部分最恰当的词语是**自怨自艾、怪诞离奇**）

【考情分析】

词　语	出现次数	作为正确选项次数	作为干扰选项次数
自怨自艾	6	1	5

第九节　从“叹为观止”到“百折不挠”等 40 个成语

一、本节成语汇总（见表 2-9）

表 2-9　从“叹为观止”到“百折不挠”

叹为观止（6）	出谋划策（6）	各自为政（6）	筚路蓝缕（5）	左支右绌（5）
明哲保身（6）	驾轻就熟（6）	不可多得（6）	流连忘返（5）	猝不及防（5）
岌岌可危（6）	醍醐灌顶（6）	唇齿相依（6）	事与愿违（5）	石破天惊（5）
美轮美奂（6）	有条不紊（6）	避重就轻（6）	功亏一篑（5）	炉火纯青（5）
轰轰烈烈（6）	空穴来风（6）	视而不见（6）	危言耸听（5）	登峰造极（5）

续表

一马当先（6）	大张旗鼓（6）	出神入化（6）	若隐若现（5）	见微知著（5）
一目了然（6）	条分缕析（6）	数不胜数（6）	津津乐道（5）	充耳不闻（5）
自以为是（6）	绝无仅有（6）	相映成趣（6）	粗制滥造（5）	百折不挠（5）

注：括号内的数字指该成语在真题中出现的次数。

二、成语分析

321. 叹为观止（tànwéiguānzhǐ）

【出现频率】6次

【词语解释】赞叹所看到的事物好到了极点。

【真题助记】

2019年江西省法检统一考录公务员笔试行测题（网友回忆版）第7题：

日复一日，年复一年，杨树默默地孤守着一块养育自己的故土，高昂着不屈的头颅，坚挺着伟岸的身躯，________着沙漠瀚海，狂风恶浪。神情是那么的庄重、威严，姿态是那么的动人、浪漫，生命是那么的强大、旺盛，真令人望而生敬，________。（依次填入画横线部分最恰当的词语是**雄视、叹为观止**）

【考情分析】

词　语	出现次数	作为正确选项次数	作为干扰选项次数
叹为观止	6	1	5

322. 明哲保身（míngzhé-bǎoshēn）

【出现频率】6次

【词语解释】原指明智的人不参与可能给自己带来危险的事，现指因怕犯错误或者有损自己利益而对原则性问题不置可否的处世态度。

【真题助记】

2019年420联考行测题（云南卷，网友回忆版）第40题：

年轻干部要想行得端、走得正，就必须涵养道德操守，明礼诚信，特别是要敢于讲真话、讲实话，切忌开“空头支票”，________说好话、________说套话、________说大话、规避责任说假话。（依次填入画横线部分最恰当的词语是**投其所好、明哲保身、沽名钓誉**）

【考情分析】

词　　语	出现次数	作为正确选项次数	作为干扰选项次数
明哲保身	6	1	5

323. 岌岌可危（jíjíkěwēi）

【出现频率】6次

【词语解释】形容非常危险，快要倾覆或灭亡。

【真题助记】

2019年黑龙江边境县（市、区）急需紧缺专业岗公务员考试行测题第30题：

当年的松阳也曾随着城市化进程的加速而________，村里人不是选择进城务工，就是迁居城镇，乡村中留下的大都是老人孩子，很多老屋闲置了，破败了，无人管理维护，保存状况________。幸运的是，无数的人因此行动起来，才有了今天________的松阳。（依次填入画横线部分最恰当的词语是**萧条、岌岌可危、生机勃勃**）

【考情分析】

词　　语	出现次数	作为正确选项次数	作为干扰选项次数
岌岌可危	6	1	5

324. 美轮美奂（měilún-měihuàn）

【出现频率】6次

【词语解释】形容新屋高大美观，也形容装饰、布置等美好漂亮。轮：高大；奂：众多。

【真题助记】

2015年河南省公务员录用考试行测题第4题：

所谓城市文化，说到底是一个城市的灵魂，它可以体现为________的城市建筑，也可以体现为传统遗存的保护和文化产业的生长，但归根结底，它体现的应是一个城市的价值和精神。如此，城市才可宜居，不同社会阶层之间的关系才可________，一代又一代的居民才可扎根，经济发展才可能获得自己的文化面孔。（依次填入画横线部分最恰当的词语是**美轮美奂、和谐**）

【考情分析】

词　　语	出现次数	作为正确选项次数	作为干扰选项次数
美轮美奂	6	1	5

325. 轰轰烈烈（hōnghōnglièliè）

【出现频率】6次

【词语解释】状态词；形容气魄雄伟，声势浩大。

【真题助记】

2018年广西公务员录用考试行测题（网友回忆版）第20题：

中俄文化交流可以增进两国人民的相互了解，特别是可以克服两国经济发展的障碍，进而促进两国的经济发展。中俄文化交流也还有很大的提升空间，文化交流需要向深层次________，不能把文化交流简化为文艺演出活动，片面地满足于表面上的________。（依次填入画横线部分最恰当的词语是**跨越、轰轰烈烈**）

【考情分析】

词　　语	出现次数	作为正确选项次数	作为干扰选项次数
轰轰烈烈	6	1	5

326. 一马当先（yīmǎ-dāngxiān）

【出现频率】6次

【词语解释】作战时策马冲锋在前，形容领先或带头。

【真题助记】

2014年广东省公务员录用考试行测题（县级以上）第9题：

政府的行为对社会行为有着重要的________和示范作用，所以政务诚信建设必须________，并且要抓实抓好。（依次填入画横线部分最恰当的词语是**引领、一马当先**）

【考情分析】

词　语	出现次数	作为正确选项次数	作为干扰选项次数
一马当先	6	1	5

327．一目了然（yīmù-liǎorán）

【出现频率】6次

【词语解释】一眼就能看得清清楚楚。

【真题助记】

2018年广西公务员录用考试行测题（网友回忆版）第22题：

表情包以其________、蕴意丰富的特点，成为引人注目的网络文化产物，表情包的出现是有特殊背景的，就是互联网传播技术的普及和网络社交文化的繁荣。互联网技术________了各种视觉符号和贴图表情，让人们可以采用日常生活中不能使用的符号来表达情感和传递信息。（依次填入画横线部分最恰当的词语是**一目了然、衍生**）

【考情分析】

词　语	出现次数	作为正确选项次数	作为干扰选项次数
一目了然	6	1	5

328．自以为是（zìyǐwéishì）

【出现频率】6次

【词语解释】认为自己的看法和做法都正确，不接受别人的意见。

【真题助记】

2016年重庆市公务员录用考试行测题（下半年）第26题：

我们不可________，不可完全以自己的心理取代人物的心理。每个人都有自己的生存逻辑，其中包括日常生活的逻辑，还有文化心理的逻辑。逻辑是很强大的，就像铁律。人们之所以这样做，而不是那样做，受到的是逻辑的________和制约。薛宝钗和林黛玉的逻辑________，如果让林黛玉与贾宝玉谈仕途经济，那就可笑了。（依次填入画横线部分最恰当的词语是**自以为是、支配、大相径庭**）

【考情分析】

词　语	出现次数	作为正确选项次数	作为干扰选项次数
自以为是	6	1	5

329．出谋划策（chūmóu-huàcè）

【出现频率】6次

【词语解释】多指为人出主意。

【考情分析】

词　语	出现次数	作为正确选项次数	作为干扰选项次数
出谋划策	6	0	6

330．驾轻就熟（jiàqīng-jiùshú）

【出现频率】6次

【词语解释】比喻对某事有经验，很熟悉，做起来容易。

【考情分析】

词　语	出现次数	作为正确选项次数	作为干扰选项次数
驾轻就熟	6	0	6

331．醍醐灌顶（tíhú-guàndǐng）

【出现频率】6次

【词语解释】比喻听了高明的意见使人受到很大启发，也形容清凉舒适。

【考情分析】

词　语	出现次数	作为正确选项次数	作为干扰选项次数
醍醐灌顶	6	0	6

332．有条不紊（yǒutiáo-bùwěn）

【出现频率】6 次

【词语解释】有条理，有次序，一点儿也不乱。

【考情分析】

词　语	出现次数	作为正确选项次数	作为干扰选项次数
有条不紊	6	0	6

333．空穴来风（kōngxué-láifēng）

【出现频率】6 次

【词语解释】有了洞穴才有风进来，比喻消息和传说不是完全没有原因的，现多用来指消息和传闻毫无根据。

【考情分析】

词　语	出现次数	作为正确选项次数	作为干扰选项次数
空穴来风	6	0	6

334．大张旗鼓（dàzhāng-qígǔ）

【出现频率】6 次

【词语解释】形容进攻的声势和规模很大，也形容群众活动声势和规模很大。

【考情分析】

词　语	出现次数	作为正确选项次数	作为干扰选项次数
大张旗鼓	6	0	6

335．条分缕析（tiáofēn-lǚxī）

【出现频率】6 次

【词语解释】形容分析得细密清楚而有条理。

【考情分析】

词　语	出现次数	作为正确选项次数	作为干扰选项次数
条分缕析	6	0	6

336. 绝无仅有（juéwú-jǐnyǒu）

【出现频率】6次

【词语解释】只有一个，再没有别的，形容非常少有，极为稀有。

【考情分析】

词　语	出现次数	作为正确选项次数	作为干扰选项次数
绝无仅有	6	0	6

337. 各自为政（gèzìwéizhèng）

【出现频率】6次

【词语解释】各自按自己的主张办事，不互相配合，比喻不考虑全局，各搞一套。

【考情分析】

词　语	出现次数	作为正确选项次数	作为干扰选项次数
各自为政	6	0	6

338. 不可多得（bùkěduōdé）

【出现频率】6次

【词语解释】形容非常稀少，很难得到。

【考情分析】

词　语	出现次数	作为正确选项次数	作为干扰选项次数
不可多得	6	0	6

339. 唇齿相依（chúnchǐ-xiāngyī）

【出现频率】6次

【词语解释】比喻双方关系密切，相互依存。

【考情分析】

词　语	出现次数	作为正确选项次数	作为干扰选项次数
唇齿相依	6	0	6

340．避重就轻（bìzhòng-jiùqīng）

【出现频率】6次

【词语解释】指回避重的责任，只拣轻的来承担，也指回避主要的问题，只谈无关紧要的方面。

【考情分析】

词　语	出现次数	作为正确选项次数	作为干扰选项次数
避重就轻	6	0	6

341．视而不见（shì'érbùjiàn）

【出现频率】6次

【词语解释】指不注意，不重视，睁着眼却没看见；也指不理睬，看见了当作没看见。

【考情分析】

词　语	出现次数	作为正确选项次数	作为干扰选项次数
视而不见	6	0	6

342．出神入化（chūshén-rùhuà）

【出现频率】6次

【词语解释】形容技艺达到了绝妙的境界。

【考情分析】

词　语	出现次数	作为正确选项次数	作为干扰选项次数
出神入化	6	0	6

343．数不胜数（shǔbùshèngshǔ）

【出现频率】6次

【词语解释】形容数量极多，很难计算。

【考情分析】

词　语	出现次数	作为正确选项次数	作为干扰选项次数
数不胜数	6	0	6

344. 相映成趣（xiāngyìngchéngqù）

【出现频率】6次

【词语解释】相互衬托着，显得很有趣味，很有意思。

【考情分析】

词　　语	出现次数	作为正确选项次数	作为干扰选项次数
相映成趣	6	0	6

345. 筚路蓝缕（bìlù-lánlǚ）

【出现频率】5次

【词语解释】形容创业的艰苦。

【真题助记】

2020年江苏省公务员录用考试行测题（C类，网友回忆版）第40题：

回顾我国科技事业的发展，正是一代代航天人________、顽强拼搏，________了一系列关键核心技术，才有了中国航天大国的地位；正是因为________了深海装备的关键核心技术，才能使“蛟龙”“潜龙”“海龙”遨游深海，独立自主地进行科学考察，使中国在世界深海科学事业上拥有了发言权。（依次填入画横线部分最恰当的词语是**筚路蓝缕、攻克、突破**）

【考情分析】

词　　语	出现次数	作为正确选项次数	作为干扰选项次数
筚路蓝缕	5	5	0

346. 流连忘返（liúliánwàngfǎn）

【出现频率】5次

【词语解释】形容对美好景致或事物的留恋。

【真题助记】

2020年江苏省公务员录用考试行测题（C类，网友回忆版）第38题：

每次去浯溪，除了看它的碑林和山水之外，最令我________的，是元结当年弹琴的浯台。那里是浯溪的最高点，每到月夜，元结总是执一把琴，坐在那里对江而弹。琴声激活了浯溪山水，浯溪山水________了他的琴声。元结与山水融合在一起，任千古忧愁、万古功名顺琴声而去，随水而流，在虚无中________着沉重，在缥缈中偶尔跳出一声叹息。（依次填入画横线部分最恰当的词语是**流连忘返、浸润、掺杂**）

【考情分析】

词　语	出现次数	作为正确选项次数	作为干扰选项次数
流连忘返	5	5	0

347．事与愿违（shìyǔyuànwéi）

【出现频率】5 次

【词语解释】事实与愿望相反，指原来打算做的事没能做到。

【真题助记】

2019 年 420 联考行测题（四川卷，网友回忆版）第 19 题：

如果初创企业一味盲目地追求产品开发和获取早期客户的速度，而忽略了产品质量的话，到时往往会________。虽然表面看来产品是出来了，但是支撑产品的代码或硬件可能会变得难以维护和扩展，就算公司短期内看上去获得了成功，但产品里面的技术债务却积少成多，隐患也随之倍增，到时可能就会________。（依次填入画横线部分最恰当的词语是**事与愿违、积重难返**）

【考情分析】

词　语	出现次数	作为正确选项次数	作为干扰选项次数
事与愿违	5	4	1

348．功亏一篑（gōngkuīyīkuì）

【出现频率】5 次

【词语解释】比喻做事情只差最后一步，没能完成。

【真题助记】

2018年重庆市公务员录用考试行测题（下半年）第32题：

不少减肥的人会遇到这样的尴尬时刻——本来接到朋友聚会的邀请是让人开心的事，可细一想却又不免挣扎：与朋友一起吃饭会让人________，但这会让减肥________。去还是不去，这是一个问题。（依次填入画横线部分最恰当的词语是**胃口大开、功亏一篑**）

【考情分析】

词　语	出现次数	作为正确选项次数	作为干扰选项次数
功亏一篑	5	4	1

349. 危言耸听（wēiyán-sǒngtīng）

【出现频率】5次

【词语解释】故意说吓人的话使听的人震惊。

【真题助记】

2019年辽宁省公务员录用考试行测题（网友回忆版）第36题：

散布谣言者抓住人们“宁可信其有不可信其无”的心理，散布________的网络谣言。这些谣言误导了公共舆论，________了社会秩序，影响了人们的正常生活。这不仅会造成人心恐慌，有的还会给行业和产业发展带来巨大损失，甚至使国家的一些好政策遭到误解，严重影响政府公信力，民众对此________。（依次填入画横线部分最恰当的词语是**危言耸听、扰乱、深恶痛绝**）

【考情分析】

词　语	出现次数	作为正确选项次数	作为干扰选项次数
危言耸听	5	4	1

350. 若隐若现（ruòyǐn-ruòxiàn）

【出现频率】5次

【词语解释】隐隐约约，看不清楚。

【真题助记】

2019年辽宁省公务员录用考试行测题（网友回忆版）第32题：

包光潜在《温暖的橘子》中提到："那是十年前的秋天，我和朋友到西北旅游观光。由于路途遥远，精神________。大约过了几个隧道之后，豁然开朗，两边的山坡出现大片的橘林。刚刚成熟的橘子，在一片翠绿中________地泛着橘红色的光彩。到了一个小站，火车尚未停稳，月台上已经到处都是奔跑的橘子。"（依次填入画横线部分最恰当的词语是**萎靡不振、若隐若现**）

【考情分析】

词　语	出现次数	作为正确选项次数	作为干扰选项次数
若隐若现	5	4	1

351. 津津乐道（jīnjīnlèdào）

【出现频率】5次

【词语解释】很有兴趣地说个不停。

【真题助记】

2017年422联考行测题（浙江B卷）第28题：

现实生活中，真正能够平心静气、________者，似乎为数不多。相反，惯于给灵魂做加法，喜欢抛头露面、彰显自我的人倒是不少。君不见，有的人只要有机会，不是东拉西扯、侃侃而谈，便是谈天说地、________。不少人喜欢把逛街购物、唱歌喝酒、头疼脑热、感冒鼻塞之类的闲事琐事无聊事，统统发到朋友圈里去。（依次填入画横线部分最恰当的词语是**心无旁骛、津津乐道**）

【考情分析】

词　语	出现次数	作为正确选项次数	作为干扰选项次数
津津乐道	5	4	1

352. 粗制滥造（cūzhì-lànzào）

【出现频率】5次

【词语解释】指制作粗劣，不讲究质量；也指工作不负责任，草率从事。

【真题助记】

2021年江苏省公务员录用考试行测题（A类，网友回忆版）第35题：

为了吸引平台流量，一些视频创作者打着“正能量”的旗号，杜撰故事进行摆拍，然后以新闻事件的名义上传，骗取点赞和转发。然而总有网友提出疑问，为何事件发生时正好有人在拍摄？视频中________的内容、漏洞百出的表演……诸如此类的摆拍视频，在短时间内欺骗了公众的感情，长此以往也消解了公众的信任，曲解了正能量的含义。倘若不加强管理，相关平台就可能被造假者利用，成为假新闻的“________”。（依次填入画横线部分最恰当的词语是**粗制滥造、集散地**）

【考情分析】

词　语	出现次数	作为正确选项次数	作为干扰选项次数
粗制滥造	5	4	1

353. 左支右绌（zuǒzhī-yòuchù）

【出现频率】5次

【词语解释】指力量不足，应付了这方面，那方面又出了问题。

【真题助记】

2018年421联考行测题（贵州卷，网友回忆版）第22题：

社会保障关乎获得感，也等同于安全感。而放在当前的世界维度中，可以通过社会保障来________一个国家的发展诚意。发达国家的良好福利往往能对优秀青年人才产生筑巢引凤的号召效应，而一些没有迈过“中等收入陷阱”的国家，其社会保障________，尤其是对青年群体的全面覆盖________，成了他国的“前车之鉴”。（依次填入画横线部分最恰当的词语是**管窥、左支右绌、力有不逮**）

【考情分析】

词　语	出现次数	作为正确选项次数	作为干扰选项次数
左支右绌	5	4	1

354. 猝不及防（cùbùjífáng）

【出现频率】5 次

【词语解释】事情来得突然，来不及防备。

【真题助记】

2013 年四川公务员录用考试行测题（下半年）第 28 题：

湿地的生命力是可以被一点一滴看见的。我最先看见的是湿地上的青蛙，它________地弹跳，让寂静的湿地有了动感；青蛙落脚的地方，黑颈鹤________，动作像骄傲的体操运动员那样自由、舒展；接下来，三三两两的羊像无声的云从村子里飘过来，它们身后是牦牛家族，带着高海拔的困倦与________；再后来，高原上真正的主角——放牧者出现了，他们被牦牛这些群众演员簇拥着，压轴出场。（依次填入画横线部分最恰当的词语是**猝不及防、腾空跃起、慵懒**）

【考情分析】

词　语	出现次数	作为正确选项次数	作为干扰选项次数
猝不及防	5	3	2

355. 石破天惊（shípò-tiānjīng）

【出现频率】5 次

【词语解释】多用来形容事情或文章、议论新奇惊人。

【真题助记】

2019 年辽宁省公务员录用考试行测题（网友回忆版）第 39 题：

中共中央、国务院《关于决定设立河北雄安新区的通知》一出台，可谓________，连续几天，关于雄安新区的报道和分析________。之所以引发如此巨大的关注，显然是因为雄安新区被提到了很高的地位。这些年国家陆续批准设立了十几个新区，只有雄安新区能和深圳特区、浦

东新区________。（依次填入画横线部分最恰当的词语是**石破天惊、铺天盖地、相提并论**）

【考情分析】

词 语	出现次数	作为正确选项次数	作为干扰选项次数
石破天惊	5	3	2

356. 炉火纯青（lúhuǒ-chúnqīng）

【出现频率】5次

【词语解释】比喻技艺或学问修养达到精粹完美的境界或做事情达到纯熟的地步，在某领域造诣十分高。

【真题助记】

2019年420联考行测题（山西县级+乡镇，网友回忆版）第37题：

圈椅是明代家具中最为经典的制作。明代圈椅，造型古朴典雅，线条简洁流畅，制作技艺达到了________的境地。"天圆地方"是中国人文化中________的宇宙观，不但建筑受其影响，也________家具的设计之中。（依次填入画横线部分最恰当的词语是**炉火纯青、典型、融入**）

【考情分析】

词 语	出现次数	作为正确选项次数	作为干扰选项次数
炉火纯青	5	3	2

357. 登峰造极（dēngfēng-zàojí）

【出现频率】5次

【词语解释】到达最高点；比喻学问、技艺等已达到最高境界。

【真题助记】

2020年山西省公务员录用考试行测题（网友回忆版）第29题：

中国的格律诗，总体上在唐代________，达到无法超越的地步。宋诗其实是唐诗的延续，宋代有一些优秀的诗人，他们的创作可与唐人媲美，譬如苏东坡、王安石、陆游等。宋诗中，写得情景交融、意境优

美的作品，可以说________。（依次填入画横线部分最恰当的词语是**登峰造极、俯拾皆是**）

【考情分析】

词 语	出现次数	作为正确选项次数	作为干扰选项次数
登峰造极	5	3	2

358. 见微知著（jiànwēi-zhīzhù）

【出现频率】5 次

【词语解释】见到事情的苗头，就能知道它的实质和发展趋势。

【真题助记】

2016 年广东省公务员录用考试行测题（县级以上）第 22 题：

一本好的社会科学著作，不仅应该做到于无声处听惊雷，在琐屑的生活细节中________，而且应该让读者在阅读的过程中，情不自禁地借助作者的方法去检验生活和理解社会。（填入画横线部分最恰当的成语是**见微知著**）

【考情分析】

词 语	出现次数	作为正确选项次数	作为干扰选项次数
见微知著	5	3	2

359. 充耳不闻（chōng'ěr-bùwén）

【出现频率】5 次

【词语解释】塞住耳朵不听，形容有意不听别人的意见。充：塞住。

【真题助记】

2020 年四川省公务员考试行测题（网友回忆版）第 23 题：

对久不更新、久不回复的服务网站，人们没少投诉和批评，最终都________。因为这些投诉和批评根本不能制约和影响相关部门，网页上的投诉窗口，在接到投诉信息后也只会自动回复“您的信息已收到”。一边积极反映意见，另一边却________，权当网站为摆设。（依次填入画横线部分最恰当的词语是**不了了之、充耳不闻**）

【考情分析】

词　语	出现次数	作为正确选项次数	作为干扰选项次数
充耳不闻	5	3	2

360. 百折不挠（bǎizhé-bùnáo）

【出现频率】5 次

【词语解释】形容意志坚强，屡受挫折而不屈服。

【真题助记】

2020 年广东省公务员录用考试行测题（县级卷，网友回忆版）第 1 题：

千百年来，中华民族正是在与各种疫病、自然灾害、外来侵略等艰难困苦的斗争中，练就了________、众志成城的精神禀赋。（填入画横线部分最恰当的词语是**百折不挠**）

【考情分析】

词　语	出现次数	作为正确选项次数	作为干扰选项次数
百折不挠	5	3	2

第十节　从“耸人听闻”到“蜻蜓点水”等 40 个成语

一、本节成语汇总（见表 2-10）

表 2-10　从“耸人听闻”到“　　点水”

耸人听闻（5）	讳莫如深（5）	鳞次栉比（5）	毋庸讳言（5）	拾人牙慧（5）
喧宾夺主（5）	林林总总（5）	沾沾自喜（5）	长盛不衰（5）	大有裨益（5）
匪夷所思（5）	虚无缥缈（5）	一针见血（5）	脚踏实地（5）	顺势而为（5）
抱残守缺（5）	踌躇满志（5）	明日黄花（5）	袖手旁观（5）	沧海一粟（5）

续表

对症下药（5）	身临其境（5）	集思广益（5）	孤芳自赏（5）	心旷神怡（5）
供不应求（5）	另辟蹊径（5）	盛气凌人（5）	蜂拥而至（5）	卷土重来（5）
过犹不及（5）	不一而足（5）	炙手可热（5）	呕心沥血（5）	因人而异（5）
微乎其微（5）	首屈一指（5）	匠心独运（5）	并行不悖（5）	蜻蜓点水（5）

注：括号内的数字指该成语在真题中出现的次数。

二、成语分析

361．耸人听闻（sǒngréntīngwén）

【出现频率】5次

【词语解释】使人听了非常震惊。

【真题助记】

2020年国家公务员录用考试行测题（副省级网友回忆版）第27题：

现在很多人对快速发展的食品科技比较陌生，对食品从农田到餐桌的全过程知之甚少，因此对错误信息的辨识能力、对谣言的抵御能力十分有限。那些________的谣言不仅影响消费信心，也给行业、产业带来直接的危害。强化食品安全科普传播________，也迫在眉睫，这已经成为全行业和全社会的共识。（依次填入画横线部分最恰当的词语是**耸人听闻、势在必行**）

【考情分析】

词　语	出现次数	作为正确选项次数	作为干扰选项次数
耸人听闻	5	3	2

362．喧宾夺主（xuānbīn-duózhǔ）

【出现频率】5次

【词语解释】比喻客人占了主人的地位或外来的、次要的事物侵占了原有的、主要的事物的地位。

【真题助记】

2017年422联考行测题（河北卷）第40题：

所谓类文本，指的是出版物中所有作者文字之外的部分。尽管类文本也是阅读对象，但它们________地成为阅读的主体，甚至造成了对于文本的阅读________，实在有________之嫌。（依次填入画横线部分最恰当的词语是**喧宾夺主、障碍、本末倒置**）

【考情分析】

词　语	出现次数	作为正确选项次数	作为干扰选项次数
喧宾夺主	5	3	2

363. 匪夷所思（fěiyísuǒsī）

【出现频率】5次

【词语解释】指言谈、行动离奇古怪，不是一般人根据常情所能想象的。

【真题助记】

2016年423联考行测题（网友回忆版）第24题：

尽管古人对日食怀有恐惧感，认为日食是“天狗吃太阳”，但是鉴于太阳对于人类的重要作用，人们必须采取________的措施加以拯救，如用锣鼓和鞭炮的声音来驱赶“恶狗”。尽管现在听起来________，不过这类故事却使观赏日食变得神秘而有趣。（依次填入画横线部分最恰当的词语是**力所能及、匪夷所思**）

【考情分析】

词　语	出现次数	作为正确选项次数	作为干扰选项次数
匪夷所思	5	3	2

364. 抱残守缺（bàocán-shǒuquē）

【出现频率】5次

【词语解释】守着残缺的东西不放，形容思想守旧，不知变革；贬义词。

【真题助记】

2019年深圳市公务员录用考试行测题（网友回忆版）第64题：

（1）________，如今的大学里，似乎已经很少有这种因为一台电脑而生发出的虚荣与苦涩了。

（2）在各级部门都简化行政审批的当下，当地的一小撮办事员却还________让群众开具“奇葩”证明，这样的做法显然需要反思。

（3）回望光伏行业发展历程，可以发现，一些在国内甚至全球领先的光伏巨头企业在经历了________的风光后，纷纷跌下“神坛”。

（依次填入画横线部分最恰当的词语是**时过境迁、抱残守缺、昙花一现**）

【考情分析】

词　语	出现次数	作为正确选项次数	作为干扰选项次数
抱残守缺	5	3	2

365. 对症下药（duìzhèng-xiàyào）

【出现频率】5次

【词语解释】比喻针对事物的问题所在，采取有效的措施。

【真题助记】

2019年国家公务员录用考试行测题（地市级网友回忆版）第31题：

基层离百姓最近，可以快速反馈百姓的感受和意见，随时进行政策调整，故能“因病施治”；基层直接面对错综复杂的情况，最了解体制机制改革中的症结和痛点所在，故能“________”；基层最看重的是实效，________不得人心、难以持久，故内生的改革措施往往能“药到病除”。（依次填入画横线部分最恰当的词语是**对症下药、花拳绣腿**）

【考情分析】

词　语	出现次数	作为正确选项次数	作为干扰选项次数
对症下药	5	3	2

366．供不应求（gōngbùyìngqiú）

【出现频率】5次

【词语解释】供应不能满足需求。

【真题助记】

2019年四川省公务员录用考试行测题（下半年，网友回忆版）第16题：

康藏高寒地区海拔通常在三四千米以上，当地藏民有喝酥油茶的习惯，但该地茶叶极度稀缺；而在内地，民间生活和战争所需的大量骡马同样________。因此，具有互补性的“茶马互市”应运而生。（填入画横线部分最恰当的词语是**供不应求**）

【考情分析】

词　语	出现次数	作为正确选项次数	作为干扰选项次数
供不应求	5	3	2

367．过犹不及（guòyóubùjí）

【出现频率】5次

【词语解释】事情做得过头，就跟做得不够一样，都是不合适的。

【真题助记】

2020年山东省公务员录用考试行测题（网友回忆版）第14题：

喜剧看似简单，其实最难把握________。表演太浮夸则________，表演太温暾则让喜剧失去光泽。有的人适合演小品、说相声，但并不一定适合演喜剧电影。（依次填入画横线部分最恰当的词语是**分寸**、**过犹不及**）

【考情分析】

词　语	出现次数	作为正确选项次数	作为干扰选项次数
过犹不及	5	3	2

368．微乎其微（wēihūqíwēi）

【出现频率】5次

【词语解释】形容非常少或非常小。

【真题助记】

2017 年江苏省公务员录用考试行测题（A 类）第 46 题：

统计学家告诉我们，买一张彩票正好中大奖的概率________。比如说，英国国家彩票的中奖概率大概就只有 1400 万分之一，相当于你连续投 24 次硬币全是正面朝上，远远低于被________的陨石砸中的可能性。（依次填入画横线部分最恰当的词语是**微乎其微、从天而降**）

【考情分析】

词　语	出现次数	作为正确选项次数	作为干扰选项次数
微乎其微	5	2	3

369．讳莫如深（huìmòrúshēn）

【出现频率】5 次

【词语解释】指把事情隐瞒得很深。

【真题助记】

2018 年广西公务员录用考试行测题（网友回忆版）第 14 题：

我们常说“科学是开放的”，不是“封闭的”，科学的开放性意味着它不是永恒真理，可能出错。可是现实生活中，有些人在科学研究中对科学错误________，一旦自己的科研成果遇到质疑就立刻将其________。这看似暂时化解了危机，其实禁锢了自身的发展。（依次填入画横线部分最恰当的词语是**讳莫如深、束之高阁**）

【考情分析】

词　语	出现次数	作为正确选项次数	作为干扰选项次数
讳莫如深	5	2	3

370．林林总总（línlínzǒngzǒng）

【出现频率】5 次

【词语解释】形容众多。

【真题助记】

2019年青海省公务员录用考试行测题省市州级（A类，网友回忆版）第23题：

在政治、经济多元和一体化的时代，文化语境也呈多元化，出现________的情感价值取向实属正常现象，我们充分尊重个人的情感选择。但是，过度________情感的极端自由、极端物欲，其实会给个人的幸福带来许多内伤。（依次填入画横线部分最恰当的词语是**林林总总、鼓吹**）

【考情分析】

词　语	出现次数	作为正确选项次数	作为干扰选项次数
林林总总	5	2	3

371. 虚无缥缈（xūwú-piāomiǎo）

【出现频率】5次

【词语解释】指看不见、摸不着的虚幻，就像人的思想境界一样，没有实体感。形容空虚渺茫。

【真题助记】

2018年421联考行测题（江西卷，网友回忆版）第7题：

有的不信马列信鬼神，不信理想信方术，不敬人民敬“大师”，精神极度空虚；有的把共产主义看成________的海市蜃楼，对社会主义前途命运丧失信心，思想消极颓废；有的把西方三权分立、多党制那一套奉为________，价值观发生偏差；等等。（依次填入画横线部分最恰当的词语是**虚无缥缈、圭臬**）

【考情分析】

词　语	出现次数	作为正确选项次数	作为干扰选项次数
虚无缥缈	5	2	3

372. 踌躇满志（chóuchú-mǎnzhì）

【出现频率】5次

【词语解释】形容对自己取得的成就非常得意。踌躇：从容自得的样子；满：满足；志：志愿。

【真题助记】

2019年青海省公务员录用考试行测题（省市州级A类，网友回忆版）第30题：

传统文化是中华民族的灵魂，几千年来，春节庙会、清明祭祖、端午赛龙舟、重阳登高等传统民俗活动________，展现了乡土文化旺盛顽强的生命力。乡村旅游大发展，传统村落成为人们________的旅游胜地，民俗体验、乡村写生等成为消费热点。景德镇陶瓷、淄博琉璃、潍坊风筝等乡土工艺品以及泰山皮影、日照农民画等乡土民间艺术纷纷走出国门，中国乡村文化正________地走向世界，挺立于世界文化之林。实践证明，中国乡土文化历经劫难而不亡，________而新生，我们完全有理由树立对乡土文化的自信，这是文化自信的核心构成，决定着文化自信的深度和广度。（依次填入画横线部分最恰当的词语是**如火如荼、纷至沓来、踌躇满志、饱经风雨**）

【考情分析】

词语	出现次数	作为正确选项次数	作为干扰选项次数
踌躇满志	5	2	3

373. 身临其境（shēnlínqíjìng）

【出现频率】5次

【词语解释】指亲身面临那种境地；也作身历其境。

【真题助记】

广东省2020年度选调生和急需紧缺专业公务员招录笔试综合行政能力测验（网友回忆版）第48题：

总的来说，真实电影的________过去是、现在也仍然是利用同步声、无画外解说和无操纵剪辑等技术，尽可能地给观众呈现不加控制的事件。简言之，真实电影希望给予观众一种________的感觉。（依次填

入画横线部分最恰当的词语是**风格、身临其境**）

【考情分析】

词　语	出现次数	作为正确选项次数	作为干扰选项次数
身临其境	5	2	3

374．另辟蹊径（lìngpìxījìng）

【出现频率】5次

【词语解释】比喻另创一种风格或方法。

【真题助记】

2019年国家公务员录用考试行测题（地市级网友回忆版）第40题：

当中原的青铜文化如火如荼之时，面对铜料欠缺的窘境，务实的越人________，开创了瓷器生产的新纪元。秦汉时期是中国历史上大动荡大变革的时代，各行各业的面貌都________，古老越地的陶瓷业也是如此。进入东汉，过去的原始瓷________退出历史的舞台，一种面貌全新的青瓷在上虞曹娥江中游地区的窑场随之诞生。（依次填入画横线部分最恰当的词语是**另辟蹊径、焕然一新、悄然**）

【考情分析】

词　语	出现次数	作为正确选项次数	作为干扰选项次数
另辟蹊径	5	2	3

375．不一而足（bùyī'érzú）

【出现频率】5次

【词语解释】指同类的事物不止一个而是很多，无法列举齐全。

【真题助记】

2016年吉林省公务员录用考试行测题（甲级）第22题：

托尔斯泰说：幸福的家庭都是相似的，不幸的家庭各有各的不幸。可在我看来，________是幸福的人际关系，________不会真正相似，________不会一模一样。世界上所有人际关系不会一模一样，而是全都有自己的模样。比如说这对亲子关系母亲爱女儿多些，那对亲子关系女儿爱父亲多些；这对朋友关系他更喜欢她，那对朋友关系她更喜欢他；这对恋人是双向的爱，那对恋人是单向的爱。如此等等，________。（依次填入画横线部分最恰当的词语是**即使、也、至少、不一而足**）

【考情分析】

词 语	出现次数	作为正确选项次数	作为干扰选项次数
不一而足	5	2	3

376. 首屈一指（shǒuqū-yīzhǐ）

【出现频率】5 次

【词语解释】表示位居第一。

【真题助记】

2018 年江苏省公务员录用考试行测题（A 类，网友回忆版）第 35 题：

近年来，农业生产上利用残渣食物链进行食物生产越来越多，________食用菌为纽带的生态模式效果明显。微生物菌体以其丰富的蛋白质、氨基酸及维生素含量列为重要营养食品，许多食用菌品种还以其突出的抗癌、降脂及提高机体免疫力的功效而成为________的保健食品。（依次填入画横线部分最恰当的词语是**尤以、首屈一指**）

【考情分析】

词 语	出现次数	作为正确选项次数	作为干扰选项次数
首屈一指	5	2	3

377. 鳞次栉比（líncì-zhìbǐ）

【出现频率】5 次

【词语解释】多用来形容房屋或船只等排列得很密很整齐。

【真题助记】

2019 年黑龙江边境县（市、区）急需紧缺专业岗公务员考试行测题第 32 题：

（1）党的十九大是党和国家发展过程中一次________的盛会。

（2）辩论赛中选手要力求说到点子上，________地表明自己的看法。

（3）我国城市化进程不断加速，各地新建建筑________，尽显繁荣。

（依次填入画横线部分最恰当的词语是**承上启下、旗帜鲜明、鳞次栉比**）

【考情分析】

词　语	出现次数	作为正确选项次数	作为干扰选项次数
鳞次栉比	5	2	3

378．沾沾自喜（zhānzhān-zìxǐ）

【出现频率】5 次

【词语解释】形容自以为不错而得意的样子。

【真题助记】

2018 年辽宁省公务员录用考试行测题（网友回忆版）第 24 题：

不要因为我们曾经跌倒，就自叹自怜________，到头来只会使充满希望的生命之花凋谢枯萎；不要因为昔日光彩耀目，就________不能自拔，到头来只会使我们如火的激情悄然熄灭。（依次填入画横线部分最恰当的词语是**裹足不前、沾沾自喜**）

【考情分析】

词　语	出现次数	作为正确选项次数	作为干扰选项次数
沾沾自喜	5	2	3

379．一针见血（yīzhēn-jiànxiě）

【出现频率】5 次

【词语解释】比喻话说得简短且能切中要害。

【真题助记】

2019 年 420 联考行测题（云南卷，网友回忆版）第 23 题：

费孝通先生在《乡土中国》里有________的阐释：中国乡村秩序是从血缘关系和地缘关系开始的。此后时空流转，纵使百转千回，讨生活也好、讨理想也罢，走出去的中国人，还是会被故土的浓烈情思所牵绊。从这个意义上说，过年回家大概是三件事：一是省亲，________思念之苦；二是乡愁，归于故土之亲；三是仪式，________精神传承。（依次填入画横线部分最恰当的词语是**一针见血、慰藉、濡染**）

【考情分析】

词　语	出现次数	作为正确选项次数	作为干扰选项次数
一针见血	5	2	3

380. 明日黄花（míngrì-huánghuā）

【出现频率】5次

【词语解释】比喻过时的事物或消息，经常被误写作“昨日黄花”。

【真题助记】

2018年421联考行测题（山东卷，网友回忆版）第8题：

媒体和科学家所追求的目标是不一致的：媒体追求的是新闻性，而科学则需要________的方法。新闻记者们需要用通俗的标题来传达简单而新奇的内容，而科学方法则强调知识的积累、不同术语间的细微差别和对一切事物的质疑态度。然而，等到某一领域的科学知识真正到了值得用来投资或能够改变生活的时候，这些早就变成________了。（依次填入画横线部分最恰当的词语是**严谨、明日黄花**）

【考情分析】

词　语	出现次数	作为正确选项次数	作为干扰选项次数
明日黄花	5	2	3

381. 集思广益（jísī-guǎngyì）

【出现频率】5次

【词语解释】指集中群众的智慧，广泛吸取有益的意见。

【真题助记】

2015年辽宁省选调生招录考试行测题（精选）第21题：

文字可将一个人思考之所得传诸他人，于是不仅可以________，而且可以把他人的思考作为出发点。文字的发展成为传到远方与后世的书籍，书籍也就成了人类思考结果的库藏。读书者可以从此库藏中________，手执一卷可以上对邃古的哲人，远对绝域的学者，而仿佛亲聆其以言词________毕生思考的心得。（依次填入画横线部分最恰当的词语是**集思广益、予取予求、吐露**）

【考情分析】

词　　语	出现次数	作为正确选项次数	作为干扰选项次数
集思广益	5	2	3

382. 盛气凌人（shèngqì-língrén）

【出现频率】5次

【词语解释】形容傲慢自大，气势逼人。

【真题助记】

2015年江西省法检系统招录考试行测题第18题：

（1）一个人拥有包容心态，在为人处事时就不会________，也不会卑躬屈膝，他会平心静气，拒绝浮华，兼收并蓄，包容万物。

（2）常香玉是一位________的豫剧表演艺术家。她的豫剧我有幸欣赏过，她吸取了河南曲剧、河南梆子、河北梆子等剧种的长处和旋律，还大胆吸收了京剧的唱腔和武功，结合自己的表演和唱腔，完美表演出豫剧剧目。

（依次填入画横线部分最恰当的词语是**盛气凌人、德艺双馨**）

【考情分析】

词　　语	出现次数	作为正确选项次数	作为干扰选项次数
盛气凌人	5	2	3

383. 炙手可热（zhìshǒu-kěrè）

【出现频率】5 次

【词语解释】手一挨近就感觉热，形容气焰很盛，权势很大。

【真题助记】

2016 年江苏省公务员录用考试行测题（A 类）第 52 题：

在创业大潮席卷下，创业领域呈现一派________的景象。创投机构扎堆，创业项目井喷，创业者更是受到社会热烈关注，其中不少人成了________的创业明星。在资金和各路人马________的同时，也出现了一些浮夸和造假的现象。（依次填入画横线部分最恰当的词语是**生机勃勃、炙手可热、抢滩**）

【考情分析】

词　语	出现次数	作为正确选项次数	作为干扰选项次数
炙手可热	5	2	3

384. 匠心独运（jiàngxīn-dúyùn）

【出现频率】5 次

【词语解释】在文学、艺术等方面独创性地运用精巧的心思。

【真题助记】

2012 年上海市公务员录用考试行测题（A 类）第 4 题：

（1）《漫步华尔街》热销 30 余年仍经久不衰，很大程度上是因为本书构思新颖、________、创见频出而又资料翔实，它为投资者在险象环生的华尔街上引路导航。

（2）“晴天水潋滟，雨天山空蒙”的杭州西湖，无论雨雪晴阴早霞晚辉，还是春花秋月夏荷冬雪，都独具风韵。若想去“不雨山长涧，无云山自阴”的十里梅坞品茶，更见山有美貌，坞有灵水，以茶生文，以文茗茶，________。

（3）人们选择和布置这么一个场面来作为迎春的高潮，真是________。

（4）大家都很熟识的黄山谷的书法，在宋代要算是________的了。

（依次填入画横线部分最恰当的词语是**不落窠臼、别具一格、匠心独运、独树一帜**）

【考情分析】

词　语	出现次数	作为正确选项次数	作为干扰选项次数
匠心独运	5	2	3

385. 毋庸讳言（wúyōng-huìyán）

【出现频率】5 次

【词语解释】指用不着隐讳，可以直说的内容。

【真题助记】

2019 年青海省公务员录用考试行测题（省市州级 A 类，网友回忆版）第 29 题：

自改革开放以来，中国一直在加强科技开发，多次冲破技术封锁，实现弯道超车，________，靠的就是自主创新。从车辆到线路，从制动到通信信号，没有技术，就从国外引进消化吸收。一步一个台阶，中国高铁企业苦练内功、________，实现了国人高铁产业腾飞的梦想。以高铁为镜，我们涵养精益求精的大国工匠精神。________，中国制造面临过这样的尴尬：号称是世界工厂、制造大国，老百姓却________，去国外抢购保温杯、电饭煲、马桶盖等普通日用品。（依次填入画横线部分最恰当的词语是**后来居上、厚积薄发、毋庸讳言、舍近求远**）

【考情分析】

词　语	出现次数	作为正确选项次数	作为干扰选项次数
毋庸讳言	5	2	3

386. 长盛不衰（chángshèngbùshuāi）

【出现频率】5 次

【词语解释】比喻长时间保持旺盛的势头，一般用来形容文化、节日、传统等。

【真题助记】

2018年421联考行测题（云南卷，网友回忆版）第27题：

汉字自从成了汉语的书面符号，就一直是中华民族文化最重要的载体。它之所以能够________，正是因为它的生命力来自它的内部结构。汉字是形音义三位一体的结构体，其中，表意是它的主体功能。稳定的形、义使它克服了表音能力的缺陷，尽管古今汉语和南北方言语音发生了重大变化，人们还能“由文知义”。于是，隔代的人可以________书面阅读，异地的人可以借助文字沟通。（依次填入画横线部分最恰当的词语是**长盛不衰、共享**）

【考情分析】

词　语	出现次数	作为正确选项次数	作为干扰选项次数
长盛不衰	5	2	3

387. 脚踏实地（jiǎotàshídì）

【出现频率】5次

【词语解释】形容做事踏实认真。

【真题助记】

江西省2018年市县两级法院、检察院统一考录公务员笔试行测题（网友回忆版）第2题：

梦想为现实提供精神动力，现实则为梦想构筑前进的阶梯。我们既有“扶摇直上九万里”的________，也有“不积跬步，无以至千里”的________。寻梦的旅程不可能一蹴而就、步履轻松。（依次填入画横线部分最恰当的词语是**登高望远、脚踏实地**）

【考情分析】

词　语	出现次数	作为正确选项次数	作为干扰选项次数
脚踏实地	5	2	3

388. 袖手旁观（xiùshǒu-pángguān）

【出现频率】5次

【词语解释】比喻人置身事外，不帮助别人。

【真题助记】

2014年天津市公务员录用考试行测题第25题：

（1）据此，我认为长期以来的疑惑已________。

（2）我们要知道竹子的性质，就要特别栽种竹子，以研究它生长的过程，要把叶子切下来拿到显微镜下去观察，绝不是________就可以得到的知识。

（3）这首诗之所以成为________的名篇，无论如何不在于如专家所认为的在两句诗中罗列了三座桥和一座山。

（4）他的这种奇谈怪论，看来绝非是对历史的无知，而是________地捏造谎言。

（依次填入画横线部分最恰当的词语是**迎刃而解、袖手旁观、脍炙人口、别有用心**）

【考情分析】

词　语	出现次数	作为正确选项次数	作为干扰选项次数
袖手旁观	5	2	3

389. 孤芳自赏（gūfāng-zìshǎng）

【出现频率】5次

【词语解释】指自命清高，自我欣赏的人；也指脱离群众，自以为了不起。

【真题助记】

2020年吉林省公务员录用考试行测题（网友回忆版）第23题：

国学如果停留在如此浅层次的形式复古，无异于________，甚至会把国学弄成与现代文明相对抗的姿态，凡事不问好坏对错，一切以东西古今划界。凡是古人的都是好的，哪怕骑驴；凡是现代的都是“非我族类”，都该保持距离。如此下去，国学非但不会被这些人“发扬光大”，相反可能会走入狭隘化、极端化、边缘化的境地，钻进狭小天地里________，与文明发展割断脉络，把自己变成了一块“化石”。（依次填入画横线部分最恰当的词语是**买椟还珠、孤芳自赏**）

【考情分析】

词　语	出现次数	作为正确选项次数	作为干扰选项次数
孤芳自赏	5	2	3

390. 蜂拥而至（fēngyōng'érzhì）

【出现频率】5次

【词语解释】形容很多人乱哄哄地朝一个地方聚拢。

【真题助记】

2018年浙江省公务员录用考试行测题（B类，网友回忆版）第25题：

面对共享单车炙手可热的投资风口，投资者、商家________，大肆在各大城市投放共享单车，不少城市都已________，居民生活都受到影响。（依次填入画横线部分最恰当的词语是**蜂拥而至、不堪重负**）

【考情分析】

词　语	出现次数	作为正确选项次数	作为干扰选项次数
蜂拥而至	5	2	3

391. 呕心沥血（ǒuxīn-lìxuè）

【出现频率】5次

【词语解释】形容费尽心思和精力。

【真题助记】

2018年国家公务员录用考试行测题（地市级网友回忆版）第35题：

大国兴衰构成了世界历史的重要篇章，许多学者和政治家________探寻其中的逻辑线索，产生了许多著述宏论。然而，对大国兴衰的原因难有最终答案，这不仅在于问题本身的________，更是因为世界在变化，不同国家兴衰的轨迹不可能简单重复。因此，对这一问题

的探讨永远不会________。（依次填入画横线部分最恰当的词语是**呕心沥血、复杂性、过时**）

【考情分析】

词　　语	出现次数	作为正确选项次数	作为干扰选项次数
呕心沥血	5	2	3

392．并行不悖（bìngxíng-bùbèi）

【出现频率】5次

【词语解释】可以共存，而不相互违背；可同时进行，不相冲突。

【真题助记】

2020年国家公务员录用考试行测题（副省级网友回忆版）第28题：

古城区发展到一定阶段，适度的提升改造是必要的，但如果是通过“拆真”来为“建假”腾出地方，这样的开发改造必然是________。其实，提升改造与对老建筑的保护本来可以________，恰当的修缮，不但可以让历史建筑重新焕发活力，也能够提升城区的整体质量，达到提升改造的目的。（依次填入画横线部分最恰当的词语是**得不偿失、并行不悖**）

【考情分析】

词　　语	出现次数	作为正确选项次数	作为干扰选项次数
并行不悖	5	2	3

393．拾人牙慧（shírényáhuì）

【出现频率】5次

【词语解释】比喻拾取别人的一言半语当作自己的话。

【真题助记】

2020年深圳市考公务员录用考试行测1试题（网友回忆版）第59题：

陈寅恪讲课，从不________。他曾言：“前人讲过的，我不讲；近人讲过的，我不讲；外国人讲过的，我不讲；我自己过去讲过的，也不讲。现在只讲未曾有人讲过的。”因而，陈寅恪上课的教室，总是坐得满满的。（填入画横线部分最恰当的成语是**拾人牙慧**）

【考情分析】

词　　语	出现次数	作为正确选项次数	作为干扰选项次数
拾人牙慧	5	2	3

394. 大有裨益（dàyǒubìyì）

【出现频率】5 次

【词语解释】形容益处很大。

【真题助记】

2018 年广西公务员录用考试行测题（网友回忆版）第 21 题：

15 世纪以来，葡萄牙、西班牙、荷兰、英国、法国、德国、日本、俄罗斯、美国这九个先后崛起的国家，在历史兴衰和发展方面具有典型的意义。________其发展历史，探寻其发展轨迹，总结其经验教训，对于今天的中国尤其________。（依次填入画横线部分最恰当的词语是**阐述、大有裨益**）

【考情分析】

词　　语	出现次数	作为正确选项次数	作为干扰选项次数
大有裨益	5	2	3

395. 顺势而为（shùnshìérwéi）

【出现频率】5 次

【词语解释】做事要顺应潮流，不要逆势而行。

【真题助记】

2020 年四川下半年公务员录用考试行测题（网友回忆版）第 20 题：

当国大业大、兵强马壮的时候，非我莫属、称王称霸的心理优势不免同步膨胀，进而，就会很自然地顺应起弱肉强食的丛林法则，对外扩张、威胁他国，成为________的思维惯性。而此时，属于文明的力道，才真正凸显出来。顺从欲望本能而为，________，那是动物天性的暴力遗存；依照价值观念而为，约束自我，才是人类文明的进步力量。（依次填入画横线部分最恰当的词语是**顺势而为、放任自流**）

【考情分析】

词　　语	出现次数	作为正确选项次数	作为干扰选项次数
顺势而为	5	2	3

396. 沧海一粟（cānghǎi-yīsù）

【出现频率】5次

【词语解释】比喻非常渺小。

【真题助记】

2008年重庆市公务员录用考试行测题第18题：

个人的能力是有限的，我们只不过是________，因此我们在处理和解决问题时不能犯“个人主义”和“英雄主义”的错误，应该发扬团队合作精神。（填入画横线部分最恰当的成语是**沧海一粟**）

【考情分析】

词　　语	出现次数	作为正确选项次数	作为干扰选项次数
沧海一粟	5	1	4

397. 心旷神怡（xīnkuàng-shényí）

【出现频率】5次

【词语解释】心情愉快，精神舒畅。

【真题助记】

2019年江西省法检统一考录公务员笔试行测题（网友回忆版）第11题：

无论春夏秋冬，站在田野、花丛、溪边、草坪，看云彩悠悠而来，飘飘而去，洒脱自在，顿时________，好生羡慕。在大地上赏云如此富有情趣，那么高空中________云朵更会有一番别样风光吧？我憧憬着像

雄鹰一样，在万里晴空伴随白云一起飞翔！（依次填入画横线部分最恰当的词语是**心旷神怡、俯瞰**）

【考情分析】

词　　语	出现次数	作为正确选项次数	作为干扰选项次数
心旷神怡	5	1	4

398．卷土重来（juǎntǔ-chónglái）

【出现频率】5次

【词语解释】比喻失败之后重新恢复势力。

【真题助记】

2014年青海省公务员录用考试行测题第33题：

“宫斗剧”的盛行及其与当下社会的微妙对应，典型地体现了我们在现实困境中面对传统时的________。在________的“复古”潮流中，各种名目的“传统”泥沙俱下。那些植根于封建帝制基础上、早应被淘汰的历史沉渣，却都随着“复古”潮理直气壮地________。（依次填入画横线部分最恰当的词语是**手足无措、蜂拥而至、卷土重来**）

【考情分析】

词　　语	出现次数	作为正确选项次数	作为干扰选项次数
卷土重来	5	1	4

399．因人而异（yīnrén’éryì）

【出现频率】5次

【词语解释】因人的不同而有所差异。

【真题助记】

2010年江西省公务员录用考试行测题第12题：

春天翻动思绪，春景使人联想，行到水穷处，坐看云起时，都是哲人对春天的一种见解和沐浴春天的一种方式，对春天________的理解，春天呈现的种类自然也就________。（依次填入画横线部分最恰当的词语是**因人而异、千姿百态**）

【考情分析】

词　语	出现次数	作为正确选项次数	作为干扰选项次数
因人而异	5	1	4

400. 蜻蜓点水（qīngtíng-diǎnshuǐ）

【出现频率】5次

【词语解释】比喻做事肤浅、不深入。

【真题助记】

2020年江苏省公务员录用考试行测题（B类，网友回忆版）第38题：

执法检查是人大行使宪法法律赋予的监督权，也是保证法律得到全面有效实施的一把“利剑”。既然是“利剑”，就必须锋利，而不是________、无关痛痒。有力度、有硬度的执法检查，才能________法律的权威。为什么有的执法检查所呈现的结果却与老百姓的切身感受________？其中原因恐怕还在于执法检查没到位。（依次填入画横线部分最恰当的词语是**蜻蜓点水、彰显、大相径庭**）

【考情分析】

词　语	出现次数	作为正确选项次数	作为干扰选项次数
蜻蜓点水	5	1	4

第十一节　从“丰富多彩”到“改头换面”等43个成语

一、本节成语汇总（见表2-11）

表2-11　从“丰富多彩”到“改头换面”

丰富多彩（5）	守株待兔（5）	寅吃卯粮（5）	无功而返（5）	不离不弃（5）
毫无疑问（5）	博采众长（5）	道听途说（5）	一鼓作气（5）	披荆斩棘（5）

续表

异曲同工（5）	剑走偏锋（5）	错落有致（5）	无济于事（5）	委曲求全（5）
巧夺天工（5）	胸有成竹（5）	春风化雨（5）	独当一面（5）	坚不可摧（5）
各行其是（5）	义无反顾（5）	谈虎色变（5）	形形色色（5）	日积月累（5）
画地为牢（5）	旷日持久（5）	妇孺皆知（5）	如数家珍（5）	众望所归（5）
星罗棋布（5）	后继无人（5）	费尽心机（5）	置之不理（5）	改头换面（5）
自惭形秽（5）	平分秋色（5）	实至名归（5）	众口一词（5）	
不堪一击（5）	阳春白雪（5）	功败垂成（5）	不绝如缕（5）	

注：括号内的数字指该成语在真题中出现的次数。

二、成语分析

401．丰富多彩（fēngfù-duōcǎi）

【出现频率】5 次

【词语解释】形容内容丰富，花色繁多。

【真题助记】

2016 年河南省公务员录用考试行测题第 10 题：

原产于中国的茶叶漂洋过海后，演变为日本的抹茶、英国的红茶，并且________回到中国。面对着琳琅满目的茶叶制品，我们可以深刻地体会到一个道理：文化只有经过________，才会更加________。（依次填入画横线部分最恰当的词语是**重新、交流、丰富多彩**）

【考情分析】

词　语	出现次数	作为正确选项次数	作为干扰选项次数
丰富多彩	5	1	4

402．毫无疑问（háowúyíwèn）

【出现频率】5 次

【词语解释】没有一点疑问，十分肯定。

【真题助记】

2019年辽宁省公务员录用考试行测题（网友回忆版）第37题：

不必讳言，近期猪肉价格暴涨，固然与农产品供给周期性________有关，也与生猪生产供应在一些地方存在政策性收紧分不开。一个简单例子是，因为环保________，很多地方不仅纷纷强力取缔养殖场，也禁止农村散户养猪，当规模性养殖受到猪瘟袭击时，供给侧渠道顿时收窄，猪肉涨价自然________。（依次填入画横线部分最恰当的词语是**波动、约束、毫无疑问**）

【考情分析】

词　　语	出现次数	作为正确选项次数	作为干扰选项次数
毫无疑问	5	1	4

403．异曲同工（yìqǔ-tónggōng）

【出现频率】5次

【词语解释】比喻说法不一而用意相同，或一件事情的做法不同，但都能巧妙地达到目的。

【真题助记】

2010年国家公务员录用考试行测题第9题：

古训“失之毫厘，谬以千里”与“胡蜂效应”________，两者都告诫要特别注意初始条件，对微小差别应该保持高度的灵敏度和警觉性。事物发展结果往往对初始条件具有较为敏感的依赖性，初始条件的极其细微的改变，都会在系统后期出现________，从而引起结果的极大差异。（依次填入画横线部分最恰当的词语是**异曲同工、偏差**）

【考情分析】

词　　语	出现次数	作为正确选项次数	作为干扰选项次数
异曲同工	5	1	4

404．巧夺天工（qiǎoduó-tiāngōng）

【出现频率】5次

【词语解释】指人工的精巧胜过天然制成的，形容技艺十分高超。

【真题助记】

2020 年山东省公务员录用考试行测题（网友回忆版）第 17 题：

来黄山旅游的游客往往为“五岳归来不看山”的兴致登山，下山却被厚重古雅的徽州古城、西递宏村等建筑所________，沉醉于________的砖雕木雕、技艺天成的徽墨歙砚、味重色浓的徽菜、洒脱不羁的新安书画——“原来，徽州，有一个古老雅致的中国。”（依次填入画横线部分最恰当的词语是**震撼、巧夺天工**）

【考情分析】

词　语	出现次数	作为正确选项次数	作为干扰选项次数
巧夺天工	5	1	4

405. 各行其是（gèxíng-qíshì）

【出现频率】5 次

【词语解释】指思想不统一，各人按照自己的意见、主张去做。

【真题助记】

2019 年辽宁省公务员录用考试行测题（网友回忆版）第 38 题：

我们从小就接受“无规矩不成方圆”的教育，明白世上任何事物皆有各自标准法度的道理。但总有人不守规则、________，个中道理值得深思。事实上，近年来有关漠视、违反、扭曲规则的事________，小到闯红灯、高铁霸座等，大到违规用权、官员腐败等，无不________着破坏规则导致的种种危害和风险。（依次填入画横线部分最恰当的词语是**各行其是、屡见不鲜、凸显**）

【考情分析】

词　语	出现次数	作为正确选项次数	作为干扰选项次数
各行其是	5	1	4

406. 画地为牢（huàdì-wéiláo）

【出现频率】5 次

【词语解释】比喻只许在指定的范围内活动。

【真题助记】

2011年浙江省公务员录用考试行测题第6题：

思想史研究在很长时间里面，变得相当狭窄和单一，近来这种状况有一些变化的________，其实，学科界限的打破是一种必然的趋势，在这种趋势下的思想史研究不能________。（依次填入画横线部分最恰当的词语是**迹象、画地为牢**）

【考情分析】

词　语	出现次数	作为正确选项次数	作为干扰选项次数
画地为牢	5	1	4

407．星罗棋布（xīngluó-qíbù）

【出现频率】5次

【词语解释】形容数量众多，散布的范围很广。

【真题助记】

2017年422联考行测题（河北卷）第30题：

沿着卢瓦尔河，法国的历史被书写进河谷里________的城堡群中。想要探寻几百年间法国乃至欧洲王宫贵胄间的权力斗争，窥视________的宫廷秘事，就要从走进这一座座城堡开始。（依次填入画横线部分最恰当的词语是**星罗棋布、波诡云谲**）

【考情分析】

词　语	出现次数	作为正确选项次数	作为干扰选项次数
星罗棋布	5	1	4

408．自惭形秽（zìcán-xínghuì）

【出现频率】5次

【词语解释】原指因自己的容貌、举止不如别人而感到惭愧，后来泛指自愧不如别人。

【真题助记】

2011年江苏省公务员录用考试行测题（C类）第11题：

饱经20世纪沧桑的中国知识分子，不可能争取，也不必要妄想取得与当年歌德相当的成就，但是绝不应该因为自己难以望其项背而________。（填入画横线部分最恰当的词语是**自惭形秽**）

【考情分析】

词　语	出现次数	作为正确选项次数	作为干扰选项次数
自惭形秽	5	1	4

409．不堪一击（bùkānyījī）

【出现频率】5次

【词语解释】形容力量薄弱，经不起一击；也形容论点不严密，经不起反驳。

【真题助记】

2011年浙江省公务员录用考试行测题第12题：

《最后的通用语言》的作者奥斯特勒向读者讲述了世界主要语言________的命运。事实说明，每种语言的“唯我独尊”到最后均是________。波斯语差不多花了1000年才确立通用语的地位，但在短短的16年里就沦为了寻常语言。如果现在我们________英语至高无上的地位会永远持续下去，就是犯了“失忆症”与“典型的想象力缺乏症”。（依次填入画横线部分最恰当的词语是**跌宕起伏、不堪一击、臆想**）

【考情分析】

词　语	出现次数	作为正确选项次数	作为干扰选项次数
不堪一击	5	1	4

410．守株待兔（shǒuzhū-dàitù）

【出现频率】5次

【词语解释】原比喻希图不经过努力而得到成功的侥幸心理，现也比喻死守狭隘经验。

【真题助记】

2012年国家公务员录用考试行测题第27题：

很多人认为动力是一块馅饼，会从天而降，幸运地砸在自己头上，他们意识到自己缺少动力，却还在________，期望动力哪天能无缘由地突然撞到自己身上。（填入画横线部分最恰当的成语是**守株待兔**）

【考情分析】

词　语	出现次数	作为正确选项次数	作为干扰选项次数
守株待兔	5	1	4

411. 博采众长（bócǎi-zhòngcháng）

【出现频率】5次

【词语解释】广泛采纳众人的长处及各方面的优点，或从多方面借鉴各家的长处。

【真题助记】

2013年921联考行测题（河南卷）第12题：

世界建筑文化源远流长。自古以来，人们在建造房屋的过程中，创造着自己的建筑文化。因此，建筑汇聚了文化的精华，也体现了建筑师的人文修养。纵观历史上优秀的建筑师，除了学识渊博外，大都有着丰富的阅历，而不是________的理论家，正因此，他们才能________，迁想妙得，将自己意匠独造的想象力渗入建筑之中，丰富人类的建筑文化。（依次填入画横线部分最恰当的词语是**纸上谈兵、博采众长**）

【考情分析】

词　语	出现次数	作为正确选项次数	作为干扰选项次数
博采众长	5	1	4

412. 剑走偏锋（jiànzǒupiānfēng）

【出现频率】5次

【词语解释】比喻不按常规、常理思考或行动。

【真题助记】

2013年国家公务员录用考试行测题第36题：

怎么才能让老板给自己加薪？职场上最令人纠结的事情莫过于此。可是偏偏就有人________，幽默地给我们做出了榜样。漫画《老板，求加薪》中给我们列出了加薪三十六计，从借刀杀人到________，书中妙计连连，让人忍俊不禁。虽然都是些________的招式，但或许你的加薪之道就在其中。（依次填入画横线部分最恰当的词语是**举重若轻、笑里藏刀、剑走偏锋**）

【考情分析】

词　语	出现次数	作为正确选项次数	作为干扰选项次数
剑走偏锋	5	1	4

413．胸有成竹（xiōngyǒuchéngzhú）

【出现频率】5次

【词语解释】比喻做事以前已经有通盘的考虑。

【真题助记】

2018年广西公务员录用考试行测题（网友回忆版）第18题：

单独看原始数据，报纸似乎的确已经呈现出绝症缠身、________之势。美国某权威调查报告显示，目前只有26%的美国人将报纸作为主要新闻来源，这个数字在2001年时是45%。在数字化浪潮席卷而来的今天，最不缺的就是________地预言最后一张印刷的报纸一定会在至多15年内被埋葬的“先知”。（依次填入画横线部分最恰当的词语是**日薄西山、胸有成竹**）

【考情分析】

词　语	出现次数	作为正确选项次数	作为干扰选项次数
胸有成竹	5	1	4

414．义无反顾（yìwúfǎngù）

【出现频率】5次

【词语解释】从道义上只有勇往直前，不能犹豫回顾。

【真题助记】

2014年国家公务员录用考试行测题第34题：

历史反复昭示我们，向海而兴，背海而衰，是一条________的铁律。中华民族要实现伟大复兴，必须________地走向海洋、经略海洋，坚定不移地走以海富国、以海强国的和平发展之路。（依次填入画横线部分最恰当的词语是**亘古不变、义无反顾**）

【考情分析】

词　语	出现次数	作为正确选项次数	作为干扰选项次数
义无反顾	5	1	4

415. 旷日持久（kuàngrì-chíjiǔ）

【出现频率】5次

【词语解释】多费时日，拖得很久。

【真题助记】

2020年江苏省公务员录用考试行测题（C类，网友回忆版）第36题：

多年宣传之后，垃圾分类真的要走入每个中国家庭的生活了。在这场与垃圾的________的拉锯战中，中国是否能借助垃圾分类扭转局势，并通过利用自身的回收行业优势提升人们的环保意识，真正解决垃圾问题，避免重蹈发达国家的覆辙，我们________。（依次填入画横线部分最恰当的词语是**旷日持久、拭目以待**）

【考情分析】

词　语	出现次数	作为正确选项次数	作为干扰选项次数
旷日持久	5	1	4

416. 后继无人（hòujìwúrén）

【出现频率】5次

【词语解释】没有后人来继承前人的事业。

【真题助记】

2016年国家公务员录用考试行测题（地市级）第27题：

筹算应用了大约两千年，对中国古代数学的发展功不可没。但筹算有个严重缺点，就是运算过程不保留。元朝数学家朱世杰能用筹算解四元高次方程，其数学水平居世界领先地位，但是他的方法难懂，运算过程又不能保留，因而________。中国古代数学不能发展为现代数学，筹算方法的________是个重要原因。（依次填入画横线部分最恰当的词语是**后继无人、限制**）

【考情分析】

词　语	出现次数	作为正确选项次数	作为干扰选项次数
后继无人	5	1	4

417．平分秋色（píngfēn-qiūsè）

【出现频率】5次

【词语解释】比喻双方各得一半，不分高低，表示平局。

【真题助记】

2020年浙江公务员考试行测题（A类，网友回忆版）第16题：

抗战小说因为题材的特殊性，一般强调英雄人物的“神圣使命”，强调军人形象塑造，________百姓形象。而在《怒吼的平原》中，作者将普通群众纳入群像之中，军与民的笔墨虽不是________，却同样饱含深情。（依次填入画横线部分最恰当的词语是**淡化、平分秋色**）

【考情分析】

词　语	出现次数	作为正确选项次数	作为干扰选项次数
平分秋色	5	1	4

418．阳春白雪（yángchūn-báixuě）

【出现频率】5次

【词语解释】比喻高深的不通俗的文学艺术。

【真题助记】

2018年421联考行测题（吉林乙级，网友回忆版）第31题：

《经典咏流传》打造的“一场全民参与的诗词文化的音乐盛宴”，使得________的诗词文化由小众走向大众，让观众________更多的“诗”与“远方”。（依次填入画横线部分最恰当的词语是**阳春白雪、邂逅**）

【考情分析】

词　语	出现次数	作为正确选项次数	作为干扰选项次数
阳春白雪	5	1	4

419. 寅吃卯粮（yínchīmǎoliáng）

【出现频率】5次

【词语解释】比喻入不敷出，预先支用了未来的收入。

【真题助记】

2015年山西省公务员录用考试行测题第23题：

在这种只关心自身利益尤其是选举利益的短视逻辑下，西方领导人“忘记”了向公众解释这种________的方式是无法持续的，它必将损害到国家的未来。由于他们弃难择易，放松了道德要求，因而“负债经济”成了一种必然。（填入画横线部分最恰当的词语是**寅吃卯粮**）

【考情分析】

词　语	出现次数	作为正确选项次数	作为干扰选项次数
寅吃卯粮	5	1	4

420. 道听途说（dàotīng-túshuō）

【出现频率】5次

【词语解释】泛指没有根据的传闻。

【真题助记】

2019年420联考行测题（云南卷，网友回忆版）第34题：

现在的诗词普及，还有许多需要留心和甄别的地方。如今市面上诗词普及的图书尤其多，也尤为________。有不少普及读物，其中文字错漏百出，采用的故事也都是________，甚至是杜撰而来的。作为读者，应该加以甄别。尽量选择学者编写的图书，他们的材料、解读都较为严谨扎实，采用的故事也都有正史作为依据。（依次填入画横线部分最恰当的词语是**鱼龙混杂、道听途说**）

【考情分析】

词　语	出现次数	作为正确选项次数	作为干扰选项次数
道听途说	5	1	4

421．错落有致（cuòluò-yǒuzhì）

【出现频率】5 次

【词语解释】形容事物的布局虽然参差不齐，但却极有情趣，使人看了有好感。

【真题助记】

2017 年 422 联考行测题（陕西卷）第 63 题：

八月的高原，糜谷是黄灿灿的，高粱是红彤彤的，荞麦是粉楚楚的，棉花是白生生的，玉蜀黍亮开自己金黄色的肤色，烤烟________出它青油油的胸脯……五彩斑斓的秋色________地塞满沟沟壑壑，山山洼洼，川川畔畔。轻风刮过，山洼沟壑的庄稼间散发出甜蜜气味，川野河谷像少女的黄裙子________燃烧。（依次填入画横线部分最恰当的词语是**袒露、错落有致、灼灼**）

【考情分析】

词　语	出现次数	作为正确选项次数	作为干扰选项次数
错落有致	5	1	4

422．春风化雨（chūnfēng-huàyǔ）

【出现频率】5 次

【词语解释】比喻良好的熏陶和教育。

【真题助记】

2019年河北省公务员录用考试行测题（县级＋乡镇，网友回忆版）第38题：

生命，是来自上天的馈赠。在父母________的期盼中，我们呱呱坠地。因而，生命承载了太多希冀的目光和绵绵情谊。沐浴着老师________般的教诲，我们逐渐成长。在生命的旅途中，尽管会遭逢坎坷或失败，但同时，我们收获更多的却是愉悦与成功。因此，我们应该善待自己的生命，要以自信、乐观、积极的人生态度来珍爱这________的礼物。（依次填入画横线部分最恰当的词语是**望眼欲穿、春风化雨、厚重**）

【考情分析】

词　语	出现次数	作为正确选项次数	作为干扰选项次数
春风化雨	5	1	4

423. 谈虎色变（tánhǔsèbiàn）

【出现频率】5次

【词语解释】比喻只要提到可怕的事情，就会紧张得连脸色都变了。

【考情分析】

词　语	出现次数	作为正确选项次数	作为干扰选项次数
谈虎色变	5	0	5

424. 妇孺皆知（fùrújiēzhī）

【出现频率】5次

【词语解释】妇女和小孩都知道，侧重于非常浅显、简单明了的事物。

【考情分析】

词　语	出现次数	作为正确选项次数	作为干扰选项次数
妇孺皆知	5	0	5

425. 费尽心机（fèijìnxīnjī）

【出现频率】5 次

【词语解释】挖空心思，想尽办法。贬义词。

【考情分析】

词　语	出现次数	作为正确选项次数	作为干扰选项次数
费尽心机	5	0	5

426. 实至名归（shízhì-míngguī）

【出现频率】5 次

【词语解释】有了真正的学识、本领或功业，自然就有声誉。

【考情分析】

词　语	出现次数	作为正确选项次数	作为干扰选项次数
实至名归	5	0	5

427. 功败垂成（gōngbàichuíchéng）

【出现频率】5 次

【词语解释】事情在将要成功的时候遭到了失败。垂：接近，快要。

【考情分析】

词　语	出现次数	作为正确选项次数	作为干扰选项次数
功败垂成	5	0	5

428. 无功而返（wúgōng'érfǎn）

【出现频率】5 次

【词语解释】指没有任何成效而回来。

【考情分析】

词　语	出现次数	作为正确选项次数	作为干扰选项次数
无功而返	5	0	5

429. 一鼓作气（yīgǔ-zuòqì）

【出现频率】5 次

【词语解释】指趁劲头大的时候抓紧做，一口气把事情完成。

【考情分析】

词　语	出现次数	作为正确选项次数	作为干扰选项次数
一鼓作气	5	0	5

430．无济于事（wújìyúshì）

【出现频率】5次

【词语解释】对事情没有什么帮助或益处，比喻不解决问题。

【考情分析】

词　语	出现次数	作为正确选项次数	作为干扰选项次数
无济于事	5	0	5

431．独当一面（dúdāng-yīmiàn）

【出现频率】5次

【词语解释】单独负责一个方面的工作。

【考情分析】

词　语	出现次数	作为正确选项次数	作为干扰选项次数
独当一面	5	0	5

432．形形色色（xíngxíngsèsè）

【出现频率】5次

【词语解释】形容事物种类繁多，各式各样。

【考情分析】

词　语	出现次数	作为正确选项次数	作为干扰选项次数
形形色色	5	0	5

433．如数家珍（rúshǔjiāzhēn）

【出现频率】5次

【词语解释】像数自己家里的珍宝一样，形容对列举的事物或叙述的故事十分熟悉。

【考情分析】

词　语	出现次数	作为正确选项次数	作为干扰选项次数
如数家珍	5	0	5

434. 置之不理（zhìzhī-bùlǐ）

【出现频率】5 次

【词语解释】放在一边，不理不睬。

【考情分析】

词　语	出现次数	作为正确选项次数	作为干扰选项次数
置之不理	5	0	5

435. 众口一词（zhòngkǒu-yīcí）

【出现频率】5 次

【词语解释】形容许多人说同样的话。

【考情分析】

词　语	出现次数	作为正确选项次数	作为干扰选项次数
众口一词	5	0	5

436. 不绝如缕（bùjué-rúlǚ）

【出现频率】5 次

【词语解释】只有一根细线连着，似断非断，比喻事情极其危急，也形容声音微弱悠长。也作不绝若线。

【考情分析】

词　语	出现次数	作为正确选项次数	作为干扰选项次数
不绝如缕	5	0	5

437. 不离不弃（bùlí-bùqì）

【出现频率】5 次

【词语解释】永远在身边，永不分离，永不抛弃。

【考情分析】

词语	出现次数	作为正确选项次数	作为干扰选项次数
不离不弃	5	0	5

438. 披荆斩棘（pījīng-zhǎnjí）

【出现频率】5次

【词语解释】比喻在创业过程中或前进道路上清除障碍，克服重重困难。

【考情分析】

词语	出现次数	作为正确选项次数	作为干扰选项次数
披荆斩棘	5	0	5

439. 委曲求全（wěiqū-qiúquán）

【出现频率】5次

【词语解释】勉强迁就，以求保全，也指为顾全大局而暂时忍让。

【考情分析】

词语	出现次数	作为正确选项次数	作为干扰选项次数
委曲求全	5	0	5

440. 坚不可摧（jiānbùkěcuī）

【出现频率】5次

【词语解释】非常坚固，摧毁不了。

【考情分析】

词语	出现次数	作为正确选项次数	作为干扰选项次数
坚不可摧	5	0	5

441. 日积月累（rìjī-yuèlěi）

【出现频率】5次

【词语解释】指一天天地不断积累，形容长时间的积累。

【考情分析】

词　　语	出现次数	作为正确选项次数	作为干扰选项次数
日积月累	5	0	5

442．众望所归（zhòngwàng-suǒguī）

【出现频率】5 次

【词语解释】众人的信任、希望归向某人，多指某人得到大家的信赖，希望他担任某项工作。

【考情分析】

词　　语	出现次数	作为正确选项次数	作为干扰选项次数
众望所归	5	0	5

443．改头换面（gǎitóu-huànmiàn）

【出现频率】5 次

【词语解释】原指人的容貌发生了改变，现多比喻只改外表和形式，内容实质不变。

【考情分析】

词　　语	出现次数	作为正确选项次数	作为干扰选项次数
改头换面	5	0	5

第三章

重点低频成语

本章收录了出现频率在5次以下的成语，这些成语在本书中定义为低频成语，但笔者根据自身做题经验认为有的低频成语再次在真题中出现的概率比较大，所以将这部分成语归为重点低频成语。重点低频成语共有330个，分为8小节，每小节40～50个成语。

第一节 从“密不可分”到“吹毛求疵”等40个成语

一、本节成语汇总（见表3-1）

表3-1 从“密不可分”到“吹毛求疵”

密不可分（4）	妄自尊大（4）	风生水起（4）	鞭长莫及（4）	言之凿凿（4）
附庸风雅（4）	甚嚣尘上（4）	触类旁通（4）	惊心动魄（4）	哗众取宠（4）
无稽之谈（4）	五彩缤纷（4）	举重若轻（4）	盘根错节（4）	浓墨重彩（4）
迥然不同（4）	名副其实（4）	亘古不变（4）	正本清源（4）	移花接木（4）
不落窠臼（4）	高屋建瓴（4）	耳提面命（4）	竭泽而渔（4）	杞人忧天（4）
各抒己见（4）	只言片语（4）	夜郎自大（4）	偃旗息鼓（4）	贻笑大方（4）
以邻为壑（4）	孜孜不倦（4）	刚愎自用（4）	前功尽弃（4）	天壤之别（4）
束之高阁（4）	弹冠相庆（4）	不言自明（4）	孜孜以求（4）	吹毛求疵（4）

注：括号内的数字指该成语在真题中出现的次数。

二、成语分析

444．密不可分（mìbùkěfēn）

【出现频率】4次

【词语解释】形容十分紧密，不可分割。

【真题助记】

2019年黑龙江边境县（市、区）急需紧缺专业岗公务员考试行测题第 26 题：

当下国人阅读状况不佳________有生活节奏快、竞争压力大以及公共图书馆缺失、图书价格高等客观因素影响，也与浮躁、功利等不良的社会心态________。（依次填入画横线部分最恰当的词语是**固然、密不可分**）

【考情分析】

词　语	出现次数	作为正确选项次数	作为干扰选项次数
密不可分	4	4	0

445．附庸风雅（fùyōng-fēngyǎ）

【出现频率】4 次

【词语解释】指缺乏文化修养的人为了装点门面而结交文人，参加有关文化活动。

【真题助记】

2021 年浙江省公务员录用考试行测题（A 类，网友回忆版）第 25 题：

不同性质的书放在一起读，能起到对比和转换视角的作用。工作中读自己专业领域的书，休闲时看其他领域的书，________。许多老一辈科学家闲暇时喜欢吟诗作赋，这并非________，而是有益的精神调节。（依次填入画横线部分最恰当的词语是**相得益彰、附庸风雅**）

【考情分析】

词　语	出现次数	作为正确选项次数	作为干扰选项次数
附庸风雅	4	3	1

446．无稽之谈（wújīzhītán）

【出现频率】4 次

【词语解释】没有根据的说法。

【真题助记】

2017 年 422 联考行测题（吉林卷甲级）第 40 题：

某些意义上讲，与现代白话文一道________于20世纪初的中国科幻文学，起点是很高的，因为当初在中国力推科幻文学的“科幻粉”中，有着不少文学史上的“大腕”级人物。然而因科幻文学今日之________，以至于许多实实在在的事例，在今天不熟悉文学史的人听来，反倒像是________了，因为，寒酸久了，再怎么说自己“出身高贵”也难取信于人。（依次填入画横线部分最恰当的词语是**滥觞、式微、无稽之谈**）

【考情分析】

词　语	出现次数	作为正确选项次数	作为干扰选项次数
无稽之谈	4	3	1

447. 迥然不同（jiǒngránbùtóng）

【出现频率】4次

【词语解释】形容相差得远，很明显不一样。

【真题助记】

2018年广州市公务员录用考试行测题（网友回忆版）第3题：

对不同季节的雨，古人的态度________，于是才有春雨如恩诏、夏雨如赦书、秋雨如挽歌的说法。（填入画横线部分最恰当的词语是**迥然不同**）

【考情分析】

词　语	出现次数	作为正确选项次数	作为干扰选项次数
迥然不同	4	3	1

448. 不落窠臼（bùluò-kējiù）

【出现频率】4次

【词语解释】比喻不落俗套，有独创风格（多指文章、作品）。

【真题助记】

2016年江苏省公务员录用考试行测题（A类）第44题：

苏轼也擅长书法，他________颜真卿，但能________，与蔡襄、

黄庭坚、米芾并称宋代四大家。(依次填入画横线部分最恰当的词语是**取法、不落窠臼**)

【考情分析】

词　语	出现次数	作为正确选项次数	作为干扰选项次数
不落窠臼	4	3	1

449. 各抒己见（gèshū-jǐjiàn）

【出现频率】4 次

【词语解释】各人充分发表自己的意见。

【真题助记】

2014 年江苏省公务员录用考试行测题（B 类）第 22 题：

那时在我们家里，主人和客人均彬彬有礼，但常因观点相异而激烈争论，________，互不相让。这不但洋溢着自由争论的热烈气氛，也体现出“________”的传统精神。(依次填入画横线部分最恰当的词语是**各抒己见、君子和而不同**)

【考情分析】

词　语	出现次数	作为正确选项次数	作为干扰选项次数
各抒己见	4	3	1

450. 以邻为壑（yǐlín-wéihè）

【出现频率】4 次

【词语解释】把邻国当作大水坑，把本国洪水排泄到那里去，比喻把祸害推给别人。

【真题助记】

2020 年吉林省公务员录用考试行测题（网友回忆版）第 22 题：

作为一种现象，城市垃圾问题早已凸显，异地倾倒、________，不过是垃圾困境的一种不当突围方式而已。治理垃圾异地倾倒问题，必须依靠严厉执法和监督举报，但最终还是要回到城市垃圾处理上来。(填入画横线部分最恰当的词语是**以邻为壑**)

【考情分析】

词　　语	出现次数	作为正确选项次数	作为干扰选项次数
以邻为壑	4	3	1

451．束之高阁（shùzhīgāogé）

【出现频率】4次

【词语解释】比喻放着不用、丢在一旁不管，也比喻把某事或某种主张、意见、建议等搁置起来，不予理睬和办理。

【真题助记】

2019年辽宁省公务员录用考试行测题（网友回忆版）第35题：

文学只不过是文学，并不等同于文化，也不约等于。但文学是其他各艺术门类的酵母，“文艺”二字________了此种关系。若将文艺从文化中________出来，文化便很容易成为________的学问，结果对于最广大的人民失去了感染力。用时下最流行的说法那就是“不接地气”了。（依次填入画横线部分最恰当的词语是**注释、剥离、束之高阁**）

【考情分析】

词　　语	出现次数	作为正确选项次数	作为干扰选项次数
束之高阁	4	3	1

452．妄自尊大（wàngzì-zūndà）

【出现频率】4次

【词语解释】形容狂妄自大，不把别人放在眼里。

【真题助记】

2012年915联考行测题（新疆/福建/重庆/河南）第27题：

我们需要以开放包容的心态“美人之美”，善于发现和吸收外来文化的精华，不________；需要以文化自觉的主体意识“各美其美”，坚守和弘扬优秀文化传统，不________、盲目崇外。（依次填入画横线部分最恰当的词语是**妄自尊大、妄自菲薄**）

【考情分析】

词　语	出现次数	作为正确选项次数	作为干扰选项次数
妄自尊大	4	2	2

453. 甚嚣尘上（shènxiāo-chénshàng）

【出现频率】4 次

【词语解释】原意是形容军中忙于备战的状态，后形容对传闻之事议论纷纷。现多形容某种言论十分嚣张（含贬义）。

【真题助记】

2018 年 421 联考行测题（云南卷，网友回忆版）第 22 题：

实际上，就在反全球化思潮________的近些年，信息化、网络化仍在________，移动互联网使地球每个角落发生的事情分秒间就传到世界各地，世界已经变成了“地球屋”。（依次填入画横线部分最恰当的词语是**甚嚣尘上、突飞猛进**）

【考情分析】

词　语	出现次数	作为正确选项次数	作为干扰选项次数
甚嚣尘上	4	2	2

454. 五彩缤纷（wǔcǎi-bīnfēn）

【出现频率】4 次

【词语解释】指颜色繁多，非常好看。

【真题助记】

2020 年河南省公务员考试行测题（网友回忆版）第 3 题：

大自然的________创造了光这个神奇的东西，因为光，我们能去感受这个斑斓的世界。光有着绚丽的色彩，而其中最为神奇的要属绿光了。尽管________的世界里到处都能看到绿色，但是植物的绿色属于反射光，植物本身并不是绿光源。（依次填入画横线部分最恰当的词语是**鬼斧神工、五彩缤纷**）

【考情分析】

词　语	出现次数	作为正确选项次数	作为干扰选项次数
五彩缤纷	4	2	2

455. 名副其实（míngfùqíshí）

【出现频率】4次

【词语解释】名声或名义和实际相符。

【真题助记】

2010年国家公务员录用考试行测题第11题：

胡蜂在本能下________营造自己的生活、生存中心。它的巢是________的房子。蔡伦在改进造纸术之前目睹过胡蜂的建筑过程而受到启发，无疑便是世界上最早的仿生学家了。（依次填入画横线部分最恰当的词语是**无师自通、名副其实**）

【考情分析】

词　语	出现次数	作为正确选项次数	作为干扰选项次数
名副其实	4	2	2

456. 高屋建瓴（gāowū-jiànlíng）

【出现频率】4次

【词语解释】比喻居高临下，不可阻遏的形势，现指对事物把握全面，了解透彻。

【真题助记】

2010年国家公务员录用考试行测题第13题：

“器大者声必闳，志高者意必远。”新闻作品要想成为历史的“宏音”、时代的“响箭”，新闻记者就必须胸怀全局、________、深入________新闻的理性力量，使新闻语言具有一种理性美。（依次填入画横线部分最恰当的词语是**高屋建瓴、发掘**）

【考情分析】

词　语	出现次数	作为正确选项次数	作为干扰选项次数
高屋建瓴	4	2	2

457．只言片语（zhīyán-piànyǔ）

【出现频率】4 次

【词语解释】个别词句或片断的话。

【真题助记】

2019 年 420 联考行测题（四川卷，网友回忆版）第 21 题：

马达加斯加这个被世界遗忘了很多年的孤岛，由于动画电影《马达加斯加》而意外走红。其实绝大部分人都没去过马达加斯加，只能从一些________中构建自己心目中的那个世外桃源，和真实的马达加斯加往往________。（依次填入画横线部分最恰当的词语是**只言片语、相去甚远**）

【考情分析】

词　语	出现次数	作为正确选项次数	作为干扰选项次数
只言片语	4	2	2

458．孜孜不倦（zīzībùjuàn）

【出现频率】4 次

【词语解释】指勤勉而不知疲倦。

【真题助记】

2013 年 921 联考行测题（河南卷）第 5 题：

西汉时期，产自西域的树脂类香料传入中国，改变了古人直接焚烧萧艾、蕙草等植株的形式，香具________。汉初已有许多专门用于焚香的香炉，但大多造型简单。据说汉武帝嗜好熏香，________地追求长生不老之术，命人模拟道家传说中东方海上仙山“博山”的景象，制成一类造型特殊的香炉——博山炉。（依次填入画横线部分最恰当的词语是**应运而生、孜孜不倦**）

【考情分析】

词　语	出现次数	作为正确选项次数	作为干扰选项次数
孜孜不倦	4	2	2

459. 弹冠相庆（tánguān-xiāngqìng）

【出现频率】4 次

【词语解释】指官场中一人当了官或升了官，同伙就互相庆贺将有官可做（含贬义）。弹冠：掸去帽子上的灰尘，准备做官。

【真题助记】

2017 年辽宁省公安机关及省属监狱系统考试录用公务员（人民警察）考试行测题第 13 题：

鸦片战争结束后，当得知英军已经撤出长江，道光皇帝的第一个________就是下令沿海各省撤军，清政府的军政大员________。有人形容当时文恬武嬉的状态："大有雨过忘雷之意。"中国的一切仿佛又回到________。（依次填入画横线部分最恰当的词语是**反应、弹冠相庆、原点**）

【考情分析】

词　语	出现次数	作为正确选项次数	作为干扰选项次数
弹冠相庆	4	2	2

460. 风生水起（fēngshēng-shuǐqǐ）

【出现频率】4 次

【词语解释】形容事情做得有生气，蓬勃兴旺。

【真题助记】

2017 年 422 联考行测题（吉林卷甲级）第 34 题：

来自市场研究机构的统计显示，全球关于人工智能的专利申请数量，美国、中国、日本位列前三，三国占总体专利的 73.85%。不过，尽管人工智能的发展________，但这一项技术目前并不完美。人工智能才刚刚起步，现在不少应用其实是为人工智能而人工智能，市场相对比较浮躁。人工智能不能只停留在________阶段，必须用来解决实际需求。（依次填入画横线部分最恰当的词语是**风生水起、概念**）

【考情分析】

词　语	出现次数	作为正确选项次数	作为干扰选项次数
风生水起	4	2	2

461. 触类旁通（chùlèi-pángtōng）

【出现频率】4 次

【词语解释】掌握了某一事物的知识或规律，进而推知同类事物的知识或规律，多指学习。

【真题助记】

2019 年重庆市法检系统招录考试行测题（网友回忆版）第 21 题：

学会质疑并养成质疑的习惯，关键在于多读书、读好书，一旦知识积累多了，视野开阔了，就容易对相关知识的学习理解做到________。革命导师列宁曾说过，不懂黑格尔的全部逻辑学就不能完全理解马克思的《资本论》。事实上，许多知识都有着纵横关联，只有打通其关节，一些疑问才能迎刃而解。（填入画横线部分最恰当的词语是**触类旁通**）

【考情分析】

词　语	出现次数	作为正确选项次数	作为干扰选项次数
触类旁通	4	2	2

462. 举重若轻（jǔzhòng-ruòqīng）

【出现频率】4 次

【词语解释】比喻能力强，能够轻松地胜任繁重的工作或处理难题。

【真题助记】

2013 年国家公务员录用考试行测题第 21 题：

莫里哀曾说："喜剧的责任，就是通过娱乐来纠正人的缺点。"近年来的法国轻喜剧，尤其擅长________，用淡淡的笑声拆解社会难题的"九连环"，具有较高的思想价值和现实意义。（填入画横线部分最恰当

的词语是**举重若轻**）

【考情分析】

词　　语	出现次数	作为正确选项次数	作为干扰选项次数
举重若轻	4	2	2

463. 亘古不变（gèngǔ-bùbiàn）

【出现频率】4次

【词语解释】自古以来不曾改变。

【真题助记】

2019年青海省公务员录用考试行测题（省市州级A类，网友回忆版）第31题：

中国人喜欢用石头来代表仪式与权力，一个突出的例证是，人们喜欢在石头上进行书法创作，取其________的材料气质，达到永存文字的理想。石头取材方便、质地坚硬、体量巨大、保存容易、镌刻困难、端正严肃、________等特性，让石头上的书法与其他材料上的书法有所区别。摩崖是中国人创造的、体量最大的书法，选址多在断崖峭壁之上。因此其内容与形式，必须与所处环境________，既突出周围景观地貌的主题，起到点题作用，又隐身于大山大水之间，强调人与自然的和谐。“石文”兴起的初期，正是纸张发明的时候。其后，石头上的书法与纸张上的书法交织前行。聪明的中国人充分利用石头与纸张不同的载体特性，________，各自发挥长处，共同建构中国文字、文化与文明的摩天大厦。（依次填入画横线部分最恰当的词语是**亘古不变、质朴无华、息息相关、扬长避短**）

【考情分析】

词　　语	出现次数	作为正确选项次数	作为干扰选项次数
亘古不变	4	2	2

464. 耳提面命（ěrtí-miànmìng）

【出现频率】4次

【词语解释】多指长辈对晚辈、上级对下级等恳切地教导，不是"当着面诉说 / 任命"的意思。

【真题助记】

2019 年浙江省公务员录用考试行测题（B 类，网友回忆版）第 94 题：

历史上，小至个人荣辱、大到国家兴亡，优良家风通过________的情感教化、________的严格要求塑造着人们的人生观、价值观，辐射带动着整个国家和社会的价值导向。（依次填入画横线部分最恰当的词语是**循循善诱、耳提面命**）

【考情分析】

词　语	出 现 次 数	作为正确选项次数	作为干扰选项次数
耳提面命	4	1	3

465. 夜郎自大（yèláng-zìdà）

【出现频率】4 次

【词语解释】比喻人无知而又狂妄自大。

【真题助记】

2008 年上海市公务员录用考试行测题第 32 题：

（1）桥砖是深褐色，表明它的历史的长久；都是________，令人叹息于古昔工程的坚美。

（2）我们下船后，借着新生的晚凉和河上的微风，暑气已渐渐消散；到了此地，________，身子顿然清了——习习的清风荏苒在面上、手上、衣上，这便又感到了一缕新凉了。

（3）可是一般人还忘其所以地要气派，自以为美，几乎不知天多高地多厚。这真是所谓的"________"了。

（4）但是要老资格的茶客才能这样有分寸；偶尔上一回茶馆的本地人、外地人，却总忍不住________，最后总不免捧着肚子走出。

（依次填入画横线部分最恰当的词语是**完好无缺、豁然开朗、夜郎自大、狼吞虎咽**）

【考情分析】

词　语	出现次数	作为正确选项次数	作为干扰选项次数
夜郎自大	4	1	3

466. 刚愎自用（gāngbì-zìyòng）

【出现频率】4 次

【词语解释】十分固执自信，不考虑别人的意见；贬义。

【真题助记】

2017 年 422 联考行测题（云南卷）第 27 题：

纵观现代化历程，中国改革一直是在争论中推进的，之所以能够顺利推进并取得举世瞩目的成就，就是因为主流意识形态具有强大的________力量，总是能够超越左与右，促使社会形成新的共识。而主流意识形态有这样强大的力量，恰恰是从不同社会思潮中汲取智慧，而不是________的“任性”。（依次填入画横线部分最恰当的词语是**整合、刚愎自用**）

【考情分析】

词　语	出现次数	作为正确选项次数	作为干扰选项次数
刚愎自用	4	1	3

467. 不言自明（bùyánzìmíng）

【出现频率】4 次

【词语解释】不用说话就能明白，形容道理很浅显。

【真题助记】

2020 年浙江公务员考试行测题（A 类，网友回忆版）第 17 题：

传统村落需要保护，是________的吗？不是，反而需要充分的理由，尤其是对各利益相关方而言。传统村落保护的重大意义，凸显在中华民族整体的、长远的利益上，但现实中保护的责任或________却由具体的人来承担。（依次填入画横线部分最恰当的词语是**不言自明、代价**）

【考情分析】

词　语	出现次数	作为正确选项次数	作为干扰选项次数
不言自明	4	1	3

468. 鞭长莫及（biānchánq-mòjí）

【出现频率】4 次

【词语解释】原意是鞭子虽长，也不能打马肚子。比喻相隔太远，力量达不到。

【真题助记】

2016 年 423 联考行测题（网友回忆版）第 33 题：

暗物质是最大的谜团之一，不过一旦天文学家接受其存在，很多其他宇宙难题便可________。例如，暗物质似乎能解释为何银河系的盘状结构边缘存在如此大的扭曲。虽然围绕银河系运行的星系会对银河系产生扰动，但如果没有暗物质的放大作用，它们微弱的引力效应对银河系也是________。（依次填入画横线部分最恰当的词语是**迎刃而解、鞭长莫及**）

【考情分析】

词　语	出现次数	作为正确选项次数	作为干扰选项次数
鞭长莫及	4	1	3

469. 惊心动魄（jīngxīn-dòngpò）

【出现频率】4 次

【词语解释】使人感受极深，震动极大，后常形容使人惊骇、紧张到极点。

【真题助记】

2009 年浙江省公务员录用考试行测题第 22 题：

一个思想家或艺术家，没有比把作品写到生命上更令人________。本雅明就是这种人如其文的思想家，他的文字与生命都透露着忧郁的气质。忧郁性格的人潜藏着一股自我毁灭力，以否定来肯定，一如从忧郁撷取力量。（填入画横线部分最恰当的词语是**惊心动魄**）

【考情分析】

词　语	出现次数	作为正确选项次数	作为干扰选项次数
惊心动魄	4	1	3

470. 盘根错节（pángēn-cuòjié）

【出现频率】4 次

【词语解释】比喻事情复杂，纠缠不清，强调各种事物和关系相互交织，纠缠在一起。

【真题助记】

2010 年 425 联考行测题（云南 / 湖南 / 海南 / 山东 / 内蒙古 / 重庆 / 广西 / 辽宁 / 宁夏 / 陕西 / 天津）第 54 题：

坐在餐桌前，举筷享用食物，我们早已司空见惯，却浑然不知盘中美餐在全球范围内________的利害关系。现代社会高度分工，我们远离春耕秋收，只有食品价格飙升的时候，粮食生产才会引起我们关注。去年，粮价一路攀升，为我们的长期________敲响了警钟。（依次填入画横线部分最恰当的词语是**盘根错节、漠然**）

【考情分析】

词　语	出现次数	作为正确选项次数	作为干扰选项次数
盘根错节	4	1	3

471. 正本清源（zhèngběn-qīngyuán）

【出现频率】4 次

【词语解释】从根本上进行改革。

【真题助记】

河南省 2019 年统一考试录用司法所公务员行测题（网友回忆版）第 3 题：

植物药的功效需要________，以便发挥最大的功效。中国需要用世界眼光来看待植物药，促进植物药产业健康发展。（填入画横线部分最恰当的词语是**正本清源**）

【考情分析】

词　　语	出现次数	作为正确选项次数	作为干扰选项次数
正本清源	4	1	3

472．竭泽而渔（jiézé'éryú）

【出现频率】4 次

【词语解释】排尽湖中或池中的水捉鱼，比喻取之不留余地，目光短浅，只顾眼前利益，没有长远打算。

【真题助记】

2015 年河南省公务员录用考试行测题第 5 题：

如今，恶意卸载或屏蔽竞争对手软件，未经告知就修改用户默认设置、上传用户数据等类似事件的不断出现，已经在________，如果互联网没有规则，互联网竞争不遵守规则，那必然是________，将不断消耗中国互联网的创新力量，损害网民利益，阻碍互联网的发展。（依次填入画横线部分最恰当的词语是**警示、竭泽而渔**）

【考情分析】

词　　语	出现次数	作为正确选项次数	作为干扰选项次数
竭泽而渔	4	1	3

473．偃旗息鼓（yǎnqí-xīgǔ）

【出现频率】4 次

【词语解释】放倒军旗，停击战鼓，指秘密行军，不暴露目标；现多指停止站斗或停止批评、攻击等。

【真题助记】

2011 年江苏省公务员录用考试行测题（C 类）第 15 题：

在夏日阳光的暴晒下，牵牛花________，美人蕉________，富贵的牡丹也失去神采。（依次填入画横线部分最恰当的词语是**偃旗息鼓、慵倦无力**）

【考情分析】

词　语	出现次数	作为正确选项次数	作为干扰选项次数
偃旗息鼓	4	1	3

474. 前功尽弃（qiángōng-jìnqì）

【出现频率】4 次

【词语解释】以前的成绩全部废弃，指以前的努力全部白费。

【真题助记】

2015 年 425 联考行测题（安徽卷）第 26 题：

中国改革已进入攻坚期和深水区，需要解决的问题格外艰巨，都是难啃的硬骨头。这个时候就要一鼓作气，________、畏葸不前不仅不能前进，而且可能________。（依次填入画横线部分最恰当的词语是**瞻前顾后、前功尽弃**）

【考情分析】

词　语	出现次数	作为正确选项次数	作为干扰选项次数
前功尽弃	4	1	3

475. 孜孜以求（zīzīyǐqiú）

【出现频率】4 次

【词语解释】不知疲倦地探求。

【真题助记】

2012 年广州市公务员录用考试行测题第 5 题：

（1）“广州精神”不是文人________写出来的，它来源于广大人民群众的生动实践，是上千年文化、历史精髓的传承。

（2）贫困是世界各国和国际社会面临的挑战。促进发展，消除贫困，实现共同富裕，是人类________的理想。

（依次填入画横线部分最恰当的词语是**闭门造车、孜孜以求**）

【考情分析】

词　语	出现次数	作为正确选项次数	作为干扰选项次数
孜孜以求	4	1	3

476. 言之凿凿（yánzhī-záozáo）

【出现频率】4 次

【词语解释】话说得有理有据，非常肯定。

【真题助记】

2012 年国家公务员录用考试行测题第 31 题：

不管是无意还是有意，总有些________的“史实”并不真实，又或者，有些历史真相看起来无可置疑，但在它们背后，却隐藏着另一层真相。当我们试图从历史中汲取前人经验，为未来提供借鉴时，却发现历史并非全部都是真相，而是被________过的。（依次填入画横线部分最恰当的词语是**言之凿凿、加减**）

【考情分析】

词　语	出现次数	作为正确选项次数	作为干扰选项次数
言之凿凿	4	1	3

477. 哗众取宠（huázhòng-qǔchǒng）

【出现频率】4 次

【词语解释】用浮夸的言行迎合众人，以博得好感或拥护。

【真题助记】

2015 年河南省公务员录用考试行测题第 9 题：

从目前市场上微电影项目的特征来看，微电影产业势必更为专业化，将经历内容整理与规范化生产的过程。在营利模式逐渐明确之后，作为产品的主要组成部分，微电影商业片将会形成一个________的内容区间与制作标准，相关专家强调：“目前网络微电影的内容________，一些功利性较强的影片________，以出位怪异获取关注，缺乏社会责任感，急需相关部门出台相应的法律法规进行规范，而制作标准则是每一个产业都必须做到的原则。”（依次填入画横线部分最恰当的词语是**清晰明确、良莠不齐、哗众取宠**）

【考情分析】

词　　语	出现次数	作为正确选项次数	作为干扰选项次数
哗众取宠	4	1	3

478. 浓墨重彩（nóngmò-zhòngcǎi）

【出现频率】4 次

【词语解释】用浓重的墨汁和颜色来描绘，形容着力描写。

【真题助记】

2018 年广东省公务员录用考试行测题（县级、乡镇统一卷，网友回忆版）第 4 题：

经过五年的不懈努力，群众反映强烈的突出问题得到有效________，不正之风得以扭转，可以说作风建设改变了中国，在全面从严治党历史进程中写下了________的一笔。（依次填入画横线部分最恰当的词语是**遏制、浓墨重彩**）

【考情分析】

词　　语	出现次数	作为正确选项次数	作为干扰选项次数
浓墨重彩	4	1	3

479. 移花接木（yíhuā-jiēmù）

【出现频率】4 次

【词语解释】比喻使用手段暗中更换人或事物。

【真题助记】

2018 年上海市公务员录用考试行测题（B 类，网友回忆版）第 2 题：

“当真相还在穿鞋，谣言已环游世界。”在当今信息传播高度发达的时代，这句名言可谓________。科学类流言往往是披着科学外衣的伪科学，内容中常出现很多专业用语，或引用国外科学期刊内容，看似引经据典，其实却是________。科学类流言经常会反复传播，即使已被科学界和传统媒体辟谣，很多人依然抱着“宁可信其有”的心态，客观上

存在“________”的效应。（依次填入画横线部分最恰当的词语是**一语成谶、移花接木、三人成虎**）

【考情分析】

词　　语	出 现 次 数	作为正确选项次数	作为干扰选项次数
移花接木	4	1	3

480．杞人忧天（qǐrén-yōutiān）

【出现频率】4 次

【词语解释】总是因那些不切实际的事物而忧虑。

【真题助记】

2017 年黑龙江省公务员录用考试行测题（公检法卷）第 36 题：

智能机器人在众多行业中________，这不禁让一些人担忧，自己的工作是否迟早也要被机器人代替。对此，我们大可不必________。（依次填入画横线部分最恰当的词语是**大显身手、杞人忧天**）

【考情分析】

词　　语	出 现 次 数	作为正确选项次数	作为干扰选项次数
杞人忧天	4	1	3

481．贻笑大方（yíxiào-dàfāng）

【出现频率】4 次

【词语解释】指让内行人笑话，多为自谦的说法。注意“贻笑大方”本就有“让人笑话”的意思，在用时不能说“被人 / 让人贻笑大方”。

【真题助记】

2013 年河北省公务员录用考试行测题第 25 题：

回首蛇年的央视春晚，________的大腕赵本山选择了退出，也不失为明智之举。艺术是有规律的，明星________也是有限的，如果硬撑下去，“过度消费”，肯定会掏空自己，________，甚至出丑露乖，________。（依次填入画横线部分最恰当的词语是**炙手可热、底蕴、江郎才尽、贻笑大方**）

【考情分析】

词　　语	出现次数	作为正确选项次数	作为干扰选项次数
贻笑大方	4	1	3

482．天壤之别（tiānrǎngzhībié）

【出现频率】4次

【词语解释】指事物差别极大。

【真题助记】

2016年3月四川省选调优秀大学生到基层工作考试行测题（精选）第19题：

科研和科普虽然都以“科”为基础，但它们从思维方式到呈现方式都有________。事实上，放眼人类科技史，能兼为科学大师和科普大师者，也是________。（依次填入画横线部分最恰当的词语是**天壤之别**、**凤毛麟角**）

【考情分析】

词　　语	出现次数	作为正确选项次数	作为干扰选项次数
天壤之别	4	1	3

483．吹毛求疵（chuīmáo-qiúcī）

【出现频率】4次

【词语解释】比喻故意挑剔别人的缺点，寻找差错。

【真题助记】

2014年国家公务员录用考试行测题第23题：

消极完美主义者总是非常仔细地检查任何事情的细枝末节，有时竟达到________的地步。他们缺少一种适时放弃的智慧，他们所追求的“完美”，不是美学意义上的“完美”，而是一种非常刻板且教条式的“完美”。（填入画横线部分最恰当的词语是**吹毛求疵**）

【考情分析】

词　语	出现次数	作为正确选项次数	作为干扰选项次数
吹毛求疵	4	1	3

第二节　从“偷梁换柱”到“讳疾忌医”等40个成语

一、本节成语汇总（见表3-2）

表3-2　从“偷梁换柱”到“讳疾忌医”

偷梁换柱（4）	无可非议（4）	信口开河（4）	急于求成（4）	落井下石（4）
画饼充饥（4）	扬汤止沸（4）	不足挂齿（4）	应接不暇（4）	语焉不详（3）
披沙拣金（4）	勇往直前（4）	群策群力（4）	一步到位（4）	老生常谈（3）
抑扬顿挫（4）	亡羊补牢（4）	天差地别（4）	粉墨登场（4）	不负众望（3）
尽善尽美（4）	别出心裁（4）	从容不迫（4）	相濡以沫（4）	审时度势（3）
一意孤行（4）	坚忍不拔（4）	气势磅礴（4）	一叶障目（4）	步履维艰（3）
参差不齐（4）	无人问津（4）	出人意料（4）	一枝独秀（4）	丰衣足食（3）
沽名钓誉（4）	骑虎难下（4）	事倍功半（4）	废寝忘食（4）	讳疾忌医（3）

注：括号内的数字指该成语在真题中出现的次数。

二、成语分析

484. 偷梁换柱（tōuliáng-huànzhù）

【出现频率】4次

【词语解释】比喻暗中玩弄手法，以假代真，以劣代优。

【真题助记】

2014年国家公务员录用考试行测题第27题：

一些学者认为，在信息时代强化互联网服务提供者的责任，实际上就是要求他们对互联网使用者发布的信息进行________，这不利于我国宪法和法律所规定公民的言论自由和出版自由的实现。毫无疑问，这是典型的________。如果散布谣言也属于“自由”，那么任何人都可以借助互联网散布谣言，损害国家利益、公共利益和公民的合法利益。（依次填入画横线部分最恰当的词语是**过滤、偷梁换柱**）

【考情分析】

词　语	出现次数	作为正确选项次数	作为干扰选项次数
偷梁换柱	4	1	3

485．画饼充饥（huàbǐng-chōngjī）

【出现频率】4次

【词语解释】比喻以空想来安慰自己，也比喻只有虚名而没有实惠。

【真题助记】

2016年江苏省公务员录用考试行测题（A类）第46题：

在全面深化改革的进程中，谋事不实，蓝图再好也不过是________；创业不实，梦想再美也只是黄粱一梦；做人不实，立身之本必定会________。（依次填入画横线部分最恰当的词语是**画饼充饥、荡然无存**）

【考情分析】

词　语	出现次数	作为正确选项次数	作为干扰选项次数
画饼充饥	4	1	3

486．披沙拣金（pīshā-jiǎnjīn）

【出现频率】4次

【词语解释】比喻从大量的东西中选取精华。

【真题助记】

2019年湖北省选调生招录考试综合知识和行政职业能力测验题第71题：

近年来，信息技术的发展日新月异，数字化、网络化、智能化成为知识呈现的新方式，面对信息技术带来的海量知识内容与多元知识类型，如何________，撷取最有价值的知识内容与知识类型，成为个体知识学习面临的新挑战。（填入画横线部分最恰当的词语是**披沙拣金**）

【考情分析】

词　语	出现次数	作为正确选项次数	作为干扰选项次数
披沙拣金	4	1	3

487．抑扬顿挫（yìyáng-dùncuò）

【出现频率】4 次

【词语解释】指声音的高低起伏和停顿转折。

【真题助记】

2017 年江苏省公务员录用考试行测题（A 类）第 54 题：

先生遣词造句，十分注重节奏和________，句式参差错落，________中有统一，总是波涛起伏，曲折幽隐，因此读起来________，既顺口又悦耳，使人不能不想起那些从小背诵的古代散文名篇。（依次填入画横线部分最恰当的词语是**韵律、纷繁、抑扬顿挫**）

【考情分析】

词　语	出现次数	作为正确选项次数	作为干扰选项次数
抑扬顿挫	4	1	3

488．尽善尽美（jìnshàn-jìnměi）

【出现频率】4 次

【词语解释】指完美到没有一点缺点。

【真题助记】

2021 年北京市公务员录用考试行测题（乡镇卷，网友回忆版）第 45 题：

弦理论有一项很古怪的推测，认为宇宙中________着成百上千种几乎隐形的粒子，并且在很久之前，这些粒子曾经组成过一张横跨整个宇宙的弦网络。尽管还未做到________，但它是目前最接近真相的“万物理论”。这些假想粒子也被称为“轴子”，假如能________它们的存在，就意味着我们生活在一个广阔的“轴子宇宙”中。（依次填入画横线部分最恰当的词语是**充斥、尽善尽美、证实**）

【考情分析】

词　语	出现次数	作为正确选项次数	作为干扰选项次数
尽善尽美	4	1	3

489. 一意孤行（yīyì-gūxíng）

【出现频率】4次

【词语解释】指不接受别人的劝告，顽固地按照自己的主观想法去做。

【真题助记】

2019年青海省公务员录用考试行测题（省市州级A类，网友回忆版）第35题：

各种文明应该交流互鉴、取长补短、美美与共。把国与国之间的问题上升到文明层面，把不同文明降低到人种范畴，不仅________，而且有百害而无一利。对那些热衷于种族主义的斯金纳们，人们必须大喝一声，________吧！不要冒天下之大不韪，再执迷不悟、________，前面就是万丈深渊。（依次填入画横线部分最恰当的词语是**于事无补、悬崖勒马、一意孤行**）

【考情分析】

词　语	出现次数	作为正确选项次数	作为干扰选项次数
一意孤行	4	1	3

490. 参差不齐（cēncībùqí）

【出现频率】4次

【词语解释】形容很不整齐或水平不一。

【真题助记】

2017年新疆生产建设兵团公务员录用考试行测题（网友回忆版）第33题：

近年来，随着金融改革开放步伐加快，多层次资本市场建设稳步推进，金融市场创新日趋活跃，与金融密切相关的金融信息服务出现________的发展，但金融信息质量________，市场秩序有待健全规范。（依次填入画横线部分最恰当的词语是**突飞猛进、参差不齐**）

【考情分析】

词　语	出现次数	作为正确选项次数	作为干扰选项次数
参差不齐	4	1	3

491. 沽名钓誉（gūmíng-diàoyù）

【出现频率】4次

【词语解释】用某种不正当的手段捞取名誉。

【真题助记】

2019年420联考行测题（云南卷，网友回忆版）第40题：

年轻干部要想行得端、走得正，就必须涵养道德操守，明礼诚信，特别是要敢于讲真话、讲实话，切忌开“空头支票”，________说好话、________说套话、________说大话、规避责任说假话。（依次填入画横线部分最恰当的词语是**投其所好、明哲保身、沽名钓誉**）

【考情分析】

词　语	出现次数	作为正确选项次数	作为干扰选项次数
沽名钓誉	4	1	3

492. 无可非议（wúkěfēiyì）

【出现频率】4次

【词语解释】没有什么可以指摘的，表示言行合乎情理。

【真题助记】

2019年420联考行测题（云南卷，网友回忆版）第30题：

“梨花节”“牡丹节”……各地主办的各种各样的“节”频频亮相，热闹非凡。这些名目繁多的活动大多________，耗资不菲。各地利用自己得天独厚的地方特色或特产举办活动，打响品牌，促进地方经济发展，本________。但一些地方不顾实际，办节中讲排场、比阔气，形成公费办节的攀比之风。少数地方搞“拉郎配”，只要与本地沾点边，哪怕是传说、神话，都会抬出来热炒一番。（依次填入画横线部分最恰当的词语是**兴师动众、无可非议**）

【考情分析】

词　语	出现次数	作为正确选项次数	作为干扰选项次数
无可非议	4	1	3

493．扬汤止沸（yángtāng-zhǐfèi）

【出现频率】4次

【词语解释】比喻办法不对头，不能从根本上解决问题。

【考情分析】

词　语	出现次数	作为正确选项次数	作为干扰选项次数
扬汤止沸	4	0	4

494．勇往直前（yǒngwǎng-zhíqián）

【出现频率】4次

【词语解释】勇敢地一直向前进。

【考情分析】

词　语	出现次数	作为正确选项次数	作为干扰选项次数
勇往直前	4	0	4

495．亡羊补牢（wángyáng-bǔláo）

【出现频率】4次

【词语解释】比喻在受到损失以后想办法补救，免得以后再受类似的损失。

【考情分析】

词　语	出现次数	作为正确选项次数	作为干扰选项次数
亡羊补牢	4	0	4

496. 别出心裁（biéchū-xīncái）

【出现频率】4 次

【词语解释】表示与众不同的新观念或办法，侧重观念、思路与众不同。

【考情分析】

词　语	出现次数	作为正确选项次数	作为干扰选项次数
别出心裁	4	0	4

497. 坚忍不拔（jiānrěnbùbá）

【出现频率】4 次

【词语解释】形容意志坚定，不可动摇。

【考情分析】

词　语	出现次数	作为正确选项次数	作为干扰选项次数
坚忍不拔	4	0	4

498. 无人问津（wúrénwènjīn）

【出现频率】4 次

【词语解释】没有人过问、探问、尝试或购买。

【考情分析】

词　语	出现次数	作为正确选项次数	作为干扰选项次数
无人问津	4	0	4

499. 骑虎难下（qíhǔ-nánxià）

【出现频率】4 次

【词语解释】比喻一件事情进行下去有困难，但情况又不允许中途停止，陷于进退两难的境地。

【考情分析】

词　　语	出现次数	作为正确选项次数	作为干扰选项次数
骑虎难下	4	0	4

500. 信口开河（xìnkǒu-kāihé）

【出现频率】4次

【词语解释】随口乱说一气。

【考情分析】

词　　语	出现次数	作为正确选项次数	作为干扰选项次数
信口开河	4	0	4

501. 不足挂齿（bùzúguàchǐ）

【出现频率】4次

【词语解释】表示不值得一提。

【考情分析】

词　　语	出现次数	作为正确选项次数	作为干扰选项次数
不足挂齿	4	0	4

502. 群策群力（qúncè-qúnlì）

【出现频率】4次

【词语解释】指发挥集体的作用，大家一起来想办法，贡献力量。

【考情分析】

词　　语	出现次数	作为正确选项次数	作为干扰选项次数
群策群力	4	0	4

503. 天差地别（tiānchā-dìbié）

【出现频率】4次

【词语解释】形容两种或多种事物之间的差距很大，就像天和地之间的差别一样。

【考情分析】

词　语	出现次数	作为正确选项次数	作为干扰选项次数
天差地别	4	0	4

504. 从容不迫（cóngróng-bùpò）

【出现频率】4 次

【词语解释】形容从容镇静，不慌不忙。

【考情分析】

词　语	出现次数	作为正确选项次数	作为干扰选项次数
从容不迫	4	0	4

505. 气势磅礴（qìshì-pángbó）

【出现频率】4 次

【词语解释】形容气势雄伟。

【考情分析】

词　语	出现次数	作为正确选项次数	作为干扰选项次数
气势磅礴	4	0	4

506. 出人意料（chūrényìliào）

【出现频率】4 次

【词语解释】指事物出乎人们的意料。

【考情分析】

词　语	出现次数	作为正确选项次数	作为干扰选项次数
出人意料	4	0	4

507. 事倍功半（shìbèi-gōngbàn）

【出现频率】4 次

【词语解释】形容做事的方法费力大，收效小。

【考情分析】

词　语	出现次数	作为正确选项次数	作为干扰选项次数
事倍功半	4	0	4

508. 急于求成（jíyúqiúchéng）

【出现频率】4次

【词语解释】形容急着要取得成功。

【考情分析】

词　语	出现次数	作为正确选项次数	作为干扰选项次数
急于求成	4	0	4

509. 应接不暇（yìngjiē-bùxiá）

【出现频率】4次

【词语解释】原形容美景繁多，看不过来，后形容来人或事情太多，应付不过来。

【考情分析】

词　语	出现次数	作为正确选项次数	作为干扰选项次数
应接不暇	4	0	4

510. 一步到位（yībù-dàowèi）

【出现频率】4次

【词语解释】一步就能把事情解决。强调“到位”，即可以把事情解决。

【考情分析】

词　语	出现次数	作为正确选项次数	作为干扰选项次数
一步到位	4	0	4

511. 粉墨登场（fěnmò-dēngchǎng）

【出现频率】4次

【词语解释】化妆上台演戏，今多借指乔装打扮，登上政治舞台（含讥讽意）；不是一般上场、登台的意思，需要和“闪亮登场”区分开。

【考情分析】

词　语	出现次数	作为正确选项次数	作为干扰选项次数
粉墨登场	4	0	4

512．相濡以沫（xiāngrú-yǐmò）

【出现频率】4 次

【词语解释】比喻一同在困难的处境里，用微薄的力量互相帮助，多含褒义。

【考情分析】

词　语	出现次数	作为正确选项次数	作为干扰选项次数
相濡以沫	4	0	4

513．一叶障目（yīyè-zhàngmù）

【出现频率】4 次

【词语解释】比喻被局部的或暂时的现象所迷惑，不能认清事物的全貌或问题的本质。

【考情分析】

词　语	出现次数	作为正确选项次数	作为干扰选项次数
一叶障目	4	0	4

514．一枝独秀（yīzhī-dúxiù）

【出现频率】4 次

【词语解释】形容在同类事物中最为突出，最为优秀。

【考情分析】

词　语	出现次数	作为正确选项次数	作为干扰选项次数
一枝独秀	4	0	4

515．废寝忘食（fèiqǐn-wàngshí）

【出现频率】4 次

【词语解释】形容专心努力。

【考情分析】

词　语	出现次数	作为正确选项次数	作为干扰选项次数
废寝忘食	4	0	4

516. 落井下石（luòjǐng-xiàshí）

【出现频率】4 次

【词语解释】比喻乘人有危难时加以陷害。

【考情分析】

词　语	出现次数	作为正确选项次数	作为干扰选项次数
落井下石	4	0	4

517. 语焉不详（yǔyān-bùxiáng）

【出现频率】3 次

【词语解释】指虽然提到了，但说得不详细。

【真题助记】

2012 年山东省公务员录用考试行测题第 7 题：

吴越历史舞台的中心在哪里，多年来一直是学者与公众共同关注的焦点。尽管古籍文献对此有所________，但是多________，有的虽言之凿凿却只是演义。（依次填入画横线部分最恰当的词语是**记载、语焉不详**）

【考情分析】

词　语	出现次数	作为正确选项次数	作为干扰选项次数
语焉不详	3	3	0

518. 老生常谈（lǎoshēng-chángtán）

【出现频率】3 次

【词语解释】原指老书生的平凡议论，今指很平常的老话。

【真题助记】

2019 年 420 联考行测题（云南卷，网友回忆版）第 28 题：

说起分布式存储，大家可能都会觉得这是一个________的问题。虽然分布式存储并不是一个全新的技术，许多人也对它________。但它是一个涉及文件系统、存储系统、网络、算法、管理等多方面技术的汇聚。因此，要想真正掌握分布式存储技术，绝不是一件轻松的事。（依

次填入画横线部分最恰当的词语是**老生常谈、耳熟能详**）

【考情分析】

词　　语	出现次数	作为正确选项次数	作为干扰选项次数
老生常谈	3	3	0

519．不负众望（bùfùzhòngwàng）

【出现频率】3次

【词语解释】指为人所信服，很争气，不辜负大家的期望。

【真题助记】

2015年深圳市公务员录用考试行测题第62题：

2007年全球金融海啸肆虐，以家电为代表的消费性电子产品外销的需求急速衰退，家电企业可谓________。为了扩大国内市场，也为了让国内家电企业走出低谷，家电下乡、以旧换新、节能补贴等政策陆续出台。这些扶持性政策________，对家电业发展产生了巨大的推动作用。（依次填入画横线部分最恰当的词语是**举步维艰、不负众望**）

【考情分析】

词　　语	出现次数	作为正确选项次数	作为干扰选项次数
不负众望	3	3	0

520．审时度势（shěnshí-duóshì）

【出现频率】3次

【词语解释】观察分析时势，估计情况的变化。

【真题助记】

2019年上海市公务员录用考试行测题（B类，网友回忆版）第3题：

当年刘邦入咸阳，“缓刑弛禁，以慰其望”，采取的是“有所不为”。后刘备入蜀，诸葛亮则“威之以法”“限之以爵”，采取的是“有所为”。“为”与“不为”________，都深得人心，实现大治。原因就在于________：秦朝苛政，百姓苦不堪言，不为而治，顺应人民的意愿；

而蜀中刘璋长期暗弱，豪强专权自恣，必须严刑峻法。（依次填入画横线部分最恰当的词语是**殊途同归、审时度势**）

【考情分析】

词　语	出现次数	作为正确选项次数	作为干扰选项次数
审时度势	3	3	0

521．步履维艰（bùlǚwéijiān）

【出现频率】3次

【词语解释】多指行走困难，行动不方便；也指创业经营艰辛，发展困难。

【真题助记】

2020年福建省公务员考试行测题（网友回忆版）第28题：

旧中国“老京张”铁路的修建可谓________。由于八达岭段坡度较大，施工装备有限，投入经费不足，工人靠肩挑手凿才打通了长度仅一千米的八达岭隧道。而“新京张”铁路的修建配备最大台车、最智能盾构机、最快铺轨机，全周期智能建造、智能运维，12千米的新八达岭隧道内更建成了埋深102米的“世界最深高铁站”。施工装备与建造技术之变，正是中国________建造强国的生动缩影。（依次填入画横线部分最恰当的词语是**步履维艰、跻身**）

【考情分析】

词　语	出现次数	作为正确选项次数	作为干扰选项次数
步履维艰	3	3	0

522．丰衣足食（fēngyī-zúshí）

【出现频率】3次

【词语解释】形容生活富裕；褒义。

【真题助记】

2010年贵州省公务员录用考试行测题第20题：

下岗工人将获得7万美元补偿，这相当于普通蓝领工人两年的税后年薪。仅靠这笔钱，在美元疲软、物价上涨的时代并不能________，不过尚能维持一个家庭几年的正常生活。（填入画横线部分最恰当的词语是**丰衣足食**）

【考情分析】

词　　语	出现次数	作为正确选项次数	作为干扰选项次数
丰衣足食	3	2	1

523．讳疾忌医（huìjí-jìyī）

【出现频率】3 次

【词语解释】隐瞒疾病，不愿就医。比喻掩饰自己的缺点和错误，不愿改正。

【真题助记】

2013 年浙江省公务员录用考试行测题（B 类）第 2 题：

古人提倡“吾日三省吾身”，________，而今天有些人则不然，总是________，对比之下，实在不应该。（依次填入画横线部分最恰当的词语是**闻过则喜、讳疾忌医**）

【考情分析】

词　　语	出现次数	作为正确选项次数	作为干扰选项次数
讳疾忌医	3	2	1

第三节　从“怨天尤人”到“处心积虑”等40个成语

一、本节成语汇总（见表 3-3）

表 3-3　从“怨天尤人”到“处心积虑”

怨天尤人（3）	各持己见（3）	运筹帷幄（3）	死灰复燃（3）	洁身自好（3）
卓尔不群（3）	去伪存真（3）	前赴后继（3）	骇人听闻（3）	铿锵有力（3）

续表

予取予求（3）	颠扑不破（3）	荒诞不经（3）	刻骨铭心（3）	上行下效（3）
煞费苦心（3）	截然相反（3）	人迹罕至（3）	混为一谈（3）	连绵不断（3）
口若悬河（3）	车水马龙（3）	支离破碎（3）	出乎意料（3）	洞若观火（3）
危机四伏（3）	不可一世（3）	涸泽而渔（3）	无所作为（3）	东施效颦（3）
微言大义（3）	蔚为大观（3）	万人空巷（3）	乏善可陈（3）	买椟还珠（3）
不刊之论（3）	沉渣泛起（3）	意犹未尽（3）	故弄玄虚（3）	处心积虑（3）

注：括号内的数字指该成语在真题中出现的次数。

二、成语分析

524．怨天尤人（yuàntiān-yóurén）

【出现频率】3次

【词语解释】埋怨上天，怪罪别人，形容对不如意的事情一味归咎于客观。

【真题助记】

2015年河北省公务员录用考试行测题第40题：

不要________，也不要说自己没有才能，是你自己________了你的天赋。正确地________自己，选择一条适合自己的路，坚持不懈地往下走，它________会有荆棘，但同样会开出鲜花。（依次填入画横线部分最恰当的词语是**怨天尤人、荒废、审视、必然**）

【考情分析】

词　　语	出现次数	作为正确选项次数	作为干扰选项次数
怨天尤人	3	2	1

525．卓尔不群（zhuó'ěr-bùqún）

【出现频率】3次

【词语解释】优秀卓越，超出常人。

【真题助记】

2018 年深圳市公务员录用考试行测题（网友回忆版）第 62 题：

（1）杨绛先生是中国现当代文学史上一位________的学者兼作家。

（2）这位得奖青年果然相貌堂堂，在同伴中________，十分引人注目。

（3）而在那海一样的人民当中，到处都有________的劳动英雄，这些英雄本身就是人民当中开出的鲜艳花朵。

（依次填入画横线部分最恰当的词语是**卓尔不群、鹤立鸡群、出类拔萃**）

【考情分析】

词　语	出现次数	作为正确选项次数	作为干扰选项次数
卓尔不群	3	2	1

526. 予取予求（yúqǔ-yúqiú）

【出现频率】3 次

【词语解释】从我这里取，从我这里求（财物），后指任意索取。

【真题助记】

2015 年辽宁省选调生招录考试行测题（精选）第 21 题：

文字可将一个人思考之所得传诸他人，于是不仅可以________，而且可以把他人的思考作为出发点。文字的发展成为传到远方与后世的书籍，书籍也就成了人类思考结果的库藏。读书者可以从此库藏中________，手执一卷可以上对邃古的哲人，远对绝域的学者，而仿佛亲聆其以言词________毕生思考的心得。（依次填入画横线部分最恰当的词语是**集思广益、予取予求、吐露**）

【考情分析】

词　语	出现次数	作为正确选项次数	作为干扰选项次数
予取予求	3	2	1

527. 煞费苦心（shàfèi-kǔxīn）

【出现频率】3 次

【词语解释】形容费尽心思。

【真题助记】

2019年重庆市法检系统招录考试行测题（网友回忆版）第28题：

长期以来，如何准确________贫困学生和资助对象，始终是资助工作有效、精准开展的难题。为此，不少高校________，如让学生填写家庭经济收入情况、自述家贫等。这些做法既伤害了学生的自尊心，也无法保障资助工作的________界定。而如今大数据手段的运用，为破解这一难题带来了曙光。（依次填入画横线部分最恰当的词语是**识别、煞费苦心、科学**）

【考情分析】

词　语	出现次数	作为正确选项次数	作为干扰选项次数
煞费苦心	3	2	1

528. 口若悬河（kǒuruòxuánhé）

【出现频率】3次

【词语解释】说话像瀑布流泻一样滔滔不绝，形容能言善辩。

【真题助记】

2019年420联考行测题（云南卷，网友回忆版）第38题：

瓦盆，是旧时常见的日用品，因为烧制时要将大小瓦盆一套一套摞起来，运输和店家卖时也是一套一套摞着，故而有句歇后语，说某人讲起话来滔滔不绝，是“卖瓦盆的出身——一套一套的”。“卖瓦盆”式的干部并不少见，这些人说起话来________，讲起道理________。表面看很热闹，但仔细想想都是一些喊口号、使虚劲的嘴上功夫，根本就是“假大空”。（依次填入画横线部分最恰当的词语是**口若悬河、引经据典**）

【考情分析】

词　语	出现次数	作为正确选项次数	作为干扰选项次数
口若悬河	3	2	1

529. 危机四伏（wēijī-sìfú）

【出现频率】3 次

【词语解释】到处隐藏着危险的祸根。

【真题助记】

2018 年 421 联考行测题（山东卷，网友回忆版）第 1 题：

我们中有很多人并不甘心，想叛逆，想抵抗，他们不惜将世人视同生命的“安全感”抛之脑后。人们________的“安全而平庸的幸福”对他们而言无异于毒药，而世人避之不及的________的状态，却恰恰是他们最赖以生存的空气。（依次填入画横线部分最恰当的词语是**梦寐以求、危机四伏**）

【考情分析】

词　　语	出 现 次 数	作为正确选项次数	作为干扰选项次数
危机四伏	3	2	1

530. 微言大义（wēiyán-dàyì）

【出现频率】3 次

【词语解释】包含在精微语言里的深刻道理。

【真题助记】

2019 年 420 联考行测题（山西县级 + 乡镇，网友回忆版）第 35 题：

打开书本，一股久违了的墨香扑面而来；摩挲纸张，淡淡的凹凸感非常舒服。味觉、视觉、触觉顿时都活泛起来，连脑细胞也显得格外活跃。读累了，就闭眼歇一歇，顺便回味刚读过的情节，思考作者的________；看到精彩的描写和精辟的议论，就反复重读、吟咏再三，读到妙处更是________。（依次填入画横线部分最恰当的词语是**微言大义、击节赞叹**）

【考情分析】

词　　语	出 现 次 数	作为正确选项次数	作为干扰选项次数
微言大义	3	2	1

531. 不刊之论（bùkānzhīlùn）

【出现频率】3次

【词语解释】正确的、不可修改的言论。刊：削除，修改。

【真题助记】

2020年深圳市公务员录用考试行测1试题（网友回忆版）第65题：

一位学者在给中华书局百年的贺词中写道："清末以来，中国文化传统之所以危而未倾，中华书局在以往百年中之努力与有功焉。"回望历史，此言可谓________，一个国家民族的历史文化由其典籍________，典籍存，则文化存；典籍亡，则文化亡。（依次填入画横线部分最恰当的词语是**不刊之论、承载**）

【考情分析】

词　语	出现次数	作为正确选项次数	作为干扰选项次数
不刊之论	3	2	1

532. 各持己见（gèchí-jǐjiàn）

【出现频率】3次

【词语解释】每个人都坚持自己的意见。

【真题助记】

2015年甘肃省公务员录用考试行测题第24题：

贺兰山岩画自发现以来，给人们的震撼和向人们提出的问题几乎同样多。有关岩画的内容、年限、创作族群等问题，专家们________，贺兰山岩画上空的这些谜团至今依然"烟云缭绕"。考古界有句名言："唯一能确定的就是不确定！"贺兰山岩画似乎________了这句话，岩画研究中的诸多观点都陷入了一种不可确定中。（依次填入画横线部分最恰当的词语是**各持己见、印证**）

【考情分析】

词　　语	出现次数	作为正确选项次数	作为干扰选项次数
各持己见	3	2	1

533．去伪存真（qùwěi-cúnzhēn）

【出现频率】3 次

【词语解释】除掉虚假的，留下真实的。

【真题助记】

2014 年国家公务员录用考试行测题第 29 题：

胡适曾经提出这样一个观点：大胆地假设，小心地求证。这句话很好地概括了科学研究的两个基本步骤：首先要能________，不断提出新的问题、新的想法；之后要能对提出的假说做严格的论证或实验________。（依次填入画横线部分最恰当的词语是**标新立异、去伪存真**）

【考情分析】

词　　语	出现次数	作为正确选项次数	作为干扰选项次数
去伪存真	3	2	1

534．颠扑不破（diānpū-bùpò）

【出现频率】3 次

【词语解释】怎样震动、摔打都破不了，比喻言论或学说正确，经得起检验。

【真题助记】

广东省 2020 年度选调生和急需紧缺专业公务员招录笔试综合行政能力测验（网友回忆版）第 51 题：

推进史学创新，需要正确的史观和史识。就治史而言，马克思主义唯物史观至今仍然________。现在，有的人为了史学创新而刻意放弃唯物史观的指导作用，这无疑是________。（依次填入画横线部分最恰当的词语是**颠扑不破、南辕北辙**）

【考情分析】

词　语	出现次数	作为正确选项次数	作为干扰选项次数
颠扑不破	3	2	1

535．截然相反（jiérán-xiāngfǎn）

【出现频率】3次

【词语解释】完全相反。

【真题助记】

2018年广州市公务员录用考试行测题（网友回忆版）第3题：

“多”与“少”，两者之间绝不仅仅是数量上的对立存在，而恰恰是“量变”与“质变”之间的一个________。一味追求多，或一味追求少，都有可能把事物引向________的另一面。因而，在看待“多”与“少”上，也要有辩证的观点。（依次填入画横线部分最恰当的词语是**演变过程、截然相反**）

【考情分析】

词　语	出现次数	作为正确选项次数	作为干扰选项次数
截然相反	3	2	1

536．车水马龙（chēshuǐ-mǎlóng）

【出现频率】3次

【词语解释】形容来往车马很多、连续不断的热闹情景。

【真题助记】

2016年江苏省公务员录用考试行测题（A类）第42题：

当你打开书想在书中找到平静的时候，最初的几页是很难读进去的。最初的几页读完后，你就会觉得好书就像一堵墙，把街面上的________还有喧嚣的声音阻拦在了外边。你似乎可以在________里闻到花香，听到鸟鸣，大自然仿佛又回到了你的身边。（依次填入画横线部分最恰当的词语是**车水马龙、白纸黑字**）

【考情分析】

词　语	出现次数	作为正确选项次数	作为干扰选项次数
车水马龙	3	1	2

537．不可一世（bùkě-yīshì）

【出现频率】3 次

【词语解释】认为当代的人都不行，形容目空一切、狂妄自大到了极点。

【真题助记】

2016 年江西省法检系统招录考试行测题第 11 题：

（1）从前治安环境不好，总有一伙人在这一带称王称霸，________，光天化日，为非作歹。

（2）在这次点钞票的比赛中，她无可争议地________。

（依次填入画横线部分最恰当的词语是**不可一世、独占鳌头**）

【考情分析】

词　语	出现次数	作为正确选项次数	作为干扰选项次数
不可一世	3	1	2

538．蔚为大观（wèiwéidàguān）

【出现频率】3 次

【词语解释】丰富多彩，成为盛大的景象（多指文物等）。

【真题助记】

2008 年浙江省公务员录用考试行测题第 49 题：

自张爱玲在大洋彼岸以自己独特的方式________告别人世至今，张爱玲研究已经________，海峡两岸及港澳地区出版的张爱玲传记、张爱玲研究专著和张爱玲评论汇编接连不断。（依次填入画横线部分最恰当的词语是**悄然、蔚为大观**）

【考情分析】

词　语	出现次数	作为正确选项次数	作为干扰选项次数
蔚为大观	3	1	2

539. 沉渣泛起（chénzhāfànqǐ）

【出现频率】3次

【词语解释】比喻已经绝迹了的腐朽、陈旧事物又重新出现；贬义词。

【真题助记】

2019年420联考行测题（山西县级+乡镇，网友回忆版）第39题：

习近平主席在上海合作组织成员国元首理事会第十八次会议上的重要讲话，深刻分析了我们今天所共同面对的风险挑战：当今世界霸权主义和强权政治________存在；各种传统和非传统安全威胁不断________；单边主义、贸易保护主义、逆全球化思潮不断有新的表现；文明冲突、文明优越等论调不时________。（依次填入画横线部分最恰当的词语是**依然、涌现、沉渣泛起**）

【考情分析】

词　语	出现次数	作为正确选项次数	作为干扰选项次数
沉渣泛起	3	1	2

540. 运筹帷幄（yùnchóu-wéiwò）

【出现频率】3次

【词语解释】指在后方决定作战方案，也泛指主持大计，做决策。

【真题助记】

2013年深圳市公务员录用考试行测题第60题：

（1）新县长上任后，大胆________了精明能干的张强，使濒于倒闭的制药厂起死回生。

（2）一个有抱负的人必将成大器；一个懂得________的人，或许会雄霸一方；一个充满自信的人，往往能从容地面对各种困境。

（3）长江流域，无疑也是中华民族文化的________之一。

（依次填入画横线部分最恰当的词语是**起用、运筹帷幄、发祥地**）

【考情分析】

词　语	出现次数	作为正确选项次数	作为干扰选项次数
运筹帷幄	3	1	2

541．前赴后继（qiánfù-hòujì）

【出现频率】3 次

【词语解释】前面的人冲上去，后面的紧跟上来，形容英勇战斗，不怕牺牲，奋勇向前。

【真题助记】

2009 年湖南省公务员录用考试行测题第 44 题：

新时代不是靠一个人开辟的，而是靠众多人高举理想，勇于挑战，即使途中________也毫不畏惧，________开辟的。不要怕自己会失败，青年应该想："即使我成为倒下的一员，也要尽我所能。"甚至在自己倒下的地方，对 5 年后、10 年后、20 年后________自己遗志的挑战者抱着这样的期望：请________我前行，将我的失败转为智慧，走得更远。（依次填入画横线部分最恰当的词语是**尸横遍野、前赴后继、继承、跨越**）

【考情分析】

词　语	出现次数	作为正确选项次数	作为干扰选项次数
前赴后继	3	1	2

542．荒诞不经（huāngdànbùjīng）

【出现频率】3 次

【词语解释】形容言论荒谬，不合情理。

【真题助记】

2016 年上海市公务员录用考试行测题（B 类）第 53 题：

山雄伟，海辽阔，经奇幻，中国自古便有奇书《山海经》。作为先秦重要古籍，它也是一部________的奇书。《山海经》在现代学者的眼中________，"成书并非一时，作者亦非一人"，是悠悠千载的历史造就了令人________的想象力。而现在，书中那些________的世界经由影视转码，频繁登上大银幕、小荧幕。这个暑期，无论是在院线里刷新票房数据的《捉妖记》，还是在网络视频累计超百亿次点击量的《花千骨》，其源头设定都与《山海经》不无关联。（依次填入画横线部分最恰当的词语是**脍炙人口、荒诞不经、瞠目结舌、光怪陆离**）

【考情分析】

词　语	出现次数	作为正确选项次数	作为干扰选项次数
荒诞不经	3	1	2

543. 人迹罕至（rénjìhǎnzhì）

【出现频率】3次

【词语解释】指偏僻荒凉的地方，到过的人很少。侧重于来的人少。

【真题助记】

2014年412联考行测题（宁夏卷）第20题：

也许有一天，人类能到毗邻行星进行自由探险，使用大功率望远镜认识我们周围的星球；总有一天，我们也将切实探索地球上大洋深处的每一寸土地，以及________的原始森林，却很可能永远无法到地球中心去旅行。由于温度极高、压力极大，地球内部很可能永久性地成为人类无法到达的________。（依次填入画横线部分最恰当的词语是**人迹罕至、禁区**）

【考情分析】

词　语	出现次数	作为正确选项次数	作为干扰选项次数
人迹罕至	3	1	2

544. 支离破碎（zhīlí-pòsuì）

【出现频率】3次

【词语解释】形容事物零散破碎，不完整。

【真题助记】

2011年浙江省公务员录用考试行测题第2题：

所有经典都有其局限性，不加选择地将经典灌输给学生确实是缺乏教育责任的表现。但将经典进行删减，然后将________的“洁本”教给学生，就一定能给学生营造出理想的“世外桃源”吗？（填入画横线部分最恰当的词语是**支离破碎**）

【考情分析】

词　　语	出现次数	作为正确选项次数	作为干扰选项次数
支离破碎	3	1	2

545. 涸泽而渔（hézé'éryú）

【出现频率】3 次

【词语解释】比喻只图眼前利益，不做长远打算。

【真题助记】

2012 年 421 联考行测题（山西 / 辽宁 / 黑龙江 / 福建 / 湖北 / 湖南 / 广西 / 海南 / 四川 / 重庆 / 云南 / 西藏 / 陕西 / 青海 / 宁夏 / 新疆兵团）第 26 题：

城市的人居环境和城市发展要坚持发展和保护双赢，坚持当前发展和长远发展相结合；离开经济发展抓环境保护是________，脱离环境保护搞经济发展是________。（依次填入画横线部分最恰当的词语是**缘木求鱼、涸泽而渔**）

【考情分析】

词　　语	出现次数	作为正确选项次数	作为干扰选项次数
涸泽而渔	3	1	2

546. 万人空巷（wànrén-kōngxiàng）

【出现频率】3 次

【词语解释】家家户户都从巷里出来（观看或参加某些大的活动等），多用来形容庆祝、欢迎等盛况。

【真题助记】

2012 年 421 联考行测题（山西 / 辽宁 / 黑龙江 / 福建 / 湖北 / 湖南 / 广西 /

海南 / 四川 / 重庆 / 云南 / 西藏 / 陕西 / 青海 / 宁夏 / 新疆兵团）第33题：

当天下午，加尔各答的唐人街可谓________，人们携老扶幼，喜气洋洋地来到当地著名的科学城礼堂观看________的文艺演出。当《春节序曲》等全球华人________的乐曲响彻整个表演大厅时，整个大厅变成了一片欢庆的海洋。（依次填入画横线部分最恰当的词语是**万人空巷、异彩纷呈、耳熟能详**）

【考情分析】

词　语	出现次数	作为正确选项次数	作为干扰选项次数
万人空巷	3	1	2

547. 意犹未尽（yìyóuwèijìn）

【出现频率】3次

【词语解释】还没有尽兴，也指意思没有全部表达出来。

【真题助记】

2013年413联考行测题（辽宁 / 湖南 / 湖北 / 安徽 / 四川 / 福建 / 云南 / 黑龙江 / 江西 / 广西 / 贵州 / 海南 / 内蒙古 / 山西 / 重庆 / 宁夏 / 西藏）第49题：

前些年翻看先生的这本书时，尽管自己对民国话题有着欲说还休的浓厚兴味，对这本话语剪辑独出心裁的编排方式下潜藏的________常常默契会心，但读完仍是感到________。（依次填入画横线部分最恰当的词语是**微言大义、意犹未尽**）

【考情分析】

词　语	出现次数	作为正确选项次数	作为干扰选项次数
意犹未尽	3	1	2

548. 死灰复燃（sǐhuī-fùrán）

【出现频率】3次

【词语解释】比喻已经停息的事物又重新活动起来（多指坏事）。

【真题助记】

2012 年江苏省公务员录用考试行测题（C 类）第 14 题：

在通胀问题尚未完全解决的情况下，面对发达国家的主权债务危机，新兴经济体又不得不再次放松经济政策。这种内热外冷的________导致新兴经济体既要促进经济增长，又要防止通胀________。（依次填入画横线部分最恰当的词语是**困境、死灰复燃**）

【考情分析】

词　语	出现次数	作为正确选项次数	作为干扰选项次数
死灰复燃	3	1	2

549. 骇人听闻（hàiréntīngwén）

【出现频率】3 次

【词语解释】使人听了非常吃惊、害怕。

【真题助记】

2013 年河北省公务员录用考试行测题第 21 题：

（1）报道中有关奥姆真理教制造的东京地铁沙林毒气案的细节，真是________，令人震惊。

（2）这个骇客群体专门制造的虚假新闻________，许多年轻人因此上当受骗。

（3）本文所引古事古语几乎都是名人之事、名人之言，甚至圣贤之事、圣贤之言，其正确性是________的。

（4）钓鱼岛自古以来就是中国领土。钓鱼岛的所有权问题________，用不着第三国指手画脚。

（依次填入画横线部分最恰当的词语是**骇人听闻、耸人听闻、不容置疑、不容置喙**）

【考情分析】

词　语	出现次数	作为正确选项次数	作为干扰选项次数
骇人听闻	3	1	2

550. 刻骨铭心（kègǔ-míngxīn）

【出现频率】3 次

【词语解释】形容记忆深刻，永远不忘。

【真题助记】

2015 年重庆市公务员录用考试行测题（下半年）第 19 题：

林黛玉的破碎，在于她________的爱情；三毛的破碎，源于她经历________后一刹那的超脱和明彻；梵高的破碎，是太阳用金黄色的刀子不断刺痛他；贝多芬的破碎，则是充满灵性的黑白撞击生命的________乐章。（依次填入画横线部分最恰当的词语是**刻骨铭心、沧桑、悲壮**）

【考情分析】

词　语	出现次数	作为正确选项次数	作为干扰选项次数
刻骨铭心	3	1	2

551. 混为一谈（hùnwéiyītán）

【出现频率】3 次

【词语解释】把不同的事物混在一起当作同样的事物谈论。

【真题助记】

2013 年浙江省公务员录用考试行测题（B 类）第 9 题：

文学评论中，对形式的模仿与内容的抄袭，不应________；对早期的作品和现在的创作，不可________。（依次填入画横线部分最恰当的词语是**混为一谈、同日而语**）

【考情分析】

词　语	出现次数	作为正确选项次数	作为干扰选项次数
混为一谈	3	1	2

552. 出乎意料（chūhū-yìliào）

【出现频率】3 次

【词语解释】出人意料，意想不到。

【真题助记】

2014 年 412 联考行测题（宁夏卷）第 18 题：

最近，一项关于体重与死亡率的研究让人________。该研究认为，按照国际________的体重评价标准，超重人群比体重正常人群在同一时期内的死亡率可能要低 6%。这一结果一经公布，立即掀起了轩然大波，因为大众媒体数十年来一直________的观念是，超重甚至是适度的体重增加都不利于健康。（依次填入画横线部分最恰当的词语是**出乎意料、通行、宣传**）

【考情分析】

词　语	出现次数	作为正确选项次数	作为干扰选项次数
出乎意料	3	1	2

553．无所作为（wúsuǒzuòwéi）

【出现频率】3 次

【词语解释】不去努力做出成绩或没有做出什么成绩。

【真题助记】

2014 年 412 联考行测题（宁夏卷）第 4 题：

在环境问题上，我们所面临的困境不是由于我们________，而是我们尽力了，但却无法遏制环境恶化的势头，这是一个信号：把魔鬼从瓶子里放出来的人类，已经失去把魔鬼再装回去的能力。（填入画横线部分最恰当的词语是**无所作为**）

【考情分析】

词　语	出现次数	作为正确选项次数	作为干扰选项次数
无所作为	3	1	2

554．乏善可陈（fáshàn-kěchén）

【出现频率】3 次

【词语解释】没有什么好的地方值得称道的。

【真题助记】

2014年青海省公务员录用考试行测题第16题：

在戏剧行业整体陷入困境时仍具活力的越剧和黄梅戏，在戏剧复苏的今天却________，令人扼腕。事实上不止越剧和黄梅戏，评剧、楚剧、粤剧等观众人数在中国位居前列的剧种，近年在新剧目创作中都出现相似的问题。（填入画横线部分最恰当的词语是**乏善可陈**）

【考情分析】

词　　语	出 现 次 数	作为正确选项次数	作为干扰选项次数
乏善可陈	3	1	2

555．故弄玄虚（gùnòng-xuánxū）

【出现频率】3次

【词语解释】故意玩弄花招，迷惑人，欺骗人。

【真题助记】

2014年青海省公务员录用考试行测题第35题：

大众是聪明而挑剔的，对那些________、故作高深的东西，那些________、不着边际的东西，往往会表示“不感冒”并转头走开，讲空话、大话、套话、老话、重复话、累赘话，只会让生动活泼的理论变得________，让富有内涵的理论显得胶柱鼓瑟。（依次填入画横线部分最恰当的词语是**故弄玄虚、不切实际、面目可憎**）

【考情分析】

词　　语	出 现 次 数	作为正确选项次数	作为干扰选项次数
故弄玄虚	3	1	2

556．洁身自好（jiéshēn-zìhào）

【出现频率】3次

【词语解释】指保持自身纯洁，不同流合污；也指怕招惹是非，只关心自己，不关心公众事情。

【真题助记】

2016年山东省公务员录用考试行测题第9题：

知识产权教育是国家知识产权战略的基点，高校和大学生是国家知识产权战略的重要参与者和实践者，知识产权素质应该是大学生必备的素质。他们或许________改变社会整体知识产权意识淡薄的问题，但可以先改变自己，________，给社会树立尊重知识产权的________。（依次填入画横线部分最恰当的词语是**无力、洁身自好、典范**）

【考情分析】

词　语	出现次数	作为正确选项次数	作为干扰选项次数
洁身自好	3	1	2

557. 铿锵有力（kēngqiāng-yǒulì）

【出现频率】3次

【词语解释】形容声音响亮而有劲。

【真题助记】

2014年山东省公务员录用考试行测题第10题：

“用最严谨的标准、最严格的监管、最严厉的处罚、最严肃的问责，确保广大人民群众‘舌尖上的安全’。”不久前闭幕的中央农村工作会议把食品安全放在更加重要的位置来谋划，四个“最”________，一个“确保”________。这样的宣示与承诺，对农产品生产提出了更高要求，回应了全社会对食品安全的关切，更彰显了党和政府勇于担当、为民纾困的坚强决心。（依次填入画横线部分最恰当的词语是**铿锵有力、掷地有声**）

【考情分析】

词　语	出现次数	作为正确选项次数	作为干扰选项次数
铿锵有力	3	1	2

558. 上行下效（shàngxíng-xiàxiào）

【出现频率】3次

【词语解释】上面的人怎么做，下面的人就跟着怎么干；多含贬义。

【真题助记】

2016年山东省公务员录用考试行测题第4题：

在社会中不同地位不同阶层的人的行为对群众的影响是不同的，地位越高，影响越大，所以才会有“________”的说法。（填入画横线部分最恰当的词语是**上行下效**）

【考情分析】

词　语	出现次数	作为正确选项次数	作为干扰选项次数
上行下效	3	1	2

559. 连绵不断（liánmián-bùduàn）

【出现频率】3次

【词语解释】形容连续不止，从不中断。

【真题助记】

2020年福建省公务员考试行测题（网友回忆版）第37题：

病毒的故事或许还要从远古说起。在那个________的地球上，海洋占据了世界的绝大部分，而无垠的大海之下是数亿年________的火山活动。在某些________之下，海水中产生了史上第一批有机大分子，从而点燃了生命的星星之火。（依次填入画横线部分最恰当的词语是**了无生机、连绵不断、机缘巧合**）

【考情分析】

词　语	出现次数	作为正确选项次数	作为干扰选项次数
连绵不断	3	1	2

560. 洞若观火（dòngruòguānhuǒ）

【出现频率】3次

【词语解释】形容对事物观察得清楚明白。

【真题助记】

2020年深圳市考公务员录用考试行测1试题（网友回忆版）第60题：

（1）她对这些诗人诗作的解析，________，丝丝入扣，毫不牵强，读她的文章，就像是面对着那个活生生的诗人。

（2）在边防工作站，我们见到了年轻的站长，他能用流利的外语与境外人员交谈，对境外的民族、文化等知识更是________。

（3）他删除的用心是隐秘的、手法是细腻的，但是，在________的历史学家眼里，他所有暗中的手脚都无所遁形。

（依次填入画横线部分最恰当的词语是**洞若观火、了如指掌、明察秋毫**）

【考情分析】

词　语	出现次数	作为正确选项次数	作为干扰选项次数
洞若观火	3	1	2

561. 东施效颦（dōngshī-xiàopín）

【出现频率】3次

【词语解释】比喻模仿别人，不但模仿不好，反而出丑；有时也作自谦之词，表示自己根底差，学别人的长处没有学到家。

【真题助记】

2021年浙江省公务员录用考试行测题（A类，网友回忆版）第29题：

自20世纪70年代开始，悲观的________在西方学界兴起，迅速形成影响，反映到科幻电影中，就出现了《人猿星球》《后天》《终结者》之类的末世电影。当时，这些电影还有警世效果，能够催人反省，但现在这种题材的电影早已沦为套路，大部分属于________之作。（依次填入画横线部分最恰当的词语是**未来观、东施效颦**）

【考情分析】

词　　语	出现次数	作为正确选项次数	作为干扰选项次数
东施效颦	3	1	2

562．买椟还珠（mǎidú-huánzhū）

【出现频率】3次

【词语解释】比喻没有眼光，取舍不当。

【真题助记】

2020年吉林省公务员录用考试行测题（网友回忆版）第23题：

国学如果停留在如此浅层次的形式复古，无异于________，甚至会把国学弄成与现代文明相对抗的姿态，凡事不问好坏对错，一切以东西古今划界。凡是古人的都是好的，哪怕骑驴；凡是现代的都是“非我族类”，都该保持距离。如此下去，国学非但不会被这些人“发扬光大”，相反可能会走入狭隘化、极端化、边缘化的境地，钻进狭小天地里________，与文明发展割断脉络，把自己变成了一块“化石”。（依次填入画横线部分最恰当的词语是**买椟还珠、孤芳自赏**）

【考情分析】

词　　语	出现次数	作为正确选项次数	作为干扰选项次数
买椟还珠	3	1	2

563．处心积虑（chǔxīn-jīlǜ）

【出现频率】3次

【词语解释】形容蓄谋已久；贬义词。

【考情分析】

词　　语	出现次数	作为正确选项次数	作为干扰选项次数
处心积虑	3	0	3

第四节　从“一拍即合”到“不以为意”等 40 个成语

一、本节成语汇总（见表 3-4）

表 3-4　从“一拍即合”到“不以为意”

一拍即合（3）	浩浩荡荡（3）	弄虚作假（3）	管中窥豹（3）	卑躬屈膝（2）
纷繁芜杂（3）	急如星火（3）	继往开来（3）	齐心协力（3）	投鼠忌器（2）
穿凿附会（3）	当机立断（3）	统筹兼顾（3）	差强人意（3）	折戟沉沙（2）
烂熟于心（3）	易如反掌（3）	滥竽充数（3）	别开生面（3）	一语成谶（2）
生搬硬套（3）	举棋不定（3）	一板一眼（3）	高山仰止（3）	揠苗助长（2）
邯郸学步（3）	妙笔生花（3）	因小失大（3）	无出其右（3）	精妙绝伦（2）
唯我独尊（3）	优柔寡断（3）	奉为圭臬（3）	燃眉之急（3）	矫揉造作（2）
目空一切（3）	阿谀奉承（3）	始料未及（3）	蛛丝马迹（2）	不以为意（2）

注：括号内的数字指该成语在真题中出现的次数。

二、成语分析

564. 一拍即合（yīpāi-jíhé）

【出现频率】3 次

【词语解释】一打拍子就合上了曲子的节奏，比喻双方很容易一致。

【考情分析】

词　语	出现次数	作为正确选项次数	作为干扰选项次数
一拍即合	3	0	3

565．纷繁芜杂（fēnfán-wúzá）

【出现频率】3次

【词语解释】形容文章内容芜杂，没有条理，或者是事情杂乱无章，没有头绪。

【考情分析】

词　语	出现次数	作为正确选项次数	作为干扰选项次数
纷繁芜杂	3	0	3

566．穿凿附会（chuānzáo-fùhuì）

【出现频率】3次

【词语解释】把讲不通的或不相干的道理、事情硬扯在一起进行解释。

【考情分析】

词　语	出现次数	作为正确选项次数	作为干扰选项次数
穿凿附会	3	0	3

567．烂熟于心（lànshúyúxīn）

【出现频率】3次

【词语解释】形容对某件事情或者事物的发展情况在心里记得很清楚。烂熟：极其透彻周详；极其熟悉、熟练。

【考情分析】

词　语	出现次数	作为正确选项次数	作为干扰选项次数
烂熟于心	3	0	3

568．生搬硬套（shēngbān-yìngtào）

【出现频率】3次

【词语解释】不顾实际情况，机械地运用别人的经验，照抄别人的办法。

【考情分析】

词　语	出现次数	作为正确选项次数	作为干扰选项次数
生搬硬套	3	0	3

569．邯郸学步（hándān-xuébù）

【出现频率】3 次

【词语解释】比喻模仿别人不成，反而丧失了原有的技能。

【考情分析】

词　语	出现次数	作为正确选项次数	作为干扰选项次数
邯郸学步	3	0	3

570．唯我独尊（wéiwǒdúzūn）

【出现频率】3 次

【词语解释】现指认为只有自己最了不起，形容极端自高自大。

【考情分析】

词　语	出现次数	作为正确选项次数	作为干扰选项次数
唯我独尊	3	0	3

571．目空一切（mùkōngyīqiè）

【出现频率】3 次

【词语解释】形容极端骄傲自大。

【考情分析】

词　语	出现次数	作为正确选项次数	作为干扰选项次数
目空一切	3	0	3

572．浩浩荡荡（hàohàodàngdàng）

【出现频率】3 次

【词语解释】原指水势大，后形容事物的广阔壮大，或前进的人流声势浩大。

【考情分析】

词　　语	出现次数	作为正确选项次数	作为干扰选项次数
浩浩荡荡	3	0	3

573. 急如星火（jírúxīnghuǒ）

【出现频率】3次

【词语解释】比喻情势紧迫。

【考情分析】

词　　语	出现次数	作为正确选项次数	作为干扰选项次数
急如星火	3	0	3

574. 当机立断（dāngjī-lìduàn）

【出现频率】3次

【词语解释】在紧要时刻立即做出决断。

【考情分析】

词　　语	出现次数	作为正确选项次数	作为干扰选项次数
当机立断	3	0	3

575. 易如反掌（yìrúfǎnzhǎng）

【出现频率】3次

【词语解释】比喻事情非常容易办，像翻一下手掌一样。

【考情分析】

词　　语	出现次数	作为正确选项次数	作为干扰选项次数
易如反掌	3	0	3

576. 举棋不定（jǔqí-bùdìng）

【出现频率】3次

【词语解释】比喻犹豫不决，拿不定主意。

【考情分析】

词　　语	出现次数	作为正确选项次数	作为干扰选项次数
举棋不定	3	0	3

577. 妙笔生花（miàobǐ-shēnghuā）

【出现频率】3 次

【词语解释】比喻有杰出的写作才能。

【考情分析】

词　　语	出现次数	作为正确选项次数	作为干扰选项次数
妙笔生花	3	0	3

578. 优柔寡断（yōuróu-guǎduàn）

【出现频率】3 次

【词语解释】指做事犹豫，缺乏决断。

【考情分析】

词　　语	出现次数	作为正确选项次数	作为干扰选项次数
优柔寡断	3	0	3

579. 阿谀奉承（ēyú-fèngchéng）

【出现频率】3 次

【词语解释】曲从拍马，迎合别人，竭力向人讨好。阿谀：用言语恭维别人；奉承：恭维，讨好。

【考情分析】

词　　语	出现次数	作为正确选项次数	作为干扰选项次数
阿谀奉承	3	0	3

580. 弄虚作假（nòngxū-zuòjiǎ）

【出现频率】3 次

【词语解释】耍花招欺骗人。

【考情分析】

词　　语	出现次数	作为正确选项次数	作为干扰选项次数
弄虚作假	3	0	3

581. 继往开来（jìwǎng-kāilái）

【出现频率】3 次

【词语解释】继承前人的事业，开辟未来的道路。

【考情分析】

词　语	出现次数	作为正确选项次数	作为干扰选项次数
继往开来	3	0	3

582. 统筹兼顾（tǒngchóu-jiāngù）

【出现频率】3 次

【词语解释】统一筹划，全面照顾。

【考情分析】

词　语	出现次数	作为正确选项次数	作为干扰选项次数
统筹兼顾	3	0	3

583. 滥竽充数（lànyú-chōngshù）

【出现频率】3 次

【词语解释】指没有真正才干而混在行家里面充数，或拿不好的东西混在好的里面充数。

【考情分析】

词　语	出现次数	作为正确选项次数	作为干扰选项次数
滥竽充数	3	0	3

584. 一板一眼（yībǎn-yīyǎn）

【出现频率】3 次

【词语解释】形容言语、行动有条理，合规矩，不马虎。

【考情分析】

词　语	出现次数	作为正确选项次数	作为干扰选项次数
一板一眼	3	0	3

585．因小失大（yīnxiǎo-shīdà）

【出现频率】3 次

【词语解释】为了小的利益，造成大的损失。

【考情分析】

词　语	出现次数	作为正确选项次数	作为干扰选项次数
因小失大	3	0	3

586．奉为圭臬（fèngwéiguīniè）

【出现频率】3 次

【词语解释】比喻把某些言论或事当成自己的准则。

【考情分析】

词　语	出现次数	作为正确选项次数	作为干扰选项次数
奉为圭臬	3	0	3

587．始料未及（shǐliàowèijí）

【出现频率】3 次

【词语解释】当初没有预料到。

【考情分析】

词　语	出现次数	作为正确选项次数	作为干扰选项次数
始料未及	3	0	3

588．管中窥豹（guǎnzhōng-kuībào）

【出现频率】3 次

【词语解释】比喻只见到事物的一小部分。

【考情分析】

词　语	出现次数	作为正确选项次数	作为干扰选项次数
管中窥豹	3	0	3

589．齐心协力（qíxīn-xiélì）

【出现频率】3 次

【词语解释】形容认识一致，共同努力。

【考情分析】

词　语	出现次数	作为正确选项次数	作为干扰选项次数
齐心协力	3	0	3

590．差强人意（chāqiáng-rényì）

【出现频率】3 次

【词语解释】马马虎虎还凑合，勉强使人满意。不是“很差，不能让人满意”的意思。

【考情分析】

词　语	出现次数	作为正确选项次数	作为干扰选项次数
差强人意	3	0	3

591．别开生面（biékāi-shēngmiàn）

【出现频率】3 次

【词语解释】比喻另外创出一种新的形式或局面。

【考情分析】

词　语	出现次数	作为正确选项次数	作为干扰选项次数
别开生面	3	0	3

592．高山仰止（gāoshānyǎngzhǐ）

【出现频率】3 次

【词语解释】比喻对高尚的品德的仰慕。

【考情分析】

词　语	出现次数	作为正确选项次数	作为干扰选项次数
高山仰止	3	0	3

593．无出其右（wúchūqíyòu）

【出现频率】3 次

【词语解释】没有人能超过他（古代以右为尊）。

【考情分析】

词　　语	出现次数	作为正确选项次数	作为干扰选项次数
无出其右	3	0	3

594. 燃眉之急（ránméizhījí）

【出现频率】3 次

【词语解释】火烧眉毛那样紧急，形容非常急迫的事情。

【考情分析】

词　　语	出现次数	作为正确选项次数	作为干扰选项次数
燃眉之急	3	0	3

595. 蛛丝马迹（zhūsī-mǎjì）

【出现频率】2 次

【词语解释】比喻与事情根源有联系的不明显的线索。

【真题助记】

2021 年江苏省公务员录用考试行测题（A 类，网友回忆版）第 38 题：

仔细观察自然是发现的开端，是认识事物奥秘的向导，我们要注意观察自然界的各种事物、各种现象，注意大自然偶然疏忽留下的破绽，通过对这些________的观察，追根寻源，让大自然________出各种深藏的秘密。我们要以大自然为师，以自然之道来认识自然、适应自然、调节自然、改造和利用自然，使得人类社会________，不断向前发展。（依次填入画横线部分最恰当的词语是**蛛丝马迹、袒露、日新月异**）

【考情分析】

词　　语	出现次数	作为正确选项次数	作为干扰选项次数
蛛丝马迹	2	2	0

596. 卑躬屈膝（bēigōng-qūxī）

【出现频率】2 次

【词语解释】形容低声下气、奉承讨好的样子。卑躬：弯腰；屈膝：下跪。

【真题助记】

2015年重庆市选调应届优秀大学毕业生到基层工作考试行测题（精选）第22题：

在现代社会，公民能独立地表达自己的观点，却不傲慢，对政治表示服从，却不________；看到弱者知道同情，看到邪恶知道________。（依次填入画横线部分最恰当的词语是**卑躬屈膝、愤怒**）

【考情分析】

词　语	出现次数	作为正确选项次数	作为干扰选项次数
卑躬屈膝	2	2	0

597. 投鼠忌器（tóushǔ-jìqì）

【出现频率】2次

【词语解释】比喻做事有所顾忌，放不开手脚。

【真题助记】

2019年420联考行测题（四川卷，网友回忆版）第23题：

在“路见危难，伸出援手”日益稀缺、公众又普遍缺乏急救知识的现实语境下，________质疑救人者的专业能力与救人方式，既会挫伤救人者的积极性，又会让其他人因为救人之外的风险而________。相比于救治的精确性，保护好人环境的缺失，才是亟待解决的问题。（依次填入画横线部分最恰当的词语是**随意、投鼠忌器**）

【考情分析】

词　语	出现次数	作为正确选项次数	作为干扰选项次数
投鼠忌器	2	2	0

598. 折戟沉沙（zhéjǐ-chénshā）

【出现频率】2次

【词语解释】比喻惨遭失败。

【真题助记】

广东省2020年度选调生和急需紧缺专业公务员招录笔试综合行政能力测验（网友回忆版）第52题：

并非所有纪录片都在商业化之路上________，前方已然有许多口碑与流量并存的精品用自己的经验告诉后来者：观众的口味并非________，无论时代和观众的口味如何变迁，精耕内容、细磨品质永远是赢得观众的制胜法宝。（依次填入画横线部分最恰当的词语是**折戟沉沙、不可捉摸**）

【考情分析】

词　语	出现次数	作为正确选项次数	作为干扰选项次数
折戟沉沙	2	2	0

599．一语成谶（yīyǔchéngchèn）

【出现频率】2次

【词语解释】指一些凶事，不吉利的预言，也有戏言成真的意思。

【真题助记】

2019年重庆市选调优秀大学毕业生到基层工作考试行测题（精选，网友回忆版）第22题：

随着日军的包围圈越来越小，张将军的右肩、左臂先后被炸伤。看到卫兵们________，张将军按住了伤口，满不在乎地说："没什么，不要大惊小怪。我是上将衔，今天如果牺牲了，明年的今天一定很热闹喽！"________，下午4时左右，张将军"身受七伤，腹为之穿"，英勇殉国。（依次填入画横线部分最恰当的词语是**惊慌失措、一语成谶**）

【考情分析】

词　语	出现次数	作为正确选项次数	作为干扰选项次数
一语成谶	2	2	0

600．揠苗助长（yàmiáo-zhùzhǎng）

【出现频率】2次

【词语解释】比喻违反事物的发展规律，急于求成，最后事与愿违。

【真题助记】

2019年江苏省公务员录用考试行测题（A类，网友回忆版）第39题：

应当看到，农业调结构是一个动态的过程，不可能一调到位、________。农业也是慢热型产业，培育一个成熟品牌，要三五年、十多年，甚至更长时间，靠政府部门________不行，必须尊重农业发展规律和市场规律，扎扎实实、________、一步一步走。（依次填入画横线部分最恰当的词语是**一劳永逸、揠苗助长、持之以恒**）

【考情分析】

词　语	出现次数	作为正确选项次数	作为干扰选项次数
揠苗助长	2	2	0

601．精妙绝伦（jīngmiào-juélún）

【出现频率】2次

【词语解释】精巧美妙到了极点。精：精巧；绝伦：无与伦比。

【真题助记】

2008年陕西省公务员录用考试行测题第27题：

（1）“________”，今天不仅可以用来表达坚贞不渝的爱情，还可以用来赞美无私奉献的高尚情操。

（2）中国古代先贤以其强烈的人文关怀写下了大量精彩深刻的策论警语，体现了丰富的民族智慧，________了伟大的民族精神。

（3）杨柳青木版年画里，孩童个个健硕丰腴，人人新衣新裤，所有器物________，这都象征着生活的富足和吉祥。

（依次填入画横线部分最恰当的句子或词语是**春蚕到死丝方尽，蜡炬成灰泪始干；积聚；精妙绝伦**）

【考情分析】

词　　语	出现次数	作为正确选项次数	作为干扰选项次数
精妙绝伦	2	1	1

602. 矫揉造作（jiǎoróu-zàozuò）

【出现频率】2 次

【词语解释】形容过分做作，极不自然。

【真题助记】

2009 年湖南省公务员录用考试行测题第 29 题：

说话、写文章，第一要简明扼要，做到________；第二要朴素、自然，防止________。（依次填入画横线部分最恰当的词语是**言简意赅、矫揉造作**）

【考情分析】

词　　语	出现次数	作为正确选项次数	作为干扰选项次数
矫揉造作	2	1	1

603. 不以为意（bùyǐwéiyì）

【出现频率】2 次

【词语解释】不把它放在心上，表示不重视，不认真对待。

【真题助记】

2012 年吉林省公务员录用考试行测题（乙级）第 12 题：

2012 年诺贝尔文学奖 10 月 11 日揭晓，________文坛的中国作家莫言获奖，他成为首位获得诺贝尔文学奖的中国籍作家，一时间，他的作品________，网上书城的存货被一扫而空。对于因得奖而引发的抢购阅读热潮，莫言很________，他说："我不希望出现所谓的'莫言热'，即便有，也希望能在很短的时间内冷却下去，大家该干吗就干吗。"（依次填入画横线部分最恰当的词语是**蜚声、洛阳纸贵、不以为意**）

【考情分析】

词　　语	出现次数	作为正确选项次数	作为干扰选项次数
不以为意	2	1	1

第五节 从“触目惊心”到“不闻不问”等40个成语

一、本节成语汇总（见表3–5）

表3-5 从“触目惊心”到“不闻不问”

触目惊心（2）	无可争辩（2）	锦衣玉食（2）	自高自大（2）	以管窥天（2）
颇有微词（2）	望眼欲穿（2）	肥马轻裘（2）	一唱百和（2）	口口相传（2）
一挥而就（2）	侃侃而谈（2）	寸步难行（2）	体无完肤（2）	今不如昔（2）
雪泥鸿爪（2）	薪尽火传（2）	望其项背（2）	一鳞半爪（2）	每况愈下（2）
门庭冷落（2）	病入膏肓（2）	皓首穷经（2）	金玉良言（2）	翘首以盼（2）
不孚众望（2）	青黄不接（2）	具体而微（2）	垂头丧气（2）	助纣为虐（2）
顺水推舟（2）	固若金汤（2）	安之若素（2）	匠心独具（2）	高谈阔论（2）
捷足先登（2）	掷地有声（2）	完美无缺（2）	毁于一旦（2）	不闻不问（2）

注：括号内的数字指该成语在真题中出现的次数。

二、成语分析

604. 触目惊心（chùmù-jīngxīn）

【出现频率】2次

【词语解释】看到某种严重的情况引起内心的震动，也作怵目惊心。

【真题助记】

2011年424联考行测题（贵州/四川/福建/黑龙江/湖北/山西/重庆/辽宁/海南/江西/天津/陕西/云南/广西/山东/湖南）第

13 题：

毫无疑问，睡眠对于每个人都必不可少，但在一些________情况下，我们需要抛开生物节律的________，长时间保持清醒状态。“头悬梁、锥刺股”固然可行，但过于________。这时人们就不得不借助一些促清醒的药物。（依次填入画横线部分最恰当的词语是**极端、束缚、触目惊心**）

【考情分析】

词语	出现次数	作为正确选项次数	作为干扰选项次数
触目惊心	2	1	1

605. 颇有微词（pōyǒuwēicí）

【出现频率】2 次

【词语解释】有很多（隐晦的）批评和不满的话语，表示对某人某事不满。程度比较轻。

【真题助记】

2009 年浙江省公务员录用考试行测题第 29 题：

俄国的两位大作家都情不自禁地对莎士比亚表达了自己的看法。屠格涅夫借批评《哈姆雷特》，对莎剧________，他的态度倒还像个绅士，总的来说还算温和。托尔斯泰就比较厉害，他对莎士比亚进行了最猛烈的攻击，口诛笔伐，几乎把伟大的莎士比亚说得________。（依次填入画横线部分最恰当的词语是**颇有微词、一无是处**）

【考情分析】

词语	出现次数	作为正确选项次数	作为干扰选项次数
颇有微词	2	1	1

606. 一挥而就（yīhuīérjiù）

【出现频率】2 次

【词语解释】形容写字、写文章、画画快。

【真题助记】

2010年贵州省公务员录用考试行测题第25题：

一般而言，一幅大画不可能________，艺术家应该有一段时间收集资料、深入实地、写生采风，进而精心________、反复________，甚至数易其稿，从而成就一件佳作。（依次填入画横线部分最恰当的词语是**一挥而就、构思、推敲**）

【考情分析】

词语	出现次数	作为正确选项次数	作为干扰选项次数
一挥而就	2	1	1

607. 雪泥鸿爪（xuění-hóngzhǎo）

【出现频率】2次

【词语解释】比喻往事的痕迹。

【真题助记】

2011年424联考行测题（贵州/四川/福建/黑龙江/湖北/山西/重庆/辽宁/海南/江西/天津/陕西/云南/广西/山东/湖南）第11题：

中国古代官员普遍好读书，这是一个历史悠久的好传统。在古代，官员的读书是________的现象，大凡为官一生，“致仕”（退休）时一般也要“刻部稿”，期盼给后代留下一点________。（依次填入画横线部分最恰当的词语是**持续性、雪泥鸿爪**）

【考情分析】

词语	出现次数	作为正确选项次数	作为干扰选项次数
雪泥鸿爪	2	1	1

608. 门庭冷落（méntíng-lěngluò）

【出现频率】2次

【词语解释】形容十分冷落，宾客稀少。

【真题助记】

2019年黑龙江边境县（市、区）急需紧缺专业岗公务员考试行测题第35题：

国家级和省级博物馆往往建设完善，参观者________，甚至每天一早就出现排队的长龙；省级以下的公办博物馆则________。有的地方有充分的财政投入保障，博物馆拥有不错的硬件和软件设施，参观者的“回头率”较高；有的地方则缺乏对博物馆的投入，馆舍狭小老旧，展出品维护不当，专业讲解人员稀缺，导致博物馆________，可能连当地人都不知道博物馆的大门朝哪个方向开。（依次填入画横线部分最恰当的词语是**络绎不绝、良莠不齐、门庭冷落**）

【考情分析】

词　　语	出现次数	作为正确选项次数	作为干扰选项次数
门庭冷落	2	1	1

609．不孚众望（bùfúzhòngwàng）

【出现频率】2次

【词语解释】不能使大家信服，未符合大家的期望，不是“不辜负众人期望”的意思。

【真题助记】

2012年421联考行测题（山西/辽宁/黑龙江/福建/湖北/湖南/广西/海南/四川/重庆/云南/西藏/陕西/青海/宁夏/新疆兵团）第35题：

“不负众望”与“不孚众望”，仅一字之差，但其义________。作为公益型国企的石油石化、电网、通信服务等，一定要心系国家利益和人民利益，并把国家利益和人民利益放在首位，做到“________”，切忌“________”。（依次填入画横线部分最恰当的词语是**迥然不同、不负众望、不孚众望**）

【考情分析】

词　语	出现次数	作为正确选项次数	作为干扰选项次数
不孚众望	2	1	1

610. 顺水推舟（shùnshuǐ-tuīzhōu）

【出现频率】2 次

【词语解释】比喻顺应趋势办事。

【真题助记】

2012 年 915 联考行测题（新疆 / 福建 / 重庆 / 河南）第 31 题：

欧元区永久性救助工具——欧洲稳定机制规定，救助资金只提供给欧元区成员国政府。当然，受援国政府可以________，再用这笔钱救助本国银行，其后果是对银行业的救助资金最终仍会________到政府头上，导致受援国主权债务增加。（依次填入画横线部分最恰当的词语是**顺水推舟、转嫁**）

【考情分析】

词　语	出现次数	作为正确选项次数	作为干扰选项次数
顺水推舟	2	1	1

611. 捷足先登（jiézú-xiāndēng）

【出现频率】2 次

【词语解释】脚步快，先登上去，比喻行动敏捷，首先达到目的。

【真题助记】

2018 年国家公务员录用考试行测题（地市级网友回忆版）第 27 题：

射电天文学的进步把人们的视线引向了宇宙遥远的边缘，那里________了更多有关宇宙起源和演化的关键线索。天文学家都渴望拥有威力更加强大的射电望远镜，谁拥有了这种望远镜，谁就更有可能站立在现代物理学和天文学的潮头，________，成为破解宇宙之谜的领军力量。（依次填入画横线部分最恰当的词语是**隐藏、捷足先登**）

【考情分析】

词　　语	出现次数	作为正确选项次数	作为干扰选项次数
捷足先登	2	1	1

612. 无可争辩（wúkězhēngbiàn）

【出现频率】2 次

【词语解释】没有什么可争辩的，表示确实无疑。

【真题助记】

2012 年广东省公务员录用考试行测题第 18 题：

黄岩岛是我国的固有领土，我国对黄岩岛拥有________的自主权。（填入画横线部分最恰当的词语是**无可争辩**）

【考情分析】

词　　语	出现次数	作为正确选项次数	作为干扰选项次数
无可争辩	2	1	1

613. 望眼欲穿（wàngyǎnyùchuān）

【出现频率】2 次

【词语解释】形容盼望、想念的迫切程度。

【真题助记】

2019 年河北省公务员录用考试行测题（县级 + 乡镇，网友回忆版）第 38 题：

生命，是来自上天的馈赠。在父母________的期盼中，我们呱呱坠地。因而，生命承载了太多希冀的目光和绵绵情谊。沐浴着老师________般的教诲，我们逐渐成长。在生命的旅途中，尽管会遭逢坎坷或失败，但同时，我们收获更多的却是愉悦与成功。因此，我们应该善待自己的生命，要以自信、乐观、积极的人生态度珍爱这________的礼物。（依次填入画横线部分最恰当的词语是**望眼欲穿、春风化雨、厚重**）

【考情分析】

词　　语	出现次数	作为正确选项次数	作为干扰选项次数
望眼欲穿	2	1	1

614. 侃侃而谈（kǎnkǎnértán）

【出现频率】2次

【词语解释】理直气壮、从容不迫地说话，强调说话人的神志；褒义词。

【真题助记】

2018年重庆市公务员录用考试行测题（下半年）第38题：

多年来，相比于城市的迅猛发展，广大农村地区尤其中西部农村的发展相对缓慢，以至于很多农村年轻人要进城寻找工作，但融入城市________。这些问题，对于我这样的年轻记者来说，以前只是________地听专家们________，并未有过切身体会和深入思考。而通过新春走基层，记者开始有意识地带着问题去了解农村、观察社会，一点点寻找问题的答案。（依次填入画横线部分最恰当的词语是**难上加难、浮光掠影、侃侃而谈**）

【考情分析】

词　　语	出现次数	作为正确选项次数	作为干扰选项次数
侃侃而谈	2	1	1

615. 薪尽火传（xīnjìn-huǒchuán）

【出现频率】2次

【词语解释】比喻师父传业于弟子，一代代地传下去。

【真题助记】

2012年国家公务员录用考试行测题第44题：

唐朝中期以后，帝国再次陷入激烈的持续动荡中，农民起义和藩镇割据成为唐帝国后叶的________。最终，中国进入了50余年的五代十国大分裂时期，看起来，黄河文明似乎已经________。但是，为什么中国的文明没像古埃及和古巴比伦那样彻底衰亡，而是________，一直延续至今呢？（依次填入画横线部分最恰当的词语是**主题、危在旦夕、薪尽火传**）

【考情分析】

词　语	出现次数	作为正确选项次数	作为干扰选项次数
薪尽火传	2	1	1

616．病入膏肓（bìngrùgāohuāng）

【出现频率】2 次

【词语解释】形容病情严重到了无法医治的地步，也比喻事情严重到了不可挽救的程度。

【真题助记】

2014 年青海省公务员录用考试行测题第 34 题：

穿越八百载风雨，大足的千手观音已“________”。幸得文物修复师的双双妙手，方令这尊“大足石刻的精华”保有________的希望。可惜，妙手救得了石像，却难以医治这一行当________的顽疾。文物修复师队伍极为窘迫的现状之下，是我们对文物命运的担忧，更是对文物修复技艺如何传承的追问。（依次填入画横线部分最恰当的词语是**病入膏肓、重现风采、后继乏人**）

【考情分析】

词　语	出现次数	作为正确选项次数	作为干扰选项次数
病入膏肓	2	1	1

617．青黄不接（qīnghuáng-bùjiē）

【出现频率】2 次

【词语解释】旧粮已经吃完，新粮尚未接上，也比喻人才或物力前后接不上。

【真题助记】

2019 年 420 联考行测题（黑龙江公检法卷，网友回忆版）第

31题：

连环画是大众艺术。然而，面对大众的需求，是迎合还是引导，也是连环画家必须面对的问题之一。回顾连环画从兴盛走向衰落的过程，不难发现，正是一些急功近利的出版商一味________、迎合大众的喜好，重数量轻质量，导致大批读者和作者流失，造成了连环画长时间________，最终淡出大众视野。（依次填入画横线部分最恰当的词语是**揣摩、青黄不接**）

【考情分析】

词　语	出现次数	作为正确选项次数	作为干扰选项次数
青黄不接	2	1	1

618. 固若金汤（gùruòjīntāng）

【出现频率】2次

【词语解释】形容城池或阵地坚固，不易攻破。

【真题助记】

2014年山东省公务员录用考试行测题第7题：

对真正了解音乐、懂得思考的演奏家来说，练习只能确保舞台上的演出水平，并非能练出一个不可改变的诠释。技巧越是铜墙铁壁、________，演奏家也越能在表演时驰骋想象，随心所欲而不逾矩。同理，越是体察作曲家意念，越是深入解析作品之和声理路，思考也就越能________，表现只会越灵活越丰富，而非________、动辄得咎。（依次填入画横线部分最恰当的词语是**固若金汤、触类旁通、投鼠忌器**）

【考情分析】

词　语	出现次数	作为正确选项次数	作为干扰选项次数
固若金汤	2	1	1

619. 掷地有声（zhìdì-yǒushēng）

【出现频率】2次

【词语解释】扔在地上能发出声响，形容话语豪迈有力。

【真题助记】

2014 年山东省公务员录用考试行测题第 10 题：

“用最严谨的标准、最严格的监管、最严厉的处罚、最严肃的问责，确保广大人民群众‘舌尖上的安全’。”不久前闭幕的中央农村工作会议把食品安全放在更加重要的位置来谋划，四个“最”________，一个“确保”________。这样的宣示与承诺，对农产品生产提出了更高要求，回应了全社会对食品安全的关切，更彰显了党和政府勇于担当、为民纾困的坚强决心。（依次填入画横线部分最恰当的词语是**铿锵有力、掷地有声**）

【考情分析】

词　语	出现次数	作为正确选项次数	作为干扰选项次数
掷地有声	2	1	1

620．锦衣玉食（jǐnyī-yùshí）

【出现频率】2 次

【词语解释】形容奢侈豪华的生活。

【真题助记】

2015 年 425 联考行测题（湖南卷）第 21 题：

求学者如果孜孜于衣食居住的安适，一定谈不上好学。同样，好学的目的也不是为了________，心灵之养甚于居养之安。学习的目的是成为“有道”之人，名闻利养并非先务。这不是________物质，而是强调学习就是学习，不要附带上物质目的。（依次填入画横线部分最恰当的词语是**锦衣玉食、排斥**）

【考情分析】

词　语	出现次数	作为正确选项次数	作为干扰选项次数
锦衣玉食	2	1	1

621．肥马轻裘（féimǎ-qīngqiú）

【出现频率】2 次

【词语解释】骑肥壮的马，穿轻暖的皮衣，形容阔绰。裘：皮衣。

【真题助记】

河南省2019年统一考试录用司法所公务员行测题（网友回忆版）第5题：

读书，就是与博学的先生对话。他以和缓的语调，告诉我物质的速朽和精神的永恒。譬如当年唐宋，曾________雕梁画栋，而存活于人心________的，却是激扬精神的诗词咏歌。（依次填入画横线部分最恰当的词语是**肥马轻裘、不朽流传**）

【考情分析】

词　语	出现次数	作为正确选项次数	作为干扰选项次数
肥马轻裘	2	1	1

622. 寸步难行（cùnbù-nánxíng）

【出现频率】2次

【词语解释】形容走路、行动困难，比喻开展某项工作困难重重，也说寸步难移。

【真题助记】

2015年广州市公务员录用考试行测题第19题：

习近平总书记说："把改革方案的含金量充分展示出来，让人民群众有更多获得感。"再高远的改革，也必须回到地上，切切实实考虑群众的获得感，否则就有可能因失去群众支持而________，________，________。（依次填入画横线部分最恰当的词语是**寸步难行、错失时机、贻误大业**）

【考情分析】

词　语	出现次数	作为正确选项次数	作为干扰选项次数
寸步难行	2	1	1

623. 望其项背（wàngqíxiàngbèi）

【出现频率】2次

【词语解释】表示赶得上或比得上（多用于否定式）：难以望其项背。

【真题助记】

2016 年 423 联考行测题（网友回忆版）第 35 题：

现代传媒尤其是电子传媒有着比传统纸质传媒更宽广的尺度，________更多批判的意识和更多的异端。无数专家、学者在电子传媒会客厅中针对各种社会现象接受访谈，发表意见，甚至不乏________的声音。分析之深、论证之严密、言论之犀利，传统媒体均无法________。（依次填入画横线部分最恰当的词语是**容纳、惊世骇俗、望其项背**）

【考情分析】

词　语	出现次数	作为正确选项次数	作为干扰选项次数
望其项背	2	1	1

624. 皓首穷经（hàoshǒuqióngjīng）

【出现频率】2 次

【词语解释】一直到年老头白之时还在深入钻研经书和古籍。

【真题助记】

2017 年江苏省公务员录用考试行测题（A 类）第 51 题：

哲学涉及我们日常生活的方方面面。它不只是艰深晦涩、让人________的玄学，不只是教人安邦定国、________的谋略，哲学更________我们的人生。（依次填入画横线部分最恰当的词语是**皓首穷经、经世致用、关乎**）

【考情分析】

词　语	出现次数	作为正确选项次数	作为干扰选项次数
皓首穷经	2	1	1

625. 具体而微（jùtǐ’érwēi）

【出现频率】2 次

【词语解释】内容大体具备而形状或规模较小。

【真题助记】

2017年422联考行测题（四川卷）第21题：

如何看待各项指标的起落调整？如何领会稳增长、调结构、促改革的辩证用意？如何贯彻稳中求进的调控指引？________中国经济的复杂问题，需要________的专业剖析，更离不开格局宏大的战略思考。

（依次填入画横线部分最恰当的词语是**破解、具体而微**）

【考情分析】

词　语	出现次数	作为正确选项次数	作为干扰选项次数
具体而微	2	1	1

626. 安之若素（ānzhī-ruòsù）

【出现频率】2次

【词语解释】（遇到不利情况或反常现象）像往常一样对待，毫不在意。

【真题助记】

江西省2018年市县两级法院、检察院统一考录公务员笔试行测题（网友回忆版）第8题：

（1）不论对寒冷、暑热、长途行军、通宵不眠以及其他战争中的艰难困苦，他都能________。

（2）在读者未读原著的情况下请他们先看太多的有关评论，恐贻________之讥。

（依次填入画横线部分最恰当的词语是**安之若素、本末倒置**）

【考情分析】

词　语	出现次数	作为正确选项次数	作为干扰选项次数
安之若素	2	1	1

627. 完美无缺（wánměi-wúquē）

【出现频率】2次

【词语解释】完善美好，没有缺点。

【考情分析】

词　语	出现次数	作为正确选项次数	作为干扰选项次数
完美无缺	2	0	2

628. 自高自大（zìgāo-zìdà）

【出现频率】2 次

【词语解释】自以为了不起，看不起别人。

【考情分析】

词　语	出现次数	作为正确选项次数	作为干扰选项次数
自高自大	2	0	2

629. 一唱百和（yīchàng-bǎihè）

【出现频率】2 次

【词语解释】形容附和的人极多。

【考情分析】

词　语	出现次数	作为正确选项次数	作为干扰选项次数
一唱百和	2	0	2

630. 体无完肤（tǐwúwánfū）

【出现频率】2 次

【词语解释】形容遍体都是伤，也比喻理由全部被驳倒，或被批评、责骂得很厉害。

【考情分析】

词　语	出现次数	作为正确选项次数	作为干扰选项次数
体无完肤	2	0	2

631. 一鳞半爪（yīlín-bànzhǎo）

【出现频率】2 次

【词语解释】比喻零星片断的事物。

【考情分析】

词　语	出现次数	作为正确选项次数	作为干扰选项次数
一鳞半爪	2	0	2

632. 金玉良言（jīnyù-liángyán）

【出现频率】2次

【词语解释】像黄金和美玉一样宝贵的忠告或教诲。

【考情分析】

词　语	出现次数	作为正确选项次数	作为干扰选项次数
金玉良言	2	0	2

633. 垂头丧气（chuítóu-sàngqì）

【出现频率】2次

【词语解释】形容失望或受到挫折时情绪低落的样子。

【考情分析】

词　语	出现次数	作为正确选项次数	作为干扰选项次数
垂头丧气	2	0	2

634. 匠心独具（jiàngxīndújù）

【出现频率】2次

【词语解释】在文学、艺术等方面独创性地运用巧妙的心思。

【考情分析】

词　语	出现次数	作为正确选项次数	作为干扰选项次数
匠心独具	2	0	2

635. 毁于一旦（huǐyúyīdàn）

【出现频率】2次

【词语解释】在一天之内就毁掉了，形容在极短的时间内把来之不易的东西一下子毁掉了。

【考情分析】

词　语	出现次数	作为正确选项次数	作为干扰选项次数
毁于一旦	2	0	2

636. 以管窥天（yǐguǎnkuītiān）

【出现频率】2 次

【词语解释】通过竹管子的孔看天，比喻见闻狭隘或看事片面。

【考情分析】

词　语	出现次数	作为正确选项次数	作为干扰选项次数
以管窥天	2	0	2

637. 口口相传（kǒukǒuxiāngchuán）

【出现频率】2 次

【词语解释】不著文字，口头相传。

【考情分析】

词　语	出现次数	作为正确选项次数	作为干扰选项次数
口口相传	2	0	2

638. 今不如昔（jīnbùrúxī）

【出现频率】2 次

【词语解释】指今天不如过去，表示对世事的不满情绪。

【考情分析】

词　语	出现次数	作为正确选项次数	作为干扰选项次数
今不如昔	2	0	2

639. 每况愈下（měikuàng-yùxià）

【出现频率】2 次

【词语解释】指情况越来越坏。

【考情分析】

词　语	出现次数	作为正确选项次数	作为干扰选项次数
每况愈下	2	0	2

640．翘首以盼（qiáoshǒuyǐpàn）

【出现频率】2次

【词语解释】仰着脖子等待着出现，很急切地希望看到某人、某事、某物的出现。

【考情分析】

词　语	出现次数	作为正确选项次数	作为干扰选项次数
翘首以盼	2	0	2

641．助纣为虐（zhùzhòu-wéinüè）

【出现频率】2次

【词语解释】比喻帮助坏人干坏事。

【考情分析】

词　语	出现次数	作为正确选项次数	作为干扰选项次数
助纣为虐	2	0	2

642．高谈阔论（gāotán-kuòlùn）

【出现频率】2次

【词语解释】漫无边际地大发议论（多含贬义）。

【考情分析】

词　语	出现次数	作为正确选项次数	作为干扰选项次数
高谈阔论	2	0	2

643．不闻不问（bùwén-bùwèn）

【出现频率】2次

【词语解释】既不听也不问，形容漠不关心。

【考情分析】

词　语	出现次数	作为正确选项次数	作为干扰选项次数
不闻不问	2	0	2

第六节　从“天造地设”到“牵强附会”等40个成语

一、本节成语汇总（见表3-6）

表3-6　从“天造地设”到“牵强附会”

天造地设（2）	水中捞月（2）	身先士卒（2）	虚与委蛇（2）	麻木不仁（1）
各执一端（2）	东山再起（2）	川流不息（2）	改弦更张（2）	神情自若（1）
不易之论（2）	去粗取精（2）	沸反盈天（2）	文不加点（1）	饭囊衣架（1）
旁若无人（2）	雪中送炭（2）	噤若寒蝉（2）	寥若晨星（1）	事必躬亲（1）
朝不保夕（2）	趋炎附势（2）	尾大不掉（2）	迂回曲折（1）	曲尽其妙（1）
异口同声（2）	跃然纸上（2）	恒河沙数（2）	如虎添翼（1）	更仆难数（1）
多如牛毛（2）	鸠占鹊巢（2）	身体力行（2）	倚马可待（1）	手胼足胝（1）
水火不容（2）	李代桃僵（2）	言传身教（2）	改弦易辙（1）	牵强附会（1）

注：括号内的数字指该成语在真题中出现的次数。

二、成语分析

644．天造地设（tiānzào-dìshè）

【出现频率】2次

【词语解释】自然形成而合乎理想。

【考情分析】

词　语	出现次数	作为正确选项次数	作为干扰选项次数
天造地设	2	0	2

645．各执一端（gèzhíyīduān）

【出现频率】2次

【词语解释】指各自坚持自己的观点或道理。

【考情分析】

词　语	出现次数	作为正确选项次数	作为干扰选项次数
各执一端	2	0	2

646．不易之论（bùyìzhīlùn）

【出现频率】2次

【词语解释】不可更改的言论，形容论断或意见非常正确。

【考情分析】

词　语	出现次数	作为正确选项次数	作为干扰选项次数
不易之论	2	0	2

647．旁若无人（pángruòwúrén）

【出现频率】2次

【词语解释】好像旁边没有人一样，形容态度高傲或从容自然，对别人毫不在意。

【考情分析】

词　语	出现次数	作为正确选项次数	作为干扰选项次数
旁若无人	2	0	2

648．朝不保夕（zhāobùbǎoxī）

【出现频率】2次

【词语解释】保得住早上，不一定保得住晚上，形容情况危急，也作朝不虑夕。

【考情分析】

词　语	出现次数	作为正确选项次数	作为干扰选项次数
朝不保夕	2	0	2

649．异口同声（yìkǒu-tóngshēng）

【出现频率】2次

【词语解释】不同的人说出同样的话，形容众人的意见或说法完全一致。

【考情分析】

词　语	出现次数	作为正确选项次数	作为干扰选项次数
异口同声	2	0	2

650. 多如牛毛（duōrúniúmáo）

【出现频率】2 次

【词语解释】形容极多。

【考情分析】

词　语	出现次数	作为正确选项次数	作为干扰选项次数
多如牛毛	2	0	2

651. 水火不容（shuǐhuǒ-bùróng）

【出现频率】2 次

【词语解释】水和火是两种性质相反的东西，根本不相容，比喻二者对立，绝不相容。容：容纳。

【考情分析】

词　语	出现次数	作为正确选项次数	作为干扰选项次数
水火不容	2	0	2

652. 水中捞月（shuǐzhōng-lāoyuè）

【出现频率】2 次

【词语解释】比喻去做根本做不到的事情，只能白费力气。

【考情分析】

词　语	出现次数	作为正确选项次数	作为干扰选项次数
水中捞月	2	0	2

653. 东山再起（dōngshān-zàiqǐ）

【出现频率】2 次

【词语解释】东晋时，谢安退职后在东山做隐士，以后又出来做了大官，后用以比喻失败后重新上台。

【考情分析】

词　语	出现次数	作为正确选项次数	作为干扰选项次数
东山再起	2	0	2

654．去粗取精（qùcū-qǔjīng）

【出现频率】2 次

【词语解释】去掉粗糙的、无用的，留下精华、有用的。

【考情分析】

词　语	出现次数	作为正确选项次数	作为干扰选项次数
去粗取精	2	0	2

655．雪中送炭（xuězhōng-sòngtàn）

【出现频率】2 次

【词语解释】比喻在别人急需的时候给予帮助。

【考情分析】

词　语	出现次数	作为正确选项次数	作为干扰选项次数
雪中送炭	2	0	2

656．趋炎附势（qūyán-fùshì）

【出现频率】2 次

【词语解释】奉承和依附有权有势的人。

【考情分析】

词　语	出现次数	作为正确选项次数	作为干扰选项次数
趋炎附势	2	0	2

657．跃然纸上（yuèrán-zhǐshàng）

【出现频率】2 次

【词语解释】形容描写或刻画得十分生动逼真。

【考情分析】

词　　语	出现次数	作为正确选项次数	作为干扰选项次数
跃然纸上	2	0	2

658. 鸠占鹊巢（jiūzhànquècháo）

【出现频率】2 次

【词语解释】比喻强占别人的屋子、土地、产业等。

【考情分析】

词　　语	出现次数	作为正确选项次数	作为干扰选项次数
鸠占鹊巢	2	0	2

659. 李代桃僵（lǐdàitáojiāng）

【出现频率】2 次

【词语解释】比喻以此代彼或代人受过。

【考情分析】

词　　语	出现次数	作为正确选项次数	作为干扰选项次数
李代桃僵	2	0	2

660. 身先士卒（shēnxiānshìzú）

【出现频率】2 次

【词语解释】作战时将领亲自带头，冲在士兵前面；现在用来比喻领导带头，走在群众前面。

【考情分析】

词　　语	出现次数	作为正确选项次数	作为干扰选项次数
身先士卒	2	0	2

661. 川流不息（chuānliú-bùxī）

【出现频率】2 次

【词语解释】（行人、车马等）像水流一样连续不断。

【考情分析】

词　　语	出现次数	作为正确选项次数	作为干扰选项次数
川流不息	2	0	2

662. 沸反盈天（fèifǎn-yíngtiān）

【出现频率】2次

【词语解释】形容人声喧闹，乱成一片。

【考情分析】

词　　语	出现次数	作为正确选项次数	作为干扰选项次数
沸反盈天	2	0	2

663. 噤若寒蝉（jìnruòhánchán）

【出现频率】2次

【词语解释】像寒秋的蝉不再鸣叫，形容不敢作声。

【考情分析】

词　　语	出现次数	作为正确选项次数	作为干扰选项次数
噤若寒蝉	2	0	2

664. 尾大不掉（wěidà-bùdiào）

【出现频率】2次

【词语解释】尾巴太大，难以摆动。比喻机构下强上弱，或组织庞大、涣散，以至于指挥不灵。掉：摇动。

【考情分析】

词　　语	出现次数	作为正确选项次数	作为干扰选项次数
尾大不掉	2	0	2

665. 恒河沙数（hénghé-shāshù）

【出现频率】2次

【词语解释】像恒河里的沙粒一样，无法计算，形容数量极多。

【考情分析】

词　　语	出现次数	作为正确选项次数	作为干扰选项次数
恒河沙数	2	0	2

666. 身体力行（shēntǐ-lìxíng）

【出现频率】2 次

【词语解释】亲身体验，努力实行。

【考情分析】

词　　语	出现次数	作为正确选项次数	作为干扰选项次数
身体力行	2	0	2

667. 言传身教（yánchuán-shēnjiào）

【出现频率】2 次

【词语解释】一面口头上传授，一面行动上以身作则，指用言语、行为起模范作用。

【考情分析】

词　　语	出现次数	作为正确选项次数	作为干扰选项次数
言传身教	2	0	2

668. 虚与委蛇（xūyǔwēiyí）

【出现频率】2 次

【词语解释】指对人假意相待，敷衍应酬。

【考情分析】

词　　语	出现次数	作为正确选项次数	作为干扰选项次数
虚与委蛇	2	0	2

669. 改弦更张（gǎixián-gēngzhāng）

【出现频率】2 次

【词语解释】比喻去旧更新，改变制度或做法等。

【考情分析】

词　语	出现次数	作为正确选项次数	作为干扰选项次数
改弦更张	2	0	2

670. 文不加点（wénbùjiādiǎn）

【出现频率】1次

【词语解释】形容写文章很快，不用涂改就写成。点：涂上一点，表示删去。

【真题助记】

2009年山西省公务员录用考试行测题第50题：

武汉沦陷后，许孟雄到重庆中央大学等学校任英语老师，深受当地学子欢迎，________。1949年秋回到北京后，他先后任北京外国语学院（今北京外国语大学）和中国人民大学英语教授，一面教书，一面翻译。许孟雄是国内为数不多真正精通英语的学者之一，他能不假思索地写下流畅纯正的英文，一挥而就，________，达到________的地步。（依次填入画横线部分最恰当的词语是**名噪一时、文不加点、炉火纯青**）

【考情分析】

词　语	出现次数	作为正确选项次数	作为干扰选项次数
文不加点	1	1	0

671. 寥若晨星（liáoruòchénxīng）

【出现频率】1次

【词语解释】稀少得好像清晨的星星一样，形容很少。

【真题助记】

2009年浙江省公务员录用考试行测题第19题：

中国人的历史知识，多半儿从“讲史”中得来，有本事、有耐心抱着二十四史读下来的，________。（填入画横线部门最恰当的词语是**寥若晨星**）

【考情分析】

词　语	出现次数	作为正确选项次数	作为干扰选项次数
寥若晨星	1	1	0

672. 迂回曲折（yūhuí-qūzhé）

【出现频率】1 次

【词语解释】弯弯曲曲，绕来绕去，常比喻事物发展的曲折性。迂回：回旋，环绕。

【真题助记】

2010 年浙江省公务员录用考试行测题（A 类）第 1 题：

在过去六十年中，现代中国的建设走过一条________的道路，经历过无数艰辛、动荡、摇摆与反复，既有山重水复之________，也有柳暗花明之转机。（依次填入画横线部分最恰当的词语是**迂回曲折、困惑**）

【考情分析】

词　语	出现次数	作为正确选项次数	作为干扰选项次数
迂回曲折	1	1	0

673. 如虎添翼（rúhǔtiānyì）

【出现频率】1 次

【词语解释】比喻强大的事物更加强大了。

【真题助记】

2012 年 915 联考行测题（新疆 / 福建 / 重庆 / 河南）第 36 题：

移动互联网市场的发展让微消费模式________。这种情况下，随时随地消费就成为可能，碎片化时间得以充分运用，这种由碎片化时间________出的微消费市场________着很大的商机。（依次填入画横线部分最恰当的词语是**如虎添翼、衍生、蕴藏**）

【考情分析】

词　语	出现次数	作为正确选项次数	作为干扰选项次数
如虎添翼	1	1	0

674. 倚马可待（yǐmǎ-kědài）

【出现频率】1 次

【词语解释】形容文思敏捷，写文章快。

【真题助记】

2012 年 915 联考行测题（新疆 / 福建 / 重庆 / 河南）第 37 题：

文化不是有钱人的游戏，以为就如只要有钱就能买到名牌包包一样，瞬间即可完成。文化也不是幻想着的梦想，以为就如魔术里的鸡变鸭一样，立刻________。如今，谈论文化、投资文化成为时髦，很多人以为，在我们的经济得到长足发展之后，文化就能一下子________；以为经济都可以在当年几近崩溃的边缘飞快地发展起来，以我国如此历史悠久的文化传统，文化的腾飞同样________。（依次填入画横线部分最恰当的词语是**脱胎换骨、升堂入室、倚马可待**）

【考情分析】

词　　语	出 现 次 数	作为正确选项次数	作为干扰选项次数
倚马可待	1	1	0

675. 改弦易辙（gǎixián-yìzhé）

【出现频率】1 次

【词语解释】改换琴弦，变更行车道路，比喻改变方向、做法等。

【真题助记】

2012 年国家公务员录用考试行测题第 30 题：

持之以恒的精神固然可贵，但如果我们所坚持、所固守的是________甚至错误的，那坚持到底的结果只能是一错再错，人生允许________，敢于放弃不切实际的理想，也是一种生存智慧。（依次填入画横线部分最恰当的词语是**偏颇、改弦易辙**）

【考情分析】

词　　语	出 现 次 数	作为正确选项次数	作为干扰选项次数
改弦易辙	1	1	0

676. 麻木不仁（mámù-bùrén）

【出现频率】1 次

【词语解释】肢体麻痹，没有感觉，比喻对外界的事物反应迟钝或漠不关心。

【真题助记】

2012 年浙江省公务员录用考试行测题第 14 题：

扬善必须抑恶，扶正自应祛邪，一个健康、文明的社会当然不应让横行一方为非作歹的黑恶势力逍遥法外，不应庇护毒害健康、________暴利的无良企业，不应对权钱勾结贪婪攫取的腐败现象________，不应让________侵夺他人权益的缺德行为无所制约。（依次填入画横线部分最恰当的词语是**牟取、麻木不仁、肆意**）

【考情分析】

词　　语	出 现 次 数	作为正确选项次数	作为干扰选项次数
麻木不仁	1	1	0

677. 神情自若（shénqíng-zìruò）

【出现频率】1 次

【词语解释】神情态度仍和原来一样。自若：自然，不变常态。

【真题助记】

2013 年国家公务员录用考试行测题第 34 题：

在伦敦的日子里，我每天乘着红色的双层巴士在大街上________，每天都有新发现。一次，在皮卡迪利广场，我又看到读小说的乞丐。在慵懒的夕阳下，那乞丐穿戴齐整，________地坐在马路旁，面前放着一个供路人扔硬币的碗。他把书放在碗旁的地面上，低着头，用手指指着页面，一行一行地读着。他读得那样认真，身边的车水马龙，周遭的一切________，似乎都不复存在。（依次填入画横线部分最恰当的词语是**穿梭、神情自若、喧嚣**）

【考情分析】

词　语	出现次数	作为正确选项次数	作为干扰选项次数
神情自若	1	1	0

678. 饭囊衣架（fànnáng-yījià）

【出现频率】1次

【词语解释】比喻庸碌无能的人。

【真题助记】

2013年深圳市公务员录用考试行测题第61题：

（1）不说你无用，反来怨我，真是________，唯知饮食之徒。

（2）我半生以来不作________，不取不义之财，有何罪过，要遭此报应呢？

（3）她自恃年轻漂亮，态度傲慢，________，目中无人，是一朵带刺的玫瑰。

（依次填入画横线部分最恰当的词语是**饭囊衣架、非分之想、孤芳自赏**）

【考情分析】

词　语	出现次数	作为正确选项次数	作为干扰选项次数
饭囊衣架	1	1	0

679. 事必躬亲（shìbìgōngqīn）

【出现频率】1次

【词语解释】事事都要亲自去做。

【真题助记】

2014年江苏省公务员录用考试行测题（B类）第25题：

当然，这并不是说政府必须________，也不是所有社会责任都得________。比如助弱扶贫，政府可以自己出手，也可以让企业相助。典型的例子就是养老，早年的养老院皆为政府投资，而今天私人投资的养老院则________。（依次填入画横线部分最恰当的词语是**大包大揽、**

事必躬亲、比比皆是）

【考情分析】

词　　语	出现次数	作为正确选项次数	作为干扰选项次数
事必躬亲	1	1	0

680. 曲尽其妙（qūjìnqímiào）

【出现频率】1 次

【词语解释】把其中微妙之处委婉细致地充分表达出来，形容表达能力很强。

【真题助记】

2014 年青海省公务员录用考试行测题第 20 题：

国学内容浩如烟海、博大精深，即使皓首穷经、焚膏继晷也无法________。同时，国学本身毕竟是古代社会留下来的历史文化遗产，精华与糟粕并存。因此，国学研究应有一个________的过程。（依次填入画横线部分最恰当的词语是**曲尽其妙、去伪存真**）

【考情分析】

词　　语	出现次数	作为正确选项次数	作为干扰选项次数
曲尽其妙	1	1	0

681. 更仆难数（gēngpú-nánshǔ）

【出现频率】1 次

【词语解释】形容人或事物很多。更仆：更换久立的侍者，指时间拖延得很长。

【真题助记】

2014 年上海市公务员录用考试行测题（B 类）第 4 题：

中国经学，假使我们慎重点说，上追到西汉初年为止，也已经有两千一百多年的历史。这两千多年中，经部书籍因为传统的因袭的思想关系，只就量说，也可以配得说“________”。不说别的，我们只要一看纳兰性德汇刊的《通志堂经解》，阮元、王先谦汇刊的《正续清经解》，也几乎使你目眩；至若列举朱彝尊《经义考》的书目，那真所谓“________”了。（依次填入画横线部分最恰当的词语是**汗牛充栋、更仆难数**）

【考情分析】

词　语	出现次数	作为正确选项次数	作为干扰选项次数
更仆难数	1	1	0

682．手胼足胝（shǒupián-zúzhī）

【出现频率】1次

【词语解释】手掌、足底生满老茧，形容经常地辛勤劳动。胼、胝：手掌、足底的老茧。

【真题助记】

2015年广州市公务员录用考试行测题第23题：

“宝剑锋从磨砺出，梅花香自苦寒来。”人类的美好理想，都不可能________，都离不开________、________的艰苦奋斗。（依次填入画横线部分最恰当的词语是**唾手可得、筚路蓝缕、手胼足胝**）

【考情分析】

词　语	出现次数	作为正确选项次数	作为干扰选项次数
手胼足胝	1	1	0

683．牵强附会（qiānqiǎng-fùhuì）

【出现频率】1次

【词语解释】把关系不大的事物勉强地扯在一起，加以比附。

【真题助记】

2015年国家公务员录用考试行测题（省部级）第33题：

发展经济并没有错，有效利用文化资源带动当地社会发展也是很好的尝试。但倘若不论真伪，抑或不顾文化自身的形态，________、强行落地，旅游未必能够发展起来，反而可能________。它所反映出来的，恰恰是对文化缺乏认识，对建设缺乏创新的“啃古”心态。（依次

填入画横线部分最恰当的词语是**牵强附会、劳民伤财**）

【考情分析】

词　语	出现次数	作为正确选项次数	作为干扰选项次数
牵强附会	1	1	0

第七节　从“马革裹尸”到“荣辱与共”等40个成语

一、本节成语汇总（见表3-7）

表3-7　从“马革裹尸”到“荣辱与共”

马革裹尸（1）	与虎谋皮（1）	自行其是（1）	临阵磨枪（1）	不经之谈（1）
集腋成裘（1）	百舸争流（1）	欲盖弥彰（1）	摩肩接踵（1）	常备不懈（1）
文过饰非（1）	无远弗届（1）	安然无虞（1）	人头攒动（1）	夕惕若厉（1）
为虎作伥（1）	隔靴搔痒（1）	临渴掘井（1）	聚沙成塔（1）	泰然自若（1）
侧目而视（1）	惨淡经营（1）	和光同尘（1）	文过其实（1）	泥牛入海（1）
危言危行（1）	金科玉律（1）	刮目相看（1）	危如累卵（1）	不忍卒读（1）
暴虎冯河（1）	佶屈聱牙（1）	青眼有加（1）	言无不尽（1）	饭粮茹草（1）
吉光片羽（1）	信口雌黄（1）	窥斑见豹（1）	妙言要道（1）	荣辱与共（1）

注：括号内的数字指该成语在真题中出现的次数。

二、成语分析

684．马革裹尸（mǎgé-guǒshī）

【出现频率】1次

【词语解释】用马皮把尸体包裹起来，指军人战死沙场。

【真题助记】

2016年江苏省公务员录用考试行测题（A类）第50题：

在战争年代，军人的职责在于保家卫国，不惧________，永远冲在第一线。在和平年代，军人的血性和担当就体现在这些见义勇为的________之中，平凡之中彰显伟大，这种为了人民生死不顾的正义感更能显出军人的________和温柔情怀。（依次填入画横线部分最恰当的词语是**马革裹尸、点点滴滴、大智大勇**）

【考情分析】

词　语	出现次数	作为正确选项次数	作为干扰选项次数
马革裹尸	1	1	0

685. 集腋成裘（jíyè-chéngqiú）

【出现频率】1次

【词语解释】把许多狐腋缝在一起就可做成一件皮袄，比喻聚少成多，积小为大。

【真题助记】

2016年江苏省公务员录用考试行测题（A类）第54题：

大数据以量取胜，孤立的单个数据几乎没有商品价值，故而多数记录主体容易________自己的数据产权。但是一个个数据________，便是宝藏。而大型数据集的处理使用，须借助复杂的分析算式与大功率计算机，普通人和小公司________。（依次填入画横线部分最恰当的词语是**忽视、集腋成裘、难以问津**）

【考情分析】

词　语	出现次数	作为正确选项次数	作为干扰选项次数
集腋成裘	1	1	0

686. 文过饰非（wénguò-shìfēi）

【出现频率】1次

【词语解释】掩饰过失、错误。

【真题助记】

2016年江西省法检系统招录考试行测题第10题：

“我胸怀坦荡，光明磊落，事情做得好会________，做错了从来不扭扭捏捏、________，无非认个错，赔个不是。”（依次填入画横线部分最恰当的词语是**自鸣得意、文过饰非**）

【考情分析】

词　　语	出现次数	作为正确选项次数	作为干扰选项次数
文过饰非	1	1	0

687. 为虎作伥（wèihǔ-zuòchāng）

【出现频率】1次

【词语解释】比喻充当恶人的帮凶。

【真题助记】

2016年四川省公务员录用考试行测题（下半年）第13题：

技术的工具价值只有在正确的人文理性、目标价值引导下，才能发挥最佳功效。否则，技术也可能________，成为负能量的滋生场。（填入画横线部分最恰当的词语是**为虎作伥**）

【考情分析】

词　　语	出现次数	作为正确选项次数	作为干扰选项次数
为虎作伥	1	1	0

688. 侧目而视（cèmùérshì）

【出现频率】1次

【词语解释】不敢从正面看，斜着眼睛看，形容畏惧而又愤恨。

【真题助记】

2017年广州市公务员录用考试行测题（单考区卷）第5题：

中国是文明古国，礼仪教化之邦。如果有人在大庭广众之下喧哗不止，则不免让人________。（填入画横线部分最恰当的词语是**侧目而视**）

【考情分析】

词　　语	出现次数	作为正确选项次数	作为干扰选项次数
侧目而视	1	1	0

689. 危言危行（wēiyán-wēixíng）

【出现频率】1次

【词语解释】说正直的话，做正直的事。

【真题助记】

2017年天津滨海新区公务员考试行测题（网友回忆版）第12题：

子曰："邦有道，________；邦无道，________。"许多单位为了树立自己的文明形象，频频设立"委屈奖"，似乎"委屈奖"已经成为处理各种人际矛盾的不二良方。（依次填入画横线部分最恰当的词语是**危言危行、危行言逊**）

【考情分析】

词　语	出现次数	作为正确选项次数	作为干扰选项次数
危言危行	1	1	0

690. 暴虎冯河（bàohǔpínghé）

【出现频率】1次

【词语解释】比喻有勇无谋，冒险蛮干。

【真题助记】

2017年重庆市选调应届优秀大学毕业生到基层工作考试行测题（精选）第22题：

矛盾不可避免，问题总是存在，但我们既不能因为畏惧困难就________，也不能只凭________的一腔血勇。（依次填入画横线部分最恰当的词语是**裹足不前、暴虎冯河**）

【考情分析】

词　语	出现次数	作为正确选项次数	作为干扰选项次数
暴虎冯河	1	1	0

691. 吉光片羽（jíguāng-piànyǔ）

【出现频率】1次

【词语解释】比喻残存的珍贵文物。

【真题助记】

2018 年 421 联考行测题（青海卷，网友回忆版）第 29 题：

科学的发展和进步往往________于科学假说，科学理论发展的历史就是假说的形成、发展和假说之间的竞争、更迭的历史。面对茫茫人类历史源头，面对________、虚虚实实的人类文明历史遗存，科学假说同样至关重要。它________地将历史、文化、人性、环境视角的“聚光灯”汇集在一起，形成了属于它的一盏“无影灯”，并以这样的视角照射幽暗的历史深处，从而解析出一些可能接近历史本源的朦胧真相。（依次填入画横线部分最恰当的词语是**肇始、吉光片羽、独辟蹊径**）

【考情分析】

词　语	出现次数	作为正确选项次数	作为干扰选项次数
吉光片羽	1	1	0

692．与虎谋皮（yǔhǔ-móupí）

【出现频率】1 次

【词语解释】比喻跟恶人商量要他放弃自己的利益，是绝对办不到的。

【真题助记】

2018 年广西公务员录用考试行测题（网友回忆版）第 17 题：

当下，建立网络安全防御体系尤为重要。“每一台计算机都在贯彻人类的意志，互联网是人类社会在数字空间的投影。”因此，毫无疑问，网络世界也需要技术伦理。但是面对________的黑客，伦理层面只能是________。因此，唯有主动出击，排查风险，防患于未然，才是真正的解决之道。（依次填入画横线部分最恰当的词语是**居心叵测、与虎谋皮**）

【考情分析】

词　语	出现次数	作为正确选项次数	作为干扰选项次数
与虎谋皮	1	1	0

693．百舸争流（bǎigězhēngliú）

【出现频率】1次

【词语解释】许多大船争着在江面上行驶，形容很多人都在奋勇前进。

【真题助记】

2021年浙江省公务员录用考试行测题（A类，网友回忆版）第33题：

记者不是唯一在讲故事的人。小说家、编剧、段子手、营销号，以及每一个发帖的网友，都在以自己的方式讲述着关于时代的故事。________中，好记者不会迷失航向，而会对职业尊严有更深的________。（依次填入画横线部分最恰当的词语是**百舸争流、体悟**）

【考情分析】

词　语	出现次数	作为正确选项次数	作为干扰选项次数
百舸争流	1	1	0

694．无远弗届（wúyuǎnfújiè）

【出现频率】1次

【词语解释】不管多远之处，没有不到的。

【真题助记】

2018年浙江省公务员录用考试行测题（B类，网友回忆版）第31题：

传播技术是把双刃剑。如果说真实信息的传递早已能做到________，那么不实信息特别是谣言的扩散也________地便利。从这个意义出发，我们只有用权威消息战胜小道消息，谣言才会无处藏身，真实才能充盈每个人的生活空间。（依次填入画横线部分最恰当的词语是**无远弗届、前所未有**）

【考情分析】

词　语	出现次数	作为正确选项次数	作为干扰选项次数
无远弗届	1	1	0

695. 隔靴搔痒（géxuē-sāoyǎng）

【出现频率】1次

【词语解释】隔着靴子挠痒，比喻说话、做事没有抓住要害，不解决问题。

【真题助记】

2019年420联考行测题（云南卷，网友回忆版）第25题：

应该如何正确开展批评和自我批评呢？要无私无畏，敢于揭露问题。少数党员领导干部由于“老好人思想”作怪，在专题民主生活会上，往往选择对上级放“礼炮”，对同级放“哑炮”，对自己放“空炮”。三言两语听上去________，实际上________、毫无价值，不但不能推动工作、维护党内团结，而且还会放任同志身上的错误滋长。（依次填入画横线部分最恰当的词语是**和风细雨、隔靴搔痒**）

【考情分析】

词　语	出现次数	作为正确选项次数	作为干扰选项次数
隔靴搔痒	1	1	0

696. 惨淡经营（cǎndàn-jīngyíng）

【出现频率】1次

【词语解释】原意指苦心构思，现形容费尽心思从事某种事情。

【真题助记】

2019年青海省法院、检察院录用考试行测题第53题：

她是大清重臣之后，生长在________之家，她的外祖父曾为挽救大清危局，殚精竭虑，________，虽未成功，但值得敬佩。（依次填入画横线部分最恰当的词语是**钟鸣鼎食、惨淡经营**）

【考情分析】

词　语	出现次数	作为正确选项次数	作为干扰选项次数
惨淡经营	1	1	0

697. 金科玉律（jīnkē-yùlǜ）

【出现频率】1 次

【词语解释】比喻不能变更的信条或法律条文。

【真题助记】

2020 年河南省公务员考试行测题（网友回忆版）第 1 题：

只要是创新，就会突破一些条条框框，往往越是重大的创新，对传统标准的________也会越大。我们鼓励创新，就不能把所有的现行技术标准都当成________，而要一定程度上允许新技术去挑战某些旧的标准，只有这样，才不会让旧的标准成为阻挡创新的绊脚石。（依次填入画横线部分最恰当的词语是**冲击、金科玉律**）

【考情分析】

词　语	出现次数	作为正确选项次数	作为干扰选项次数
金科玉律	1	1	0

698. 佶屈聱牙（jíqū-áoyá）

【出现频率】1 次

【词语解释】（文章）读起来不顺口。

【真题助记】

2021 年浙江省公务员录用考试行测题（A 类，网友回忆版）第 23 题：

这本书没有________的生涩文字，也没有________的说教辞令。全书朴实无华却字字珠玑，将家训家教中的为人处世道理细细道来，如春风化雨般启迪心智。（依次填入画横线部分最恰当的词语是**佶屈聱牙、夸夸其谈**）

【考情分析】

词　语	出现次数	作为正确选项次数	作为干扰选项次数
佶屈聱牙	1	1	0

699．信口雌黄（xìnkǒu-cíhuáng）

【出现频率】1 次

【词语解释】比喻不顾事实，随口乱说。

【考情分析】

词　语	出现次数	作为正确选项次数	作为干扰选项次数
信口雌黄	1	0	1

700．自行其是（zìxíng-qíshì）

【出现频率】1 次

【词语解释】指做自己认为对的事，不考虑别人的意见。

【考情分析】

词　语	出现次数	作为正确选项次数	作为干扰选项次数
自行其是	1	0	1

701．欲盖弥彰（yùgài-mízhāng）

【出现频率】1 次

【词语解释】想掩盖事实的真相（指坏事），结果反而更明显地暴露出来。

【考情分析】

词　语	出现次数	作为正确选项次数	作为干扰选项次数
欲盖弥彰	1	0	1

702．安然无虞（ānrán-wúyú）

【出现频率】1 次

【词语解释】指平安顺利，没有忧患。

【考情分析】

词　语	出现次数	作为正确选项次数	作为干扰选项次数
安然无虞	1	0	1

703．临渴掘井（línkě-juéjǐng）

【出现频率】1 次

【词语解释】到口渴的时候才去挖井，比喻平时不准备，临时才想办法。

【考情分析】

词　语	出现次数	作为正确选项次数	作为干扰选项次数
临渴掘井	1	0	1

704．和光同尘（héguāng-tóngchén）

【出现频率】1次

【词语解释】指不露锋芒、与世无争的处世态度。

【考情分析】

词　语	出现次数	作为正确选项次数	作为干扰选项次数
和光同尘	1	0	1

705．刮目相看（guāmù-xiāngkàn）

【出现频率】1次

【词语解释】离别三天，就应该用新的眼光看待，指别人已有进步，不能再用老眼光来看待。

【考情分析】

词　语	出现次数	作为正确选项次数	作为干扰选项次数
刮目相看	1	0	1

706．青眼有加（qīngyǎnyǒujiā）

【出现频率】1次

【词语解释】表示对人的赏识或者喜爱。

【考情分析】

词　语	出现次数	作为正确选项次数	作为干扰选项次数
青眼有加	1	0	1

707．窥斑见豹（kuībān-jiànbào）

【出现频率】1次

【词语解释】比喻从观察到的部分，可以推测全貌。

【考情分析】

词　语	出现次数	作为正确选项次数	作为干扰选项次数
窥斑见豹	1	0	1

708. 临阵磨枪（línzhèn-móqiāng）

【出现频率】1 次

【词语解释】到了要上阵杀敌的时候才去磨枪，比喻事到临头才做准备。

【考情分析】

词　语	出现次数	作为正确选项次数	作为干扰选项次数
临阵磨枪	1	0	1

709. 摩肩接踵（mójiān-jiēzhǒng）

【出现频率】1 次

【词语解释】形容人多拥挤。

【考情分析】

词　语	出现次数	作为正确选项次数	作为干扰选项次数
摩肩接踵	1	0	1

710. 人头攒动（réntóu-cuándòng）

【出现频率】1 次

【词语解释】形容人很多，拥挤着移动，一般用于形容某些地方人口密度较大，其程度不如“人山人海”高。

【考情分析】

词　语	出现次数	作为正确选项次数	作为干扰选项次数
人头攒动	1	0	1

711. 聚沙成塔（jùshā-chéngtǎ）

【出现频率】1 次

【词语解释】原指儿童堆塔游戏，后比喻积少成多。也作积沙成塔。

【考情分析】

词　语	出现次数	作为正确选项次数	作为干扰选项次数
聚沙成塔	1	0	1

712．文过其实（wénguòqíshí）

【出现频率】1次

【词语解释】形容文辞浮夸不切实际。

【考情分析】

词　语	出现次数	作为正确选项次数	作为干扰选项次数
文过其实	1	0	1

713．危如累卵（wēirúlěiluǎn）

【出现频率】1次

【词语解释】比喻形势非常危险，如同堆起来的蛋，随时都有塌下打碎的可能。

【考情分析】

词　语	出现次数	作为正确选项次数	作为干扰选项次数
危如累卵	1	0	1

714．言无不尽（yánwúbùjìn）

【出现频率】1次

【词语解释】把内心的话说尽，毫不保留。

【考情分析】

词　语	出现次数	作为正确选项次数	作为干扰选项次数
言无不尽	1	0	1

715．妙言要道（miàoyán-yàodào）

【出现频率】1次

【词语解释】中肯的名言，深微的道理。

【考情分析】

词　语	出现次数	作为正确选项次数	作为干扰选项次数
妙言要道	1	0	1

716．不经之谈（bùjīngzhītán）

【出现频率】1 次

【词语解释】荒诞的、没有根据的话。经：正常。

【考情分析】

词　语	出现次数	作为正确选项次数	作为干扰选项次数
不经之谈	1	0	1

717．常备不懈（chángbèi-bùxiè）

【出现频率】1 次

【词语解释】时刻准备着，毫不松懈。

【考情分析】

词　语	出现次数	作为正确选项次数	作为干扰选项次数
常备不懈	1	0	1

718．夕惕若厉（xītìruòlì）

【出现频率】1 次

【词语解释】朝夕戒惧，如临危境，不敢稍懈。

【考情分析】

词　语	出现次数	作为正确选项次数	作为干扰选项次数
夕惕若厉	1	0	1

719．泰然自若（tàirán-zìruò）

【出现频率】1 次

【词语解释】形容镇定、毫不在意的样子。

【考情分析】

词　语	出现次数	作为正确选项次数	作为干扰选项次数
泰然自若	1	0	1

720. 泥牛入海（níniú-rùhǎi）

【出现频率】1次

【词语解释】比喻一去不复返。

【考情分析】

词　语	出现次数	作为正确选项次数	作为干扰选项次数
泥牛入海	1	0	1

721. 不忍卒读（bùrěnzúdú）

【出现频率】1次

【词语解释】不忍心读完，多形容文章悲惨动人。

【考情分析】

词　语	出现次数	作为正确选项次数	作为干扰选项次数
不忍卒读	1	0	1

722. 饭糗茹草（fànqiǔrúcǎo）

【出现频率】1次

【词语解释】形容生活清苦。

【考情分析】

词　语	出现次数	作为正确选项次数	作为干扰选项次数
饭糗茹草	1	0	1

723. 荣辱与共（róngrǔyǔgòng）

【出现频率】1次

【词语解释】共同分享与承担光荣和耻辱。

【考情分析】

词　语	出现次数	作为正确选项次数	作为干扰选项次数
荣辱与共	1	0	1

第八节　从“失枝脱节”到“狗尾续貂”等 49 个成语

一、本节成语汇总（见表 3-8）

表 3-8　从“失枝脱节”到“狗尾续　”

失枝脱节（1）	目中无人（1）	涸辙之鲋（1）	坐井观天（1）	春秋笔法（1）
百喙如一（1）	不尽相同（1）	箪食瓢饮（1）	力透纸背（1）	抱薪救火（1）
破旧立新（1）	养尊处优（1）	目不窥园（1）	目无全牛（1）	雕梁画栋（1）
冥顽不灵（1）	置之度外（1）	滔滔不绝（1）	栉风沐雨（1）	怙恶不悛（1）
混淆是非（1）	一筹莫展（1）	尾生抱柱（1）	大言不惭（1）	触目皆是（1）
吐故纳新（1）	瓜熟蒂落（1）	扞格不通（1）	汹涌澎湃（1）	皮里阳秋（1）
惊鸿一瞥（1）	名声大噪（1）	红口白牙（1）	九牛一毛（1）	作壁上观（1）
莫名其妙（1）	门庭若市（1）	指桑骂槐（1）	前仆后继（1）	屡试不爽（1）
坚如磐石（1）	不可理喻（1）	太阿倒持（1）	首鼠两端（1）	狗尾续貂（1）
罄竹难书（1）	势如累卵（1）	空谷幽兰（1）	海晏河清（1）	

注：括号内的数字指该成语在真题中出现的次数。

二、成语分析

724. 失枝脱节（shīzhītuōjié）

【出现频率】1 次

【词语解释】比喻因关照呼应不周而造成失误。

【考情分析】

词　语	出现次数	作为正确选项次数	作为干扰选项次数
失枝脱节	1	0	1

725. 百喙如一（bǎihuìrúyī）

【出现频率】1 次

【词语解释】犹言众口一辞。许多人都说同样的话，看法或意见一致。

【考情分析】

词　语	出现次数	作为正确选项次数	作为干扰选项次数
百喙如一	1	0	1

726. 破旧立新（pòjiù-lìxīn）

【出现频率】1 次

【词语解释】破除旧的，建立新的。

【考情分析】

词　语	出现次数	作为正确选项次数	作为干扰选项次数
破旧立新	1	0	1

727. 冥顽不灵（míngwánbùlíng）

【出现频率】1 次

【词语解释】形容愚昧无知，侧重于说明一个人脑子笨，不知变通，难以开化。冥顽：昏庸顽钝。

【考情分析】

词　语	出现次数	作为正确选项次数	作为干扰选项次数
冥顽不灵	1	0	1

728. 混淆是非（hùnxiáo-shìfēi）

【出现频率】1 次

【词语解释】故意把正确的说成错误的，把错误的说成正确的。混淆：使界限不清。

【考情分析】

词　语	出现次数	作为正确选项次数	作为干扰选项次数
混淆是非	1	0	1

729. 吐故纳新（tǔgù-nàxīn）

【出现频率】1 次

【词语解释】比喻扬弃旧的、不好的，吸收新的、好的，侧重于吸收、接纳新的。

【考情分析】

词　语	出现次数	作为正确选项次数	作为干扰选项次数
吐故纳新	1	0	1

730. 惊鸿一瞥（jīnghóng-yīpiē）

【出现频率】1 次

【词语解释】形容只是匆匆看了一眼，却给人留下极深的印象。

【考情分析】

词　语	出现次数	作为正确选项次数	作为干扰选项次数
惊鸿一瞥	1	0	1

731. 莫名其妙（mòmíngqímiào）

【出现频率】1 次

【词语解释】没有人能说明它的奥妙（道理），表示事情很奇怪，使人不明白，也作莫明其妙。

【考情分析】

词　语	出现次数	作为正确选项次数	作为干扰选项次数
莫名其妙	1	0	1

732. 坚如磐石（jiānrúpánshí）

【出现频率】1 次

【词语解释】形容不能动摇。

【考情分析】

词　语	出现次数	作为正确选项次数	作为干扰选项次数
坚如磐石	1	0	1

733. 罄竹难书（qìngzhú-nánshū）

【出现频率】1次

【词语解释】形容事实（多指罪恶）很多，难以说完。

【考情分析】

词　语	出现次数	作为正确选项次数	作为干扰选项次数
罄竹难书	1	0	1

734. 目中无人（mùzhōng-wúrén）

【出现频率】1次

【词语解释】眼里没有别人，形容骄傲自大，谁都看不起。

【考情分析】

词　语	出现次数	作为正确选项次数	作为干扰选项次数
目中无人	1	0	1

735. 不尽相同（bùjìnxiāngtóng）

【出现频率】1次

【词语解释】指多个事物之间不完全相同。

【考情分析】

词　语	出现次数	作为正确选项次数	作为干扰选项次数
不尽相同	1	0	1

736. 养尊处优（yǎngzūn-chǔyōu）

【出现频率】1次

【词语解释】处在优裕的地位或环境中，安于享乐。

【考情分析】

词　语	出现次数	作为正确选项次数	作为干扰选项次数
养尊处优	1	0	1

737. 置之度外（zhìzhī-dùwài）

【出现频率】1次

【词语解释】放在考虑之外，指不把生死、利害等放在心上。

【考情分析】

词　语	出现次数	作为正确选项次数	作为干扰选项次数
置之度外	1	0	1

738. 一筹莫展（yīchóu-mòzhǎn）

【出现频率】1 次

【词语解释】一点计策也施展不出，一点办法也想不出来。

【考情分析】

词　语	出现次数	作为正确选项次数	作为干扰选项次数
一筹莫展	1	0	1

739. 瓜熟蒂落（guāshú-dìluò）

【出现频率】1 次

【词语解释】指时机一旦成熟，事情自然成功。

【考情分析】

词　语	出现次数	作为正确选项次数	作为干扰选项次数
瓜熟蒂落	1	0	1

740. 名声大噪（míngshēngdàzào）

【出现频率】1 次

【词语解释】名声广泛地传播开去。噪：传扬。

【考情分析】

词　语	出现次数	作为正确选项次数	作为干扰选项次数
名声大噪	1	0	1

741. 门庭若市（méntíng-ruòshì）

【出现频率】1 次

【词语解释】现形容来的人很多，非常热闹。

【考情分析】

词　语	出现次数	作为正确选项次数	作为干扰选项次数
门庭若市	1	0	1

742. 不可理喻（bùkě-lǐyù）

【出现频率】1 次

【词语解释】不能够用道理使他明白，形容固执或蛮横，不通情理。

【考情分析】

词　语	出现次数	作为正确选项次数	作为干扰选项次数
不可理喻	1	0	1

743. 势如累卵（shìrúlěiluǎn）

【出现频率】1 次

【词语解释】形容事态非常危险。

【考情分析】

词　语	出现次数	作为正确选项次数	作为干扰选项次数
势如累卵	1	0	1

744. 涸辙之鲋（hézhézhīfù）

【出现频率】1 次

【词语解释】比喻处在困境中急待救援的人。

【考情分析】

词　语	出现次数	作为正确选项次数	作为干扰选项次数
涸辙之鲋	1	0	1

745. 箪食瓢饮（dānsì-piáoyǐn）

【出现频率】1 次

【词语解释】用箪盛饭吃，用瓢舀水喝；形容读书人安于贫穷的清高生活。

【考情分析】

词　语	出现次数	作为正确选项次数	作为干扰选项次数
箪食瓢饮	1	0	1

746．目不窥园（mùbùkuīyuán）

【出现频率】1次

【词语解释】形容埋头读书，专心治学。

【考情分析】

词　语	出现次数	作为正确选项次数	作为干扰选项次数
目不窥园	1	0	1

747．滔滔不绝（tāotāo-bùjué）

【出现频率】1次

【词语解释】像流水那样毫不间断，指话很多，说起来没完。滔滔：形容流水不断。

【考情分析】

词　语	出现次数	作为正确选项次数	作为干扰选项次数
滔滔不绝	1	0	1

748．尾生抱柱（wěishēngbàozhù）

【出现频率】1次

【词语解释】比喻坚守信约。

【考情分析】

词　语	出现次数	作为正确选项次数	作为干扰选项次数
尾生抱柱	1	0	1

749．扞格不通（hàngébùtōng）

【出现频率】1次

【词语解释】互相抵触，固执成见，不能变通。

【考情分析】

词　语	出现次数	作为正确选项次数	作为干扰选项次数
扞格不通	1	0	1

750．红口白牙（hóngkǒu-báiyá）

【出现频率】1次

【词语解释】指一口咬定，或指某句话确实说过。

【考情分析】

词　语	出现次数	作为正确选项次数	作为干扰选项次数
红口白牙	1	0	1

751．指桑骂槐（zhǐsāng-màhuái）

【出现频率】1次

【词语解释】比喻表面上骂这个人，实际上骂那个人。

【考情分析】

词　语	出现次数	作为正确选项次数	作为干扰选项次数
指桑骂槐	1	0	1

752．太阿倒持（tài'ē-dàochí）

【出现频率】1次

【词语解释】比喻把权柄给人家，自己反而受到威胁或祸害。

【考情分析】

词　语	出现次数	作为正确选项次数	作为干扰选项次数
太阿倒持	1	0	1

753．空谷幽兰（kōnggǔ-yōulán）

【出现频率】1次

【词语解释】山谷中优美的兰花，形容十分难得，常用来比喻人品高雅。

【考情分析】

词　　语	出现次数	作为正确选项次数	作为干扰选项次数
空谷幽兰	1	0	1

754．坐井观天（zuòjǐng-guāntiān）

【出现频率】1次

【词语解释】比喻眼光狭小，见识短浅。

【考情分析】

词　　语	出现次数	作为正确选项次数	作为干扰选项次数
坐井观天	1	0	1

755．力透纸背（lìtòuzhǐbèi）

【出现频率】1次

【词语解释】形容书法遒劲有力，也形容文章深刻有力。

【考情分析】

词　　语	出现次数	作为正确选项次数	作为干扰选项次数
力透纸背	1	0	1

756．目无全牛（mùwúquánniú）

【出现频率】1次

【词语解释】用来形容技艺已达到十分纯熟的地步。

【考情分析】

词　　语	出现次数	作为正确选项次数	作为干扰选项次数
目无全牛	1	0	1

757．栉风沐雨（zhìfēng-mùyǔ）

【出现频率】1次

【词语解释】形容人经常在外面不顾风雨地辛苦奔波。

【考情分析】

词　　语	出现次数	作为正确选项次数	作为干扰选项次数
栉风沐雨	1	0	1

758．大言不惭（dàyán-bùcán）

【出现频率】1 次

【词语解释】形容说大话不觉惭愧。

【考情分析】

词　语	出现次数	作为正确选项次数	作为干扰选项次数
大言不惭	1	0	1

759．汹涌澎湃（xiōngyǒng-péngpài）

【出现频率】1 次

【词语解释】形容声势浩大，不可阻挡。

【考情分析】

词　语	出现次数	作为正确选项次数	作为干扰选项次数
汹涌澎湃	1	0	1

760．九牛一毛（jiǔniú-yīmáo）

【出现频率】1 次

【词语解释】比喻极大的数量中微不足道的一部分。

【考情分析】

词　语	出现次数	作为正确选项次数	作为干扰选项次数
九牛一毛	1	0	1

761．前仆后继（qiánpū-hòujì）

【出现频率】1 次

【词语解释】形容不怕牺牲，英勇奋战。

【考情分析】

词　语	出现次数	作为正确选项次数	作为干扰选项次数
前仆后继	1	0	1

762．首鼠两端（shǒushǔ-liǎngduān）

【出现频率】1 次

【词语解释】犹豫不决或动摇不定。

【考情分析】

词　语	出现次数	作为正确选项次数	作为干扰选项次数
首鼠两端	1	0	1

763. 海晏河清（hǎiyàn-héqīng）

【出现频率】1 次

【词语解释】黄河的水澄澈，大海风平浪静，用以比喻天下太平。也作河清海晏。

【考情分析】

词　语	出现次数	作为正确选项次数	作为干扰选项次数
海晏河清	1	0	1

764. 春秋笔法（chūnqiūbǐfǎ）

【出现频率】1 次

【词语解释】文笔曲折而意含褒贬的写作手法。

【考情分析】

词　语	出现次数	作为正确选项次数	作为干扰选项次数
春秋笔法	1	0	1

765. 抱薪救火（bàoxīn-jiùhuǒ）

【出现频率】1 次

【词语解释】比喻用错误的方法去消除灾祸，结果反而使灾祸扩大。

【考情分析】

词　语	出现次数	作为正确选项次数	作为干扰选项次数
抱薪救火	1	0	1

766. 雕梁画栋（diāoliáng-huàdòng）

【出现频率】1 次

【词语解释】指房屋的华丽彩绘装饰，常用来形容建筑富丽堂皇。

【考情分析】

词　语	出现次数	作为正确选项次数	作为干扰选项次数
雕梁画栋	1	0	1

767．怙恶不悛（hù'è-bùquān）

【出现频率】1 次

【词语解释】坚持作恶，不肯悔改。

【考情分析】

词　语	出现次数	作为正确选项次数	作为干扰选项次数
怙恶不悛	1	0	1

768．触目皆是（chùmùjiēshì）

【出现频率】1 次

【词语解释】眼睛所看到的地方，到处都是。触目：接触到视线。

【考情分析】

词　语	出现次数	作为正确选项次数	作为干扰选项次数
触目皆是	1	0	1

769．皮里阳秋（pílǐ-yángqiū）

【出现频率】1 次

【词语解释】指藏在心里不说出来的评论。“阳秋”即“春秋”，晋简文帝（司马昱）母郑后名阿春，避讳“春”字改称。这里用来指代“批评”，因为相传孔子修《春秋》，意含褒贬。

【考情分析】

词　语	出现次数	作为正确选项次数	作为干扰选项次数
皮里阳秋	1	0	1

770．作壁上观（zuòbìshàngguān）

【出现频率】1 次

【词语解释】在一旁观望，不动手帮助。

【考情分析】

词　　语	出 现 次 数	作为正确选项次数	作为干扰选项次数
作壁上观	1	0	1

771. 屡试不爽（lǚshì-bùshuǎng）

【出现频率】1 次

【词语解释】屡次试验都没有差错。爽：差错的意思。

【考情分析】

词　　语	出 现 次 数	作为正确选项次数	作为干扰选项次数
屡试不爽	1	0	1

772. 狗尾续貂（gǒuwěixùdiāo）

【出现频率】1 次

【词语解释】比喻拿不好的东西补接在好的东西后面，显得好坏不相称（多指文学作品）。

【考情分析】

词　　语	出 现 次 数	作为正确选项次数	作为干扰选项次数
狗尾续貂	1	0	1

第四章

其他四字低频词语

本章展示了出现频率在5次以下且不那么重要的四字词语。编写这部分只是为了体现本资料的严谨性和完整性。这部分四字词语的背诵性价比不高，了解即可。

表4-1 其他四字低频词语汇集

爱不忍释（2）	黯然失色（1）	百读不厌（1）	傍人门户（1）	背水一战（2）	变幻无常（2）	拨云见日（3）
爱不释手（3）	昂首阔步（3）	百废待兴（1）	饱经沧桑（2）	奔流不息（1）	遍地开花（4）	波翻浪涌（1）
爱毛反裘（1）	奥妙无穷（1）	百感交集（1）	饱经风霜（1）	本本主义（1）	标本兼治（1）	波诡云谲（1）
爱莫能助（4）	八面玲珑（2）	百花齐放（2）	饱经风雨（1）	比肩接踵（1）	表里不一（1）	波谲云诡（2）
爱屋及乌（1）	八水三川（1）	百家争鸣（4）	饱经世故（1）	笔走龙蛇（1）	别具匠心（3）	波澜不惊（3）
爱憎分明（1）	拔得头筹（1）	百里挑一（2）	宝刀未老（1）	鄙夷不屑（1）	别无二致（1）	波涛汹涌（1）
暧昧不明（1）	拔地而起（2）	百思不解（1）	抱憾终身（1）	毕恭毕敬（2）	别有洞天（1）	伯仲难分（1）
安邦定国（1）	拔苗助长（2）	百无聊赖（2）	暴风骤雨（1）	闭耳塞听（1）	别有用心（2）	伯仲之间（1）
安步当车（1）	白璧无瑕（1）	百无一用（1）	暴殄天物（2）	闭目塞听（1）	冰清玉洁（1）	博古通今（1）
安分守己（1）	白发苍苍（1）	百依百顺（1）	杯弓蛇影（1）	筚门圭窦（1）	冰山一角（3）	博闻强识（1）
安居乐业（1）	白发苍颜（1）	百爪挠心（1）	杯水车薪（1）	壁垒分明（1）	秉笔直书（1）	博学多才（1）
安身立命（3）	白费口舌（1）	稗官野史（2）	杯水风波（1）	避而不谈（1）	并肩前进（1）	捕风捉影（3）
岸芷汀兰（1）	白驹过隙（2）	斑斑驳驳（2）	悲欢离合（2）	避实就虚（1）	病骨支离（1）	不白之冤（1）
暗淡无光（1）	白手起家（1）	板上钉钉（3）	悲天悯人（1）	鞭打快牛（1）	病魔缠身（1）	不卑不亢（1）
暗度陈仓（1）	白云苍狗（2）	半斤八两（2）	备受瞩目（2）	变本加厉（4）	病入骨髓（1）	不耻下问（1）
暗箱操作（1）	白纸黑字（1）	半途而废（3）	背井离乡（1）	变化多端（3）	拨乱反正（1）	不出所料（1）

续表

不动声色（1）	不疾不徐（1）	不可逾越（1）	不容小觑（1）	不择手段（1）	苍白无力（1）	沉疴难起（1）
不分彼此（1）	不假思索（1）	不可捉摸（2）	不容置喙（2）	不折不扣（3）	藏龙卧虎（1）	沉思翰藻（1）
不分伯仲（2）	不骄不躁（1）	不可阻挡（1）	不容置疑（4）	不着边际（2）	藏污纳垢（1）	陈陈相因（2）
不分轩轾（2）	不矜不伐（1）	不劳而获（2）	不声不响（1）	不证自明（2）	操之过急（1）	陈词滥调（2）
不分皂白（1）	不拘一格（3）	不了了之（1）	不失时机（1）	不知不觉（2）	草草了事（1）	瞠目结舌（3）
不分畛域（1）	不绝于耳（3）	不露声色（2）	不实之词（1）	不值一提（2）	草木皆兵（1）	成风化人（1）
不甘寂寞（1）	不堪入目（1）	不伦不类（3）	不思进取（4）	不自量力（1）	层峦叠嶂（1）	成千上万（2）
不根之论（1）	不堪重负（4）	不毛之地（1）	不同凡响（3）	不足为怪（1）	姹紫嫣红（4）	诚心诚意（1）
不攻自破（3）	不可避免（1）	不名一钱（1）	不同寻常（1）	步步高升（1）	怅然若失（1）	承前启后（2）
不苟言笑（1）	不可端倪（1）	不明不白（1）	不为人知（1）	步人后尘（1）	畅所欲言（2）	承上启下（2）
不顾一切（1）	不可分割（2）	不明就里（1）	不为所动（1）	步月登云（1）	畅通无阻（1）	乘风破浪（1）
不过尔尔（1）	不可否认（4）	不偏不倚（3）	不温不火（2）	擦肩而过（2）	朝朝暮暮（1）	乘间取利（1）
不寒而栗（2）	不可估量（1）	不期而至（4）	不无裨益（1）	才短思涩（1）	朝督暮责（1）	乘势而上（1）
不合时宜（2）	不可名状（2）	不切实际（4）	不务正业（1）	才高八斗（1）	朝令夕改（3）	乘虚而入（1）
不怀好意（1）	不可逆转（4）	不请自来（1）	不惜血本（1）	才华横溢（1）	朝气蓬勃（4）	惩前毖后（1）
不欢而散（1）	不可取代（1）	不求甚解（2）	不相上下（3）	参差错落（2）	朝思暮想（1）	痴人说梦（1）
不慌不忙（1）	不可胜数（3）	不屈不挠（2）	不徇私情（1）	惨不忍睹（1）	彻头彻尾（2）	迟疑不决（1）
不遑多让（1）	不可小觑（3）	不容乐观（1）	不药而愈（1）	灿若繁星（1）	尘埃落定（3）	踟蹰不前（1）

续表

尺短寸长（1）	穿针引线（1）	措手不及（3）	大浪淘沙（1）	大智若愚（2）	得意洋洋（1）	颠沛流离（2）
齿牙余论（1）	垂涎三尺（1）	打道回府（1）	大马金刀（1）	呆若木鸡（2）	德才兼备（2）	颠三倒四（1）
赤手空拳（1）	捶胸顿足（2）	打击报复（1）	大名鼎鼎（1）	代代相传（1）	德高望重（2）	点点滴滴（1）
宠辱不惊（1）	春风得意（1）	大包大揽（2）	大鸣大放（1）	代人捉刀（1）	德艺双馨（1）	点石成金（2）
抽丝剥茧（1）	春风和煦（1）	大材小用（2）	大模大样（1）	待价而沽（1）	地久天长（1）	点铁成金（1）
出尔反尔（1）	春华秋实（1）	大醇小疵（1）	大起大落（4）	殚思竭虑（1）	地无遗利（1）	电光石火（2）
出其不意（3）	春暖花开（1）	大刀阔斧（2）	大气磅礴（1）	箪食壶浆（1）	的的确确（1）	电闪雷鸣（1）
出奇制胜（1）	春色满园（1）	大道至简（2）	大声疾呼（1）	胆战心惊（2）	灯红酒绿（1）	雕虫小技（1）
出人头地（3）	春意盎然（1）	大动干戈（2）	大失所望（1）	弹指之间（1）	登高履危（1）	掉以轻心（1）
出人意表（1）	唇枪舌剑（2）	大而化之（2）	大肆渲染（1）	当仁不让（3）	登高望远（2）	顶礼膜拜（4）
初露锋芒（1）	绰绰有余（2）	大而无当（2）	大显身手（3）	当头棒喝（1）	登坛拜将（1）	顶天立地（1）
初露头角（1）	此起彼落（1）	大放异彩（3）	大显神通（1）	当之无愧（3）	等因奉此（1）	鼎鼎有名（1）
初心不改（1）	从容自若（1）	大风大浪（1）	大兴土木（1）	荡气回肠（3）	低人一等（1）	鼎力相助（1）
除恶务尽（1）	从善如流（1）	大公无私（2）	大义凛然（3）	荡然无存（1）	低声下气（1）	定国安邦（1）
楚河汉界（1）	从天而降（2）	大海捞针（1）	大异其趣（1）	刀光剑影（2）	低头折节（1）	铤而走险（1）
触景生情（2）	从长计议（2）	大街小巷（1）	大有可观（1）	刀头舔蜜（1）	滴水不漏（1）	东躲西藏（1）
触手可及（3）	粗心大意（1）	大惊小怪（1）	大有作为（2）	得过且过（2）	滴水穿石（1）	东拼西凑（1）
穿云裂石（1）	粗枝大叶（2）	大开眼界（1）	大智大勇（1）	得心应手（3）	砥砺前行（2）	动荡不安（2）

续表

动人心魄（1）	对牛弹琴（2）	法不责众（1）	防微杜渐（4）	粉墙黛瓦（1）	风清气正（1）	敷衍塞责（1）
动人心弦（1）	囤积居奇（1）	繁花似锦（2）	放任自流（2）	粉身碎骨（2）	风声鹤唳（3）	扶危济困（1）
斗量车载（1）	多管齐下（1）	繁荣昌盛（2）	飞扬跋扈（1）	奋不顾身（1）	风言风语（1）	扶摇直上（1）
斗折蛇行（1）	多谋善断（1）	繁文缛节（2）	非池中物（1）	奋发图强（3）	风雨兼程（1）	扶正祛邪（1）
斗志昂扬（2）	多姿多彩（4）	反败为胜（2）	非此即彼（3）	奋发有为（1）	风雨如晦（1）	浮出水面（1）
斗转星移（2）	咄咄逼人（1）	反唇相讥（1）	非分之想（1）	奋起直追（1）	风雨同舟（2）	浮想联翩（3）
独步天下（1）	婀娜多姿（1）	反复无常（3）	非同小可（1）	愤世嫉俗（1）	风雨无阻（1）	抚今追昔（1）
独出己见（1）	额手称庆（4）	反戈一击（1）	蜚声中外（1）	风尘苦旅（1）	风云变幻（3）	俯拾即是（1）
独出心裁（3）	扼腕叹息（2）	反躬自省（2）	肺腑之言（2）	风驰电掣（1）	风云突变（1）	俯首帖耳（1）
独断专行（2）	恶意中伤（1）	反躬自问（1）	沸沸扬扬（2）	风吹草动（1）	风姿绰约（1）	付之一炬（1）
独具慧眼（2）	尔虞我诈（2）	反躬自责（1）	分崩离析（4）	风风火火（3）	峰回路转（4）	负隅顽抗（1）
独具一格（2）	耳鬓厮磨（1）	反客为主（2）	分毫不差（2）	风格迥异（1）	锋芒毕露（2）	富丽堂皇（4）
独立自主（1）	耳闻目睹（4）	返观内视（1）	分门别类（2）	风光旖旎（1）	逢机遘会（1）	覆军杀将（1）
独领风骚（4）	耳闻则诵（1）	返璞归真（2）	分秒必争（2）	风和日丽（1）	奉公守法（1）	覆水难收（1）
独木难支（3）	发人深省（2）	泛泛之谈（1）	分庭抗礼（2）	风花雪月（1）	奉若神明（1）	改天换地（1）
度德量力（1）	发扬光大（4）	泛滥成灾（1）	纷繁复杂（4）	风流云散（1）	奉为至宝（1）	盖棺定论（1）
短兵相接（2）	发指眦裂（1）	方寸已乱（1）	纷纷扰扰（1）	风平浪静（2）	否极泰来（1）	概莫能外（4）
短中取长（1）	法不容情（1）	防不胜防（2）	纷纷扬扬（1）	风轻云淡（1）	敷衍了事（3）	甘拜下风（1）

续表

肝肠寸断（1）	隔三岔五（1）	共襄盛举（1）	寡不敌众（1）	鬼鬼祟祟（1）	毫不例外（1）	和风细雨（4）
肝脑涂地（1）	各得其所（1）	孤独求败（1）	寡廉鲜耻（1）	鬼迷心窍（1）	毫不相干（1）	和睦相处（1）
赶尽杀绝（1）	各司其职（2）	孤高自许（1）	怪诞离奇（1）	滚滚而来（1）	毫不逊色（2）	和声细语（1）
感慨万千（1）	各有所求（1）	孤军奋战（1）	官官相护（1）	国色天香（1）	毫不犹豫（3）	和颜悦色（1）
感人肺腑（1）	各有所长（3）	孤苦伶仃（1）	冠冕堂皇（3）	果不其然（1）	毫无保留（1）	赫赫有名（1）
感人至深（2）	各执己见（3）	孤立寡与（1）	光彩夺目（2）	过河拆桥（1）	毫无二致（3）	鹤发童颜（1）
感同身受（4）	各执一词（2）	孤立无援（3）	光彩照人（1）	过眼云烟（1）	毫无顾忌（1）	黑白分明（1）
刚正不阿（1）	亘古不灭（1）	孤立无助（1）	光芒万丈（1）	海阔天空（1）	豪情壮志（1）	恨之入骨（1）
纲举目张（1）	亘古长青（1）	孤鸾寡鹤（1）	光明磊落（3）	海纳百川（1）	豪言壮语（1）	横冲直撞（1）
高不可攀（1）	耿耿于怀（1）	孤言寡语（1）	光明正大（1）	海市蜃楼（1）	好大喜功（4）	横加指责（1）
高低错落（1）	更弦易辙（1）	孤注一掷（2）	光前绝后（1）	害群之马（1）	好为人师（1）	横空出世（4）
高高在上（4）	公而忘私（1）	古色古香（1）	光鲜亮丽（1）	酣畅淋漓（4）	好心好意（1）	哄堂大笑（1）
高歌猛进（4）	公平正直（1）	古为今用（1）	广开言路（1）	含糊其辞（1）	好逸恶劳（1）	红极一时（1）
高楼大厦（1）	公事公办（1）	鼓舞人心（1）	广阔无垠（2）	含辛茹苦（1）	好勇斗狠（1）	红男绿女（1）
高深莫测（3）	功成不居（1）	固执己见（1）	广袤无垠（1）	含英咀华（1）	合二为一（2）	宏伟壮观（1）
高谈弘论（1）	功名利禄（1）	顾全大局（1）	广纳良言（1）	扞格不入（1）	合情合理（2）	洪水猛兽（1）
隔岸观火（1）	供过于求（2）	顾影自怜（1）	归根结底（3）	撼天震地（1）	和而不唱（1）	后发先至（1）
隔江相望（1）	共商国是（1）	瓜田李下（1）	规行矩步（1）	沆瀣一气（1）	和而不同（1）	后患无穷（1）

续表

后悔莫及（1）	花团锦簇（2）	惶惶不安（1）	浑然天成（4）	积微成著（1）	假公济私（1）	见始知终（1）
后来居上（4）	华而不实（3）	恍然大悟（2）	浑然一体（3）	积习难改（2）	假手于人（1）	建言献策（4）
厚此薄彼（1）	化繁为简（1）	恍如隔世（3）	浑水摸鱼（1）	激动人心（1）	嫁祸于人（1）	剑拔弩张（1）
厚积薄发（4）	化为乌有（2）	恍若隔世（1）	魂不守舍（1）	激浊扬清（2）	坚持己见（1）	渐入佳境（3）
呼之欲出（1）	化险为夷（1）	灰飞烟灭（3）	魂牵梦绕（3）	及锋而试（1）	坚强不屈（1）	鉴往知来（1）
胡编乱造（1）	化整为零（1）	灰心丧气（1）	豁然开朗（3）	急不可待（1）	坚韧不拔（3）	江郎才尽（1）
胡说八道（1）	画龙点睛（2）	挥洒自如（1）	火眼金睛（1）	急不择途（1）	间不容息（1）	将心比心（1）
糊里糊涂（1）	画蛇添足（3）	挥之不去（2）	或多或少（1）	急公好义（1）	艰苦奋斗（2）	将信将疑（2）
虎视眈眈（2）	话不投机（1）	回天乏术（2）	货真价实（2）	急流勇退（1）	艰苦卓绝（1）	交口称誉（1）
互剥痛疮（1）	欢呼雀跃（1）	回天无力（2）	祸从天降（1）	急中生智（1）	艰难险阻（2）	交口称赞（3）
互不相容（1）	欢声笑语（1）	回头是岸（2）	击楫中流（1）	急转直下（2）	兼容并包（2）	交口赞誉（1）
互通有无（2）	欢欣鼓舞（2）	回味无穷（1）	击钟陈鼎（1）	疾言厉色（3）	兼容并蓄（2）	娇生惯养（1）
互为表里（2）	环环相扣（4）	会心一笑（1）	饥不择食（2）	计穷力竭（1）	兼收并蓄（4）	焦头烂额（1）
互为因果（1）	缓兵之计（1）	诲人不倦（1）	饥寒交迫（1）	记忆犹新（1）	缄口不言（1）	接二连三（2）
互相标榜（1）	患得患失（1）	慧眼识珠（2）	机缘巧合（2）	济困扶危（1）	见多识广（2）	接踵而来（2）
花里胡哨（1）	荒渺难稽（1）	昏天黑地（1）	鸡鸣狗盗（1）	家常便饭（1）	见风使舵（2）	街谈巷议（3）
花拳绣腿（1）	荒谬绝伦（1）	浑浑噩噩（1）	积厚流光（1）	家长里短（1）	见怪不怪（4）	街头巷尾（1）
花天酒地（1）	荒腔走板（1）	浑然不觉（3）	积少成多（2）	戛然而止（3）	见机行事（1）	节节败退（1）

续表

节节攀升（1）	尽心尽力（2）	惊喜欲狂（1）	就地取材（1）	绝处逢生（1）	空话连篇（1）	快马加鞭（3）
劫富济贫（1）	紧锣密鼓（1）	晶莹剔透（1）	就事论事（1）	开诚布公（1）	空空如也（1）	匡扶正义（1）
洁白无瑕（1）	谨小慎微（4）	精彩纷呈（1）	居高不下（2）	开卷有益（1）	空口无凭（1）	狂妄自大（2）
竭尽全力（2）	谨言慎行（3）	精彩绝伦（2）	居高临下（3）	开门见山（1）	空前绝后（5）	溃于蚁穴（1）
戒骄戒躁（1）	进退两难（1）	精雕细刻（4）	居无定所（1）	开天辟地（4）	空手而归（1）	困难重重（2）
借古讽今（1）	进退失据（1）	精耕细作（1）	居心叵测（2）	坎坷不平（1）	口碑载道（2）	困兽犹斗（1）
借花献佛（1）	近水楼台（1）	精美绝伦（1）	鞠躬尽瘁（1）	慷慨陈词（1）	口传心授（1）	来鸿去燕（1）
斤斤计较（4）	近在咫尺（4）	精神抖擞（1）	举不胜举（2）	慷慨激昂（2）	口耳相传（4）	来龙去脉（1）
金碧辉煌（1）	经久不息（1）	精神振奋（1）	举目无亲（1）	慷慨解囊（2）	口是心非（3）	来日方长（1）
金戈铁马（1）	经世致用（1）	精挑细选（3）	举世闻名（1）	可丁可卯（1）	口诛笔伐（2）	来势汹汹（4）
金瓯无缺（1）	经天纬地（3）	精卫填海（1）	举世无双（2）	可歌可泣（2）	枯木逢春（1）	来之不易（4）
金石可镂（1）	经验之谈（1）	井底之蛙（1）	举世瞩目（3）	可见一斑（2）	枯燥无味（2）	兰艾同焚（1）
津津有味（1）	惊愕失色（1）	井然有序（2）	巨细无遗（1）	可圈可点（3）	苦不堪言（1）	兰质蕙心（1）
筋疲力尽（2）	惊弓之鸟（1）	警钟长鸣（2）	拒之门外（1）	可有可无（2）	苦口婆心（2）	狼奔豕突（1）
仅此而已（1）	惊慌失措（2）	敬而远之（2）	据理力争（1）	克勤克俭（1）	苦思冥想（1）	狼吞虎咽（1）
尽其所能（1）	惊魂未定（1）	镜花水月（2）	据为己有（1）	恪尽职守（2）	苦心经营（1）	朗朗上口（2）
尽人皆知（1）	惊世骇俗（1）	纠缠不清（1）	卷帙浩繁（2）	空洞无物（1）	夸大其词（1）	劳民伤财（3）
尽心竭力（2）	惊叹不已（1）	咎由自取（1）	决胜千里（1）	空谷足音（1）	夸大其辞（1）	劳逸结合（1）

续表

牢不可破（2）	离经叛道（1）	厉兵秣马（1）	羚羊挂角（1）	露出马脚（1）	盲人摸象（1）	绵薄之力（1）
唠唠叨叨（1）	离题万里（1）	立锥之地（1）	零零散散（1）	洛阳纸贵（1）	茫然不解（1）	绵绵不断（1）
老当益壮（1）	离心离德（1）	立足之地（1）	零零碎碎（1）	落地有声（1）	茫然若失（2）	绵绵不绝（3）
老调重弹（2）	礼尚往来（1）	连绵不绝（1）	零零星星（1）	落荒而逃（1）	茫然失措（1）	绵延不绝（3）
老谋深算（1）	理所应当（2）	连绵起伏（1）	另眼相看（1）	屡次三番（1）	毛举细故（1）	勉为其难（1）
老气横秋（1）	理直气壮（3）	敛声屏气（1）	令人神往（1）	屡见叠出（1）	茅塞顿开（2）	面面俱到（3）
老态龙钟（1）	力不能及（1）	恋恋不舍（1）	溜须拍马（2）	屡禁不止（2）	貌合神离（2）	面目可憎（1）
乐不思蜀（3）	力屈道穷（1）	两败俱伤（1）	流芳百世（1）	率先垂范（1）	每时每刻（1）	面授机宜（1）
乐此不疲（4）	力所不逮（2）	两面三刀（2）	流风余韵（1）	略逊一筹（3）	美不胜收（2）	妙不可言（1）
乐在其中（1）	力所不及（1）	两全其美（1）	流光溢彩（3）	略知一二（1）	魅力十足（1）	妙手偶得（1）
了然于胸（1）	力所能及（1）	量力而行（2）	流口常谈（1）	马不停蹄（1）	扪心自问（1）	妙语连珠（2）
了如指掌（4）	力挽狂澜（1）	量体裁衣（2）	流离失所（1）	马到成功（1）	懵懵懂懂（2）	灭顶之灾（1）
雷打不动（1）	力有不逮（2）	寥寥数语（1）	六神无主（1）	马失前蹄（1）	梦寐以求（2）	民不聊生（2）
雷大雨小（1）	力有未逮（1）	寥若星辰（2）	龙蛇混杂（1）	漫不经心（3）	弥足珍贵（3）	名不副实（3）
雷厉风行（2）	力争上游（1）	临危不惧（2）	龙争虎斗（1）	漫天飞舞（1）	迷惑不解（1）	名不虚传（1）
雷霆万钧（2）	历久弥坚（1）	灵光一现（1）	漏洞百出（1）	漫无目的（1）	靡然成风（1）	名垂青史（1）
冷嘲热讽（1）	历历可数（1）	灵机一动（1）	碌碌无为（2）	慢条斯理（1）	秘而不宣（3）	名存实亡（2）
冷眼旁观（2）	历历在目（1）	玲珑剔透（1）	勠力同心（1）	盲目乐观（1）	密密匝匝（1）	名负其实（1）

续表

名列前茅（1）	默不作声（2）	难以言说（1）	宁缺毋滥（1）	匹夫之勇（2）	朴实无华（2）	弃如敝屣（1）
名流千古（1）	默默无闻（2）	讷口少言（1）	凝神屏气（1）	翩翩起舞（2）	朴素无华（1）	恰到好处（2）
名山大川（1）	谋篇布局（1）	讷言敏行（1）	牛鬼蛇神（1）	片言只语（2）	七零八落（1）	恰逢其时（1）
名声大振（1）	目不转睛（4）	内外交困（1）	扭捏作态（1）	飘忽不定（1）	凄风苦雨（1）	恰中要害（1）
名声在外（1）	目瞪口呆（2）	内忧外患（1）	浓妆淡抹（1）	漂泊不定（1）	其乐融融（1）	千锤百炼（4）
名噪一时（2）	目光短浅（1）	能言善辩（1）	浓妆艳抹（1）	平淡无奇（4）	奇耻大辱（1）	千帆竞发（1）
名正言顺（2）	目光如炬（1）	泥古不化（1）	藕断丝连（1）	平平常常（1）	奇货可居（1）	千夫所指（1）
明知故犯（1）	目力所及（1）	泥足深陷（1）	拍案叫绝（1）	平平淡淡（1）	奇思妙想（1）	千古传颂（1）
冥顽不化（1）	目知眼见（1）	你追我赶（1）	拍手叫好（1）	平心静气（1）	奇谈怪论（2）	千古绝唱（1）
铭心刻骨（1）	沐雨栉风（1）	逆来顺受（1）	排山倒海（1）	平易近人（2）	奇形怪状（1）	千家万户（1）
模棱两可（2）	暮气沉沉（1）	逆水行舟（2）	判若云泥（1）	评头品足（1）	旗鼓相当（3）	千娇百媚（1）
模模糊糊（1）	耐人寻味（2）	匿影藏形（1）	旁敲侧击（1）	屏气凝神（1）	旗帜鲜明（3）	千金难买（1）
摩拳擦掌（3）	南来北往（1）	拈轻怕重（1）	旁征博引（1）	萍水相逢（1）	气急败坏（1）	千钧一发（4）
莫测高深（1）	难辞其咎（1）	年轻气盛（1）	怦然心动（1）	迫不得已（2）	气势恢宏（1）	千里迢迢（1）
莫此为甚（1）	难分难解（1）	年深日久（1）	蓬荜生辉（1）	迫不及待（1）	气势汹汹（1）	千难万险（3）
秣马厉兵（1）	难乎其难（1）	念念不忘（2）	捧腹大笑（2）	破涕为笑（1）	气象万千（3）	千千万万（1）
漠不关心（1）	难以名状（1）	念兹在兹（1）	披坚执锐（1）	破土而出（1）	气壮山河（1）	千人一面（1）
漠然置之（4）	难以企及（2）	涅槃重生（1）	劈波斩浪（1）	扑面而来（1）	弃旧图新（1）	千丝万缕（4）

续表

千言万语 （1）	亲力亲为 （1）	穷山恶水 （1）	全心全意 （2）	人人皆知 （1）	日异月殊 （2）	如石投水 （1）
千载难逢 （2）	亲密无间 （1）	穷途末路 （3）	缺一不可 （2）	人声鼎沸 （1）	日臻完善 （2）	如是而已 （1）
牵肠挂肚 （1）	勤能补拙 （1）	茕茕孑立 （1）	确确实实 （1）	人所共知 （2）	戎马倥偬 （1）	如鱼得水 （3）
谦虚谨慎 （2）	青灯黄卷 （1）	琼楼玉宇 （1）	群龙无首 （2）	人微言轻 （1）	容光焕发 （1）	如愿以偿 （2）
前车之鉴 （2）	轻车熟路 （3）	求全责备 （1）	群起效尤 （2）	人心涣散 （2）	柔情蜜意 （1）	如坐春风 （2）
前途未卜 （4）	轻如鸿毛 （1）	求同存异 （3）	群雄逐鹿 （1）	人心所向 （3）	如痴如狂 （1）	如坐针毡 （1）
前途无量 （1）	轻言细语 （1）	求真务实 （1）	群英荟萃 （2）	人心向背 （1）	如痴如醉 （2）	入不敷出 （2）
前仰后翻 （1）	轻重倒置 （1）	求之不得 （2）	饶有兴趣 （1）	仁至义尽 （1）	如法炮制 （1）	入境问俗 （1）
乾端坤倪 （1）	轻重缓急 （2）	曲径通幽 （2）	惹人耳目 （1）	忍俊不禁 （1）	如获至宝 （1）	入情入理 （1）
潜精研思 （1）	倾巢而出 （1）	曲意逢迎 （2）	热火朝天 （1）	忍痛割爱 （1）	如箭在弦 （2）	入室升堂 （1）
黔驴技穷 （1）	倾囊而出 （1）	曲折蜿蜒 （1）	热情奔放 （1）	任劳任怨 （1）	如雷贯耳 （2）	入乡随俗 （2）
枪林弹雨 （1）	情不自禁 （1）	曲终人散 （2）	热热闹闹 （1）	日薄西山 （3）	如临大敌 （1）	软弱可欺 （1）
强弩之末 （1）	情景交融 （1）	取而代之 （1）	热血沸腾 （1）	日渐式微 （2）	如临深渊 （1）	锐不可当 （2）
强人所难 （1）	情同手足 （1）	去芜存菁 （1）	人才济济 （1）	日理万机 （1）	如履平地 （1）	若合符节 （1）
悄然兴起 （2）	情有独钟 （2）	权宜之计 （1）	人浮于事 （1）	日暮途穷 （3）	如梦初醒 （2）	若即若离 （1）
悄无声息 （3）	情有可原 （2）	全力以赴 （3）	人间地狱 （1）	日甚一日 （1）	如梦似幻 （1）	弱不禁风 （2）
翘首以待 （1）	情真意切 （1）	全民皆兵 （1）	人满为患 （2）	日新月盛 （1）	如沐春风 （1）	弱肉强食 （4）
切肤之痛 （1）	情之所钟 （1）	全然隔绝 （1）	人穷志短 （1）	日夜兼程 （1）	如期而至 （1）	三步一叩 （1）

续表

三番五次（1）	赏心悦目（4）	深思熟虑（3）	生气蓬勃（1）	失之交臂（3）	始料不及（2）	是非曲直（1）
三人成虎（1）	上下求索（1）	深信不疑（1）	生死攸关（1）	失之千里（1）	世代相传（1）	适逢其时（1）
三心二意（4）	稍逊一筹（1）	深中肯綮（1）	生吞活剥（2）	诗情画意（1）	世人皆知（1）	适可而止（4）
三言两语（2）	舌灿莲花（1）	神采飞扬（1）	生意盎然（1）	十全十美（1）	世世代代（1）	恃才放旷（1）
三足鼎立（1）	蛇蟠蚓结（1）	神乎其神（1）	声东击西（1）	十万火急（3）	仕途经济（1）	收效甚微（2）
桑枢瓮牖（1）	舍本求末（1）	神机妙算（1）	声名大噪（2）	石沉大海（2）	似是而非（1）	手不释卷（4）
杀身成仁（1）	舍近求远（3）	神经错乱（1）	声名狼藉（1）	时不我待（3）	似信非信（1）	手到擒来（2）
沙里淘金（1）	舍生取义（1）	神来之笔（1）	声名显赫（1）	时断时续（1）	势不两立（1）	手忙脚乱（1）
山高水长（2）	舍生忘死（1）	神秘莫测（4）	声名远播（1）	时过境迁（2）	势成骑虎（1）	守望相助（3）
山河破碎（1）	舍我其谁（1）	神清气爽（1）	声名远扬（2）	时来运转（1）	势单力薄（1）	首尾相接（1）
山清水秀（1）	设身处地（4）	升山采珠（1）	声情并茂（2）	时隐时现（1）	势均力敌（2）	受益匪浅（1）
山穷水尽（3）	摄人心魄（1）	升堂入室（1）	声声入耳（1）	实实在在（1）	事不关己（1）	受之无愧（1）
山长水远（1）	身不由己（1）	生不如死（1）	声势浩大（2）	实事求是（3）	事出有因（1）	孰轻孰重（1）
删繁就简（3）	身价倍增（1）	生动活泼（2）	声势汹汹（1）	拾级而上（1）	事过境迁（1）	熟能生巧（1）
姗姗来迟（1）	身心交病（1）	生而知之（1）	胜券在握（1）	拾遗补缺（1）	事无巨细（2）	束手就擒（2）
煽风点火（1）	深不可测（3）	生机盎然（3）	盛极而衰（1）	食古不化（2）	视若无睹（1）	束手无措（1）
闪烁其词（2）	深恶痛绝（4）	生灵涂炭（1）	尸横遍野（1）	史无前例（1）	视死如归（3）	数以百计（1）
善始善终（1）	深谋远虑（4）	生龙活虎（2）	失魂落魄（1）	矢志不移（1）	拭目以待（2）	双管齐下（3）

续表

水滴石穿（1）	四平八稳（1）	堂而皇之（2）	添砖加瓦（4）	同心协力（2）	土崩瓦解（1）	万里无云（1）
水落石出（1）	肆无忌惮（4）	螳臂当车（1）	甜言蜜语（2）	痛不欲生（1）	推而广之（1）	万马奔腾（2）
水土不服（1）	夙兴夜寐（1）	滔滔不竭（1）	条块分割（1）	痛彻心扉（1）	推己及人（2）	万念俱灰（1）
水泄不通（1）	素不相识（1）	韬光养晦（2）	铁证如山（1）	痛定思痛（1）	推心置腹（3）	万全之策（3）
顺其自然（4）	素昧平生（1）	逃之夭夭（1）	听天由命（1）	痛心疾首（2）	退避三舍（4）	万事大吉（1）
顺顺当当（1）	素面朝天（1）	提纲挈领（1）	听之任之（2）	偷工减料（1）	拖家带口（1）	万无一失（3）
瞬息万变（3）	酸甜苦辣（1）	啼笑皆非（4）	亭台楼阁（1）	投机取巧（2）	拖泥带水（1）	万丈深渊（1）
说三道四（1）	绥靖主义（1）	天道酬勤（1）	停滞不前（3）	投其所好（1）	挖空心思（3）	万众一心（3）
说一不二（1）	随机应变（2）	天翻地覆（1）	通达谙练（1）	投石问路（1）	外强中干（1）	万众瞩目（1）
硕果仅存（1）	随随便便（1）	天方夜谭（4）	通情达理（1）	投桃报李（1）	蜿蜒起伏（1）	万紫千红（2）
硕果累累（1）	随行就市（1）	天高地阔（1）	通俗易懂（1）	投闲置散（1）	完璧归赵（1）	汪洋恣肆（1）
思潮起伏（1）	随遇而安（2）	天公作美（1）	通同一气（1）	突发奇想（2）	完好无缺（1）	枉费心机（2）
思前想后（1）	损人害己（1）	天花乱坠（4）	同仇敌忾（1）	突如其来（1）	完美无瑕（2）	忘乎所以（2）
思维缜密（1）	损人利己（2）	天昏地暗（1）	同甘共苦（1）	徒劳无功（2）	宛转悠扬（1）	望风披靡（1）
斯文扫地（1）	所剩无几（2）	天人合一（1）	同流合污（1）	徒劳无益（1）	万夫不当（1）	望文生义（1）
死而不僵（1）	所向披靡（3）	天生丽质（1）	同气连枝（1）	徒托空言（1）	万古流芳（2）	危若朝露（1）
死而复生（1）	他山之石（1）	天衣无缝（3）	同室操戈（1）	徒有其表（1）	万古长青（2）	威风凛凛（1）
死气沉沉（2）	坦然自若（1）	天长日久（1）	同心同德（1）	徒有虚名（4）	万劫不复（1）	威武不屈（1）

续表

唯利是图（3）	温文尔雅（1）	我行我素（2）	无精打采（1）	无私无畏（1）	无足挂齿（1）	稀里糊涂（1）
唯命是从（2）	文不对题（1）	卧薪尝胆（1）	无拘无束（1）	无所不为（1）	毋庸赘述（1）	稀奇古怪（2）
唯唯诺诺（1）	文山书海（1）	乌烟瘴气（1）	无可比拟（4）	无所不在（4）	五彩斑斓（3）	稀松平常（2）
娓娓道来（2）	文思泉涌（1）	无耻之徒（1）	无可辩驳（2）	无所遁形（1）	五谷丰登（1）	稀稀拉拉（1）
娓娓动听（2）	闻风而动（1）	无处遁形（2）	无可讳言（1）	无所顾忌（3）	五光十色（1）	嬉笑怒骂（1）
萎靡不振（2）	闻风丧胆（1）	无从下手（1）	无可救药（1）	无所事事（1）	五味俱全（1）	习焉不察（2）
为期不远（1）	闻过则喜（2）	无地自容（2）	无可奈何（2）	无所畏惧（1）	五颜六色（1）	席卷而来（1）
为人称道（2）	闻鸡起舞（2）	无的放矢（1）	无可替代（1）	无往不利（1）	物换星移（1）	席珍待聘（1）
为所欲为（2）	闻名中外（2）	无动于衷（1）	无可挽回（2）	无微不至（2）	物极必反（2）	洗尽铅华（1）
未卜先知（3）	闻所未闻（1）	无独有偶（1）	无可置疑（2）	无暇顾及（1）	物尽其用（4）	洗心革面（1）
未定之天（1）	闻一知十（1）	无关大局（3）	无理取闹（1）	无言以对（1）	物竞天择（1）	喜出望外（2）
未老先衰（1）	稳操胜券（3）	无关大体（1）	无力回天（2）	无一例外（3）	物美价廉（1）	喜怒哀乐（1）
未能免俗（1）	稳操胜算（1）	无关紧要（1）	无名鼠辈（1）	无依无靠（2）	物是人非（1）	喜上眉梢（1）
味同嚼蜡（1）	稳如磐石（1）	无关痛痒（2）	无能为力（4）	无以复加（1）	物我两忘（1）	喜闻乐道（1）
畏首畏尾（4）	稳如泰山（1）	无话可说（1）	无奇不有（1）	无影无踪（3）	误入歧途（1）	细大不捐（1）
畏缩不前（1）	稳扎稳打（3）	无计可施（2）	无人能及（2）	无忧无虑（2）	雾里看花（1）	细入毫芒（1）
畏葸不前（1）	问心无愧（1）	无迹可寻（1）	无伤大雅（2）	无欲无求（1）	唏嘘不已（1）	细雨和风（1）
蔚为壮观（1）	瓮中之鳖（1）	无坚不摧（1）	无师自通（4）	无源之水（2）	息息相通（1）	细枝末节（3）

续表

细致入微（1）	相互依存（1）	心安理得（2）	心血来潮（1）	形影相吊（1）	虚张声势（3）	延绵不绝（1）
瑕不掩瑜（3）	相视莫逆（1）	心不在焉（1）	心有灵犀（3）	兴师动众（1）	蓄势待发（2）	延年益寿（1）
瑕瑜互见（2）	相沿成俗（1）	心潮澎湃（1）	心有余悸（1）	兴旺发达（2）	悬梁刺股（1）	严丝合缝（2）
下笔成章（1）	相依相伴（2）	心存侥幸（1）	心悦诚服（3）	兴味索然（2）	悬崖勒马（1）	严于律己（2）
先发制人（1）	享誉中外（2）	心荡神迷（1）	心照不宣（1）	兴致勃勃（1）	烜赫一时（1）	严阵以待（3）
先入为主（2）	想方设法（3）	心服口服（1）	心知肚明（2）	凶多吉少（1）	绚丽多彩（1）	言不及义（1）
先知先觉（1）	向壁虚构（1）	心服首肯（1）	心中有数（1）	兄弟阋墙（1）	绚丽多姿（1）	言不由衷（2）
纤尘不染（2）	像模像样（1）	心甘情愿（4）	欣喜若狂（3）	胸无城府（1）	削峰填谷（1）	言过其实（1）
纤毫毕现（1）	逍遥自在（1）	心花怒放（1）	信心百倍（1）	雄心勃勃（1）	学而不厌（1）	言简意赅（4）
鲜为人知（4）	萧规曹随（1）	心灰意冷（1）	星火燎原（3）	休养生息（1）	学富五车（3）	言人人殊（1）
鲜衣美食（1）	硝烟弥漫（1）	心口不一（2）	星星点点（1）	修齐治平（1）	雪上加霜（2）	言谈举止（2）
闲言细语（1）	霄壤之别（2）	心领神会（2）	星星之火（1）	羞愧难当（1）	血流成河（1）	言听计从（1）
弦外之音（1）	小恩小惠（1）	心如止水（1）	惺惺相惜（1）	秀色可餐（1）	血气方刚（1）	言外之意（1）
显赫一时（1）	小巧玲珑（1）	心手相应（1）	行云流水（2）	秀外慧中（1）	血肉相连（1）	言之不预（1）
相差甚远（1）	小题大做（4）	心术不正（1）	行之有效（4）	虚怀若谷（2）	寻常巷陌（1）	言之成理（2）
相差无几（2）	小心翼翼（2）	心无二用（1）	形如槁木（1）	虚情假意（1）	寻根究底（1）	言之无物（1）
相持不下（1）	笑里藏刀（1）	心心念念（1）	形神兼备（1）	虚实相生（1）	循环往复（1）	言之有理（1）
相反相成（1）	笑逐颜开（1）	心胸开阔（1）	形同虚设（2）	虚有其表（1）	雅俗共赏（3）	奄奄一息（3）

续表

眼见为实（1）	咬牙切齿（1）	一呼百应（2）	一模一样（2）	一潭死水（1）	一应俱全（1）	以理服人（1）
扬名天下（2）	药到病除（1）	一花独放（1）	一目千里（1）	一统天下（1）	一语道破（1）	以身试法（3）
扬长避短（4）	夜以继日（2）	一挥而成（1）	一目十行（2）	一网打尽（1）	一语双关（1）	以微知著（1）
阳奉阴违（3）	一败涂地（4）	一己之力（1）	一念之差（1）	一往情深（2）	一语中的（2）	以一持万（1）
洋为中用（1）	一本万利（1）	一见倾心（1）	一盘散沙（3）	一往无前（3）	一知半解（3）	以一奉百（1）
洋洋大观（2）	一本正经（1）	一见钟情（1）	一气呵成（4）	一望无际（2）	一纸空文（1）	以逸待劳（1）
洋洋得意（1）	一碧万顷（1）	一举成功（1）	一清二楚（2）	一文不值（3）	一掷千金（2）	以怨报德（1）
洋洋洒洒（3）	一波三折（1）	一举成名（1）	一穷二白（1）	一无所获（1）	一字不差（1）	义不容辞（3）
洋洋盈耳（1）	一步之遥（2）	一举两得（3）	一去不返（1）	一无所有（3）	衣钵相传（1）	义正词严（2）
妖魔鬼怪（1）	一差半错（1）	一举一动（1）	一石二鸟（1）	一无所知（3）	怡然自得（2）	义正辞严（2）
摇摆不定（1）	一唱一和（1）	一决高下（1）	一时半刻（1）	一席之地（1）	颐指气使（2）	屹立不倒（1）
摇曳生姿（1）	一朝一夕（4）	一蹶不振（4）	一时之选（1）	一笑了之（1）	以暴制暴（1）	亦庄亦谐（1）
遥不可及（4）	一尘不染（3）	一孔之见（2）	一事无成（2）	一泻千里（2）	以德报怨（1）	异想天开（2）
遥相呼应（3）	一点一滴（2）	一览而尽（1）	一视同仁（4）	一心一意（1）	以点带面（1）	逸闻琐事（1）
遥遥领先（2）	一睹为快（1）	一览无余（4）	一丝不乱（1）	一言蔽之（1）	以讹传讹（1）	逸闻轶事（1）
遥遥无期（3）	一干二净（1）	一路顺风（1）	一丝一毫（1）	一言九鼎（1）	以己度人（1）	意料之外（1）
杳无音信（2）	一哄而起（1）	一落千丈（2）	一丝一缕（1）	一言一行（1）	以假乱真（1）	意乱情迷（1）
咬文嚼字（1）	一哄而上（1）	一脉相通（2）	一塌糊涂（1）	一叶知秋（2）	以儆效尤（1）	意气风发（3）

续表

意想不到（2）	迎来送往（1）	有备无患（4）	欲罢不能（1）	约定俗成（4）	张弛有道（1）	真心诚意（1）
熠熠生辉（2）	迎难而上（3）	有待商榷（1）	欲加之罪（1）	月朗星稀（1）	张弛有度（2）	真知灼见（4）
因材施教（1）	蝇头小利（1）	有教无类（1）	欲速不达（1）	跃跃欲试（4）	张冠李戴（1）	臻于佳境（1）
因祸得福（1）	影影绰绰（1）	有口皆碑（1）	愈演愈烈（2）	云谲波诡（1）	张口结舌（1）	振臂高呼（1）
因利乘便（1）	庸人自扰（3）	有理有据（2）	鹬蚌相争（1）	云泥之别（1）	张牙舞爪（1）	振奋人心（1）
因时制宜（3）	庸俗不堪（1）	有利可图（1）	冤冤相报（1）	咂舌攒眉（1）	长久之计（1）	震古烁今（1）
因事制宜（1）	永葆青春（1）	有名无实（1）	渊渟岳峙（1）	杂乱无序（1）	长年累月（1）	震撼人心（2）
阴错阳差（1）	永垂不朽（2）	有声有色（2）	元凶巨恶（1）	杂乱无章（2）	长吁短叹（1）	震天动地（1）
阴魂不散（1）	用武之地（1）	有失偏颇（1）	原封不动（2）	再接再厉（1）	长治久安（1）	震天撼地（1）
音讯全无（1）	用之不竭（1）	有所作为（1）	原来如此（1）	在所难免（1）	仗势欺人（2）	镇定自若（1）
引而不发（1）	优胜劣汰（3）	有增无减（1）	原形毕露（1）	造谣生事（1）	招架不住（1）	争先恐后（4）
引经据典（1）	忧心忡忡（3）	有章可循（1）	原原本本（1）	择木而栖（1）	招摇过市（1）	整装待发（1）
引人瞩目（1）	悠然自得（2）	余音绕梁（1）	原汁原味（1）	泽被后世（1）	昭然若揭（4）	正大光明（1）
引人注目（3）	由表及里（1）	与人为善（1）	缘悭一面（1）	乍暖还寒（1）	照本宣科（2）	正义凛然（1）
隐约可见（1）	由己及人（1）	羽翼未丰（1）	远见卓识（2）	斩草除根（1）	照单全收（1）	郑重其事（1）
应声而下（1）	由来已久（2）	雨后春笋（1）	远近闻名（1）	战火纷飞（1）	照猫画虎（2）	枝繁叶茂（1）
应有尽有（2）	犹豫不决（2）	语重心长（2）	远走高飞（1）	战无不胜（1）	遮风挡雨（2）	知错就改（2）
英姿飒爽（1）	油然而生（1）	郁郁葱葱（2）	怨声载道（2）	战战兢兢（1）	真假难辨（2）	知根知底（1）

续表

知己知彼（1）	指鹿为马（2）	众口铄金（1）	主客颠倒（1）	自得其乐（2）	自私自利（1）	祖祖辈辈（1）
知难而进（1）	指日可待（2）	众口一辞（1）	专横跋扈（1）	自给自足（1）	自叹不如（1）	钻头觅缝（1）
知难而上（1）	指手画脚（3）	众目睽睽（1）	转瞬即逝（4）	自顾不暇（1）	自我作古（1）	罪魁祸首（1）
知难而退（4）	咫尺天涯（1）	众叛亲离（1）	转瞬之间（1）	自愧弗如（1）	自言自语（1）	罪有应得（1）
知难行易（1）	趾高气扬（3）	众矢之的（1）	转危为安（1）	自力更生（3）	自由自在（1）	左顾右盼（1）
知无不言（1）	至理名言（1）	众星拱月（1）	装腔作势（2）	自鸣得意（1）	自娱自乐（1）	左图右史（1）
知行合一（1）	志存高远（1）	众星捧月（1）	追悔莫及（1）	自命不凡（2）	自圆其说（3）	左右逢源（2）
知易行难（1）	志得意满（2）	众志成城（3）	缀玉联珠（1）	自命清高（1）	自找麻烦（1）	左右为难（2）
知之甚少（2）	质朴无华（1）	重蹈覆辙（2）	惴惴不安（2）	自欺欺人（2）	字里行间（2）	坐地起价（1）
执迷不悟（2）	置身事外（4）	重见天日（2）	谆谆不倦（1）	自强不息（3）	字斟句酌（3）	坐而论道（3）
直截了当（4）	置之脑后（1）	重振旗鼓（1）	准确无误（2）	自轻自贱（1）	字正腔圆（1）	坐收渔利（1）
直抒己见（1）	中规中矩（1）	重重叠叠（1）	卓有成效（2）	自求多福（1）	字字珠玑（3）	坐享其成（4）
直言不讳（3）	中流砥柱（1）	周而复始（2）	孜孜矻矻（1）	自取灭亡（1）	总而言之（1）	坐以待毙（2）
只争朝夕（2）	忠心耿耿（1）	肘行膝步（1）	子虚乌有（2）	自上而下（1）	纵横捭阖（1）	
纸醉金迷（1）	钟灵毓秀（2）	珠圆玉润（1）	自暴自弃（4）	自生自灭（1）	纵横交错（1）	
指点江山（1）	钟鸣鼎食（2）	铢积寸累（1）	自成一家（1）	自始至终（3）	走火入魔（1）	
指点迷津（1）	众口难调（1）	竹篮打水（1）	自成一体（2）	自说自话（1）	走投无路（2）	

第五章

两字词语

本章展示了出现频率在3次及3次以上的两字词语，括号内的数字代表出现频率。之前知乎上的一些网友希望能有两字词语的高频词汇表，编写这部分就是为了说明高频两字词语其实根本不需要背诵，它们都是常见的词语。

表5-1　两字词语汇集

而且（44）	只要（21）	既然（17）	可能（15）	丰富（14）	困境（13）	价值（12）
发展（43）	那么（21）	关注（17）	科学（15）	独特（14）	客观（13）	记录（12）
因为（41）	简单（21）	沉淀（17）	干扰（15）	调整（14）	感受（13）	合理（12）
所以（38）	反映（21）	保障（17）	方向（15）	促进（14）	发现（13）	关键（12）
虽然（38）	遏制（21）	约束（16）	超越（15）	追求（13）	并且（13）	复杂（12）
如果（37）	标志（21）	由于（16）	准确（14）	重视（13）	变革（13）	分析（12）
但是（37）	基础（20）	隐藏（16）	直接（14）	真实（13）	必然（13）	发挥（12）
即使（34）	只有（19）	研究（16）	形象（14）	折射（13）	尊重（12）	打造（12）
影响（33）	凸显（19）	严谨（16）	形成（14）	蕴含（13）	阻止（12）	催生（12）
控制（33）	甚至（19）	激发（16）	消失（14）	引领（13）	证明（12）	遵循（11）
体现（31）	强化（19）	积累（16）	完善（14）	抑制（13）	增强（12）	主动（11）
展现（30）	积淀（19）	忽视（16）	挖掘（14）	消除（13）	依赖（12）	障碍（11）
引导（28）	创新（19）	出现（16）	突出（14）	想象（13）	演变（12）	载体（11）
融合（26）	保护（19）	不但（16）	挑战（14）	稳定（13）	渲染（12）	原则（11）
呈现（26）	延续（18）	表现（16）	探索（14）	突破（13）	象征（12）	因此（11）
质疑（25）	提升（18）	指导（15）	适应（14）	拓展（13）	无论（12）	吸收（11）
尽管（25）	承载（18）	整合（15）	渗透（14）	塑造（13）	维护（12）	误解（11）
推动（24）	制约（17）	审视（15）	深刻（14）	束缚（13）	途径（12）	实现（11）
然而（24）	支持（17）	全面（15）	认同（14）	释放（13）	体验（12）	认可（11）
不仅（24）	支撑（17）	趋势（15）	培育（14）	认识（13）	深入（12）	诠释（11）
限制（23）	展示（17）	轻视（15）	描绘（14）	缺乏（13）	融入（12）	破坏（11）
创造（23）	增加（17）	强调（15）	矛盾（14）	侵蚀（13）	排斥（12）	培养（11）
彰显（22）	延伸（17）	目标（15）	局限（14）	平衡（13）	理解（12）	目的（11）
改变（22）	提高（17）	明确（15）	激励（14）	判断（13）	借鉴（12）	模糊（11）
传承（22）	继承（17）	扩大（15）	广泛（14）	凝聚（13）	结果（12）	蔓延（11）

续表

了解（11）	手段（10）	演绎（9）	缓解（9）	系统（8）	固然（8）	主导（7）
考察（11）	确认（10）	严重（9）	怀疑（9）	无视（8）	更新（8）	周密（7）
精确（11）	权利（10）	学习（9）	涵养（9）	完整（8）	改革（8）	重塑（7）
坚持（11）	普遍（10）	宣传（9）	观察（9）	推进（8）	复制（8）	争议（7）
活跃（11）	徘徊（10）	协调（9）	构建（9）	突显（8）	符合（8）	震撼（7）
弘扬（11）	内涵（10）	现实（9）	沟通（9）	提炼（8）	否定（8）	掌握（7）
和谐（11）	困难（10）	希望（9）	根本（9）	提倡（8）	方式（8）	长期（7）
鼓励（11）	开放（10）	吸引（9）	感悟（9）	特征（8）	发扬（8）	韵味（7）
干预（11）	精准（10）	维持（9）	赋予（9）	探寻（8）	抵制（8）	诱导（7）
尴尬（11）	解释（10）	蜕变（9）	放弃（9）	弱化（8）	存在（8）	营造（7）
反应（11）	交流（10）	推广（9）	反思（9）	启发（8）	传统（8）	意味（7）
发掘（11）	坚守（10）	统一（9）	反而（9）	启动（8）	传递（8）	演化（7）
独立（11）	加强（10）	特殊（9）	遏止（9）	评价（8）	传达（8）	虚构（7）
刺激（11）	机遇（10）	探究（9）	当然（9）	片面（8）	触动（8）	亵渎（7）
传播（11）	互动（10）	随意（9）	冲击（9）	漠视（8）	承担（8）	效率（7）
避免（11）	规划（10）	频繁（9）	成就（9）	摸索（8）	成熟（8）	消逝（7）
必须（11）	规范（10）	批判（9）	标准（9）	描述（8）	尝试（8）	消灭（7）
阻碍（10）	贯穿（10）	凝结（9）	制造（8）	迷惑（8）	才能（8）	向往（7）
转化（10）	改造（10）	模仿（9）	制定（8）	盲目（8）	不管（8）	无奈（7）
重要（10）	而是（10）	明显（9）	整理（8）	满足（8）	表达（8）	问题（7）
应用（10）	动力（10）	理想（9）	责任（8）	灵活（8）	变化（8）	危险（7）
印证（10）	导致（10）	可是（9）	源泉（8）	联系（8）	迸发（8）	推托（7）
意义（10）	代表（10）	决定（9）	优势（8）	利用（8）	本质（8）	推崇（7）
要求（10）	产生（10）	敬畏（9）	映射（8）	历练（8）	暴露（8）	条件（7）
严格（10）	秉承（10）	警惕（9）	引发（8）	跨越（8）	保证（8）	陶醉（7）
消亡（10）	遵守（9）	谨慎（9）	衍生（8）	浸润（8）	保持（8）	思考（7）
显现（10）	滋养（9）	记载（9）	严密（8）	揭露（8）	自由（7）	树立（7）
显示（10）	转换（9）	汲取（9）	严峻（8）	减少（8）	自然（7）	收集（7）
显露（10）	注重（9）	或者（9）	湮灭（8）	忽略（8）	转移（7）	试验（7）
特点（10）	依托（9）	汇聚（9）	需要（8）	规定（8）	主观（7）	式微（7）

续表

伤害（7）	机会（7）	不是（7）	严肃（6）	区别（6）	羁绊（6）	包含（6）
确定（7）	获取（7）	不过（7）	喧嚣（6）	倾向（6）	基本（6）	琢磨（5）
巧妙（7）	获得（7）	捕捉（7）	需求（6）	轻松（6）	积极（6）	总结（5）
强大（7）	回归（7）	摒弃（7）	修正（6）	气质（6）	汇集（6）	滋润（5）
潜藏（7）	痕迹（7）	秉持（7）	修复（6）	起源（6）	回溯（6）	追捧（5）
前提（7）	规避（7）	变迁（7）	形式（6）	启示（6）	回避（6）	转型（5）
契机（7）	管理（7）	弊端（7）	协商（6）	启迪（6）	幻想（6）	重构（5）
期待（7）	观念（7）	保留（7）	享受（6）	破解（6）	衡量（6）	重点（5）
批评（7）	固化（7）	暗示（7）	相信（6）	平台（6）	关联（6）	置疑（5）
抛弃（7）	概括（7）	自信（6）	线索（6）	履行（6）	共鸣（6）	桎梏（5）
偶然（7）	改进（7）	追逐（6）	显著（6）	流行（6）	给予（6）	质问（5）
努力（7）	妨碍（7）	追溯（6）	完全（6）	扩展（6）	隔绝（6）	遮蔽（5）
能力（7）	防止（7）	转变（6）	完成（6）	扩充（6）	改善（6）	张扬（5）
描摹（7）	杜撰（7）	注意（6）	完备（6）	困惑（6）	腐蚀（6）	绽放（5）
梦想（7）	动荡（7）	制订（6）	吞噬（6）	肯定（6）	防范（6）	增添（5）
落实（7）	调节（7）	支配（6）	推脱（6）	克制（6）	发明（6）	造就（5）
流失（7）	颠覆（7）	正确（6）	突然（6）	考验（6）	对话（6）	源头（5）
领悟（7）	淡化（7）	珍贵（6）	通俗（6）	考虑（6）	锻炼（6）	元素（5）
连续（7）	打破（7）	着眼（6）	特别（6）	抗衡（6）	单一（6）	预示（5）
理论（7）	错误（7）	掌控（6）	损害（6）	镌刻（6）	脆弱（6）	诱发（5）
开发（7）	锤炼（7）	占据（6）	搜集（6）	具体（6）	垂青（6）	优美（5）
就是（7）	冲突（7）	蕴藏（6）	识别（6）	巨大（6）	成功（6）	勇敢（5）
经历（7）	持续（7）	孕育（6）	渗入（6）	拘泥（6）	倡导（6）	永恒（5）
进步（7）	沉重（7）	有效（6）	审慎（6）	结合（6）	徜徉（6）	映照（5）
接受（7）	沉溺（7）	迎合（6）	舍弃（6）	建造（6）	阐述（6）	应该（5）
接触（7）	沉迷（7）	隐蔽（6）	筛选（6）	建设（6）	不论（6）	应对（5）
建立（7）	超前（7）	异化（6）	散发（6）	监测（6）	表扬（6）	因而（5）
检验（7）	阐释（7）	以至（6）	认知（6）	坚强（6）	表明（6）	以致（5）
加剧（7）	差异（7）	一旦（6）	权力（6）	继续（6）	保守（6）	遗忘（5）
积聚（7）	操纵（7）	沿袭（6）	驱动（6）	计划（6）	保存（6）	遗憾（5）

续表

依然（5）	素养（5）	期盼（5）	领导（5）	揭示（5）	贯彻（5）	承受（5）
依附（5）	说明（5）	朴实（5）	亮点（5）	降低（5）	固定（5）	诚然（5）
一致（5）	瞬间（5）	破除（5）	连锁（5）	建构（5）	鼓吹（5）	沉浸（5）
验证（5）	水平（5）	平庸（5）	历史（5）	简洁（5）	古老（5）	沉寂（5）
掩饰（5）	熟悉（5）	平静（5）	理性（5）	减弱（5）	勾勒（5）	嘲弄（5）
掩盖（5）	梳理（5）	品质（5）	浪费（5）	检查（5）	工具（5）	蚕食（5）
压制（5）	适用（5）	品味（5）	来源（5）	监督（5）	根基（5）	采用（5）
压抑（5）	事实（5）	偏颇（5）	扩张（5）	艰难（5）	覆盖（5）	补充（5）
寻找（5）	使用（5）	偏差（5）	匮乏（5）	肩负（5）	负担（5）	弊病（5）
寻求（5）	生存（5）	匹配（5）	宽泛（5）	假如（5）	抚慰（5）	必需（5）
削弱（5）	升华（5）	碰撞（5）	枯竭（5）	加快（5）	符号（5）	摆脱（5）
修养（5）	神奇（5）	偶尔（5）	空间（5）	寄托（5）	分配（5）	把握（5）
欣赏（5）	深远（5）	扭转（5）	刻画（5）	集中（5）	方法（5）	安全（5）
消极（5）	深化（5）	凝视（5）	克服（5）	集聚（5）	范围（5）	左右（4）
详细（5）	深沉（5）	凝练（5）	可怕（5）	及时（5）	反省（5）	遵照（4）
镶嵌（5）	身份（5）	难免（5）	可靠（5）	激活（5）	反射（5）	遵从（4）
现象（5）	嬗变（5）	乃至（5）	拷问（5）	或许（5）	反复（5）	阻隔（4）
洗礼（5）	散落（5）	哪怕（5）	考量（5）	恢复（5）	繁荣（5）	自觉（4）
习惯（5）	融汇（5）	谋划（5）	开启（5）	环境（5）	躲避（5）	自动（4）
吸纳（5）	仍然（5）	陌生（5）	均衡（5）	宏大（5）	对立（5）	追忆（4）
退化（5）	热衷（5）	磨合（5）	聚集（5）	烘托（5）	点缀（5）	庄重（4）
推行（5）	热点（5）	模式（5）	沮丧（5）	核心（5）	抵触（5）	助力（4）
透露（5）	缺陷（5）	明晰（5）	局面（5）	合作（5）	淡然（5）	伫立（4）
透彻（5）	缺失（5）	勉励（5）	警醒（5）	涵盖（5）	淡定（5）	瞩目（4）
同化（5）	清除（5）	迷失（5）	警示（5）	还原（5）	耽误（5）	主流（4）
讨论（5）	青睐（5）	冒险（5）	精髓（5）	还是（5）	带动（5）	智慧（4）
淘汰（5）	侵犯（5）	路径（5）	精妙（5）	过程（5）	挫折（5）	治理（4）
探讨（5）	前景（5）	漏洞（5）	紧张（5）	轨迹（5）	催化（5）	质量（4）
探求（5）	契合（5）	垄断（5）	解决（5）	规模（5）	矗立（5）	制止（4）
速度（5）	期望（5）	流露（5）	解读（5）	广阔（5）	充盈（5）	制衡（4）

续表

至少（4）	意外（4）	误导（4）	疏通（4）	起点（4）	美丽（4）	境地（4）
指责（4）	屹立（4）	武断（4）	守护（4）	奇特（4）	埋没（4）	敬重（4）
指引（4）	义务（4）	无知（4）	适合（4）	普及（4）	论证（4）	竟然（4）
指标（4）	依靠（4）	吻合（4）	试图（4）	迫使（4）	流淌（4）	竞争（4）
知识（4）	一定（4）	慰藉（4）	实用（4）	瓶颈（4）	流传（4）	净化（4）
郑重（4）	也许（4）	维系（4）	实验（4）	凭借（4）	留恋（4）	精致（4）
证实（4）	仰慕（4）	维度（4）	实践（4）	品位（4）	留存（4）	精神（4）
征求（4）	扬弃（4）	唯一（4）	时髦（4）	品格（4）	另类（4）	精美（4）
震惊（4）	演进（4）	完美（4）	时间（4）	偏执（4）	领略（4）	浸染（4）
缜密（4）	俨然（4）	歪曲（4）	失落（4）	媲美（4）	遴选（4）	进展（4）
甄别（4）	严厉（4）	瓦解（4）	生动（4）	披露（4）	立足（4）	进程（4）
真诚（4）	延缓（4）	妥协（4）	深度（4）	配合（4）	历程（4）	界限（4）
肇始（4）	淹没（4）	实现（4）	伸展（4）	庞大（4）	理念（4）	介入（4）
照射（4）	迅速（4）	同时（4）	涉及（4）	扭曲（4）	累积（4）	接收（4）
扎根（4）	熏陶（4）	同步（4）	设想（4）	凝固（4）	牢固（4）	较量（4）
责备（4）	宣扬（4）	停滞（4）	擅长（4）	宁静（4）	滥觞（4）	角度（4）
造成（4）	虚假（4）	挑选（4）	丧失（4）	逆转（4）	蓝图（4）	交织（4）
赞同（4）	虚幻（4）	挑剔（4）	散失（4）	内化（4）	扩散（4）	鉴于（4）
再现（4）	兴盛（4）	天然（4）	认真（4）	囊括（4）	夸张（4）	践行（4）
仔细（4）	兴起（4）	替换（4）	热烈（4）	纳入（4）	枯燥（4）	检视（4）
允许（4）	信息（4）	体味（4）	扰乱（4）	谋取（4）	恐慌（4）	间接（4）
愿望（4）	消弭（4）	体会（4）	去除（4）	磨炼（4）	苛求（4）	坚韧（4）
预防（4）	消解（4）	提取（4）	渠道（4）	磨砺（4）	开展（4）	坚定（4）
预测（4）	消耗（4）	特质（4）	区分（4）	摩擦（4）	开拓（4）	尖锐（4）
有限（4）	相似（4）	态度（4）	情感（4）	敏感（4）	距离（4）	假设（4）
勇气（4）	显然（4）	拓宽（4）	清晰（4）	泯灭（4）	局势（4）	加大（4）
隐含（4）	狭隘（4）	素质（4）	清楚（4）	藐视（4）	居然（4）	寂静（4）
引诱（4）	细致（4）	耸立（4）	侵袭（4）	迷信（4）	就能（4）	技术（4）
阴暗（4）	细腻（4）	肆意（4）	悄然（4）	蒙蔽（4）	纠结（4）	记忆（4）
臆造（4）	吸取（4）	思维（4）	潜在（4）	萌生（4）	纠缠（4）	集体（4）

续表

基于（4）	隔离（4）	典型（4）	不屑（4）	注视（3）	针对（3）	映衬（3）
混乱（4）	隔阂（4）	底蕴（4）	不免（4）	注入（3）	遮掩（3）	影射（3）
回应（4）	高雅（4）	抵御（4）	不满（4）	注目（3）	召唤（3）	印迹（3）
回顾（4）	干涸（4）	导向（4）	不力（4）	注脚（3）	昭示（3）	印记（3）
荒谬（4）	感觉（4）	淡忘（4）	不齿（4）	主要（3）	长久（3）	引擎（3）
缓慢（4）	概念（4）	淡泊（4）	毕竟（4）	主体（3）	战略（3）	引起（3）
划分（4）	改良（4）	诞生（4）	必定（4）	主题（3）	占用（3）	意象（3）
忽然（4）	辐射（4）	单独（4）	比肩（4）	逐渐（3）	占领（3）	意图（3）
呼唤（4）	否则（4）	担心（4）	爆发（4）	周折（3）	展开（3）	意识（3）
罕见（4）	封闭（4）	带来（4）	抱怨（4）	重心（3）	增长（3）	意境（3）
过滤（4）	风格（4）	措施（4）	包容（4）	重生（3）	增进（3）	抑或（3）
规则（4）	愤怒（4）	促使（4）	包括（4）	重量（3）	赞助（3）	异议（3）
圭臬（4）	分离（4）	创立（4）	把持（4）	重建（3）	赞扬（3）	以及（3）
归纳（4）	分割（4）	穿梭（4）	傲慢（4）	终止（3）	运作（3）	疑虑（3）
惯例（4）	分辨（4）	崇拜（4）	尊敬（3）	中心（3）	运用（3）	遗弃（3）
观照（4）	防御（4）	充分（4）	组织（3）	致使（3）	原因（3）	遗迹（3）
关心（4）	方便（4）	痴迷（4）	阻挠（3）	质朴（3）	预言（3）	怡然（3）
固执（4）	反感（4）	惩罚（4）	阻力（3）	制作（3）	愚昧（3）	依旧（3）
鼓舞（4）	反常（4）	承接（4）	阻拦（3）	制裁（3）	于是（3）	一般（3）
鼓动（4）	发端（4）	衬托（4）	自发（3）	只能（3）	诱惑（3）	揶揄（3）
孤独（4）	渡过（4）	沉醉（4）	准则（3）	踯躅（3）	有力（3）	要素（3）
构筑（4）	度过（4）	沉积（4）	追寻（3）	植入（3）	游走（3）	遥远（3）
构造（4）	独到（4）	彻底（4）	追随（3）	执着（3）	犹豫（3）	艳丽（3）
勾画（4）	洞悉（4）	潮流（4）	壮丽（3）	支柱（3）	由此（3）	研讨（3）
共享（4）	洞察（4）	铲除（4）	壮大（3）	正直（3）	尤其（3）	严酷（3）
供给（4）	动摇（4）	层次（4）	装饰（3）	争端（3）	悠久（3）	延绵（3）
公正（4）	调控（4）	操作（4）	转折（3）	甄选（3）	忧患（3）	湮没（3）
公认（4）	调动（4）	参与（4）	专业（3）	斟酌（3）	涌现（3）	训诫（3）
公布（4）	雕刻（4）	猜测（4）	专门（3）	真情（3）	涌动（3）	寻常（3）
更迭（4）	凋零（4）	不只（4）	铸就（3）	珍惜（3）	拥有（3）	学说（3）

续表

削减（3）	细节（3）	统筹（3）	始终（3）	侵入（3）	难点（3）	连接（3）
选择（3）	系列（3）	停止（3）	实质（3）	切入（3）	难得（3）	力度（3）
喧闹（3）	稀释（3）	听取（3）	实力（3）	桥梁（3）	目睹（3）	理由（3）
喧哗（3）	无理（3）	跳跃（3）	实际（3）	强烈（3）	牟取（3）	厘清（3）
宣告（3）	无法（3）	替代（3）	时效（3）	嵌入（3）	抹杀（3）	冷淡（3）
叙述（3）	污蔑（3）	体察（3）	施展（3）	谴责（3）	磨炼（3）	乐观（3）
虚无（3）	稳固（3）	题材（3）	失望（3）	浅薄（3）	模拟（3）	滥用（3）
虚拟（3）	萎缩（3）	提出（3）	盛放（3）	前进（3）	铭刻（3）	困扰（3）
修饰（3）	委任（3）	剔除（3）	升级（3）	气度（3）	面对（3）	馈赠（3）
兴奋（3）	伪装（3）	逃避（3）	审核（3）	起用（3）	魅力（3）	窥视（3）
形态（3）	违反（3）	倘若（3）	神秘（3）	启用（3）	绵延（3）	框架（3）
形势（3）	危机（3）	琐碎（3）	深邃（3）	启蒙（3）	秘诀（3）	宽容（3）
行动（3）	危害（3）	索取（3）	设计（3）	其实（3）	美好（3）	苦涩（3）
欣慰（3）	忘记（3）	诉说（3）	奢望（3）	铺陈（3）	媒介（3）	空洞（3）
协作（3）	妄想（3）	诉求（3）	商榷（3）	剖析（3）	没有（3）	刻意（3）
效应（3）	惋惜（3）	松懈（3）	闪现（3）	评判（3）	盲从（3）	刻板（3）
效果（3）	挽救（3）	思想（3）	闪烁（3）	平稳（3）	麻木（3）	可行（3）
效仿（3）	顽疾（3）	思索（3）	散逸（3）	平凡（3）	掠夺（3）	苛刻（3）
销售（3）	唾弃（3）	思路（3）	润泽（3）	平等（3）	落后（3）	楷模（3）
销蚀（3）	脱节（3）	顺应（3）	确立（3）	飘荡（3）	逻辑（3）	开明（3）
消磨（3）	蜕化（3）	衰落（3）	缺少（3）	偏离（3）	陋习（3）	开端（3）
相同（3）	退缩（3）	疏离（3）	全新（3）	匹敌（3）	隆重（3）	绝对（3）
相反（3）	颓势（3）	疏忽（3）	权益（3）	膨胀（3）	流入（3）	觉醒（3）
羡慕（3）	推诿（3）	疏导（3）	权威（3）	配置（3）	流连（3）	抉择（3）
限定（3）	推翻（3）	纾解（3）	趣味（3）	派生（3）	领域（3）	决心（3）
衔接（3）	图景（3）	书写（3）	祛除（3）	排挤（3）	领会（3）	聚焦（3）
鲜明（3）	突围（3）	守望（3）	曲解（3）	排除（3）	灵魂（3）	纠纷（3）
先进（3）	凸现（3）	手法（3）	情怀（3）	浓郁（3）	临时（3）	窘迫（3）
瑕疵（3）	投射（3）	收获（3）	清醒（3）	凝望（3）	联通（3）	窘境（3）
细微（3）	痛苦（3）	市场（3）	亲切（3）	凝集（3）	连通（3）	境况（3）

续表

境界（3）	夹杂（3）	灌输（3）	分享（3）	担当（3）	成长（3）	促成（3）
兼顾（3）	过度（3）	肤浅（3）	道德（3）	冲动（3）	骄傲（3）	常见（3）
后果（3）	幅度（3）	等同（3）	抽象（3）	安然（3）	辉煌（3）	建筑（3）
感动（3）	调适（3）	触碰（3）	被动（3）	截止（3）	公开（3）	欢迎（3）
丢失（3）	传输（3）	边界（3）	借助（3）	荟萃（3）	烦恼（3）	干涉（3）
创作（3）	博弈（3）	浸透（3）	机械（3）	共通（3）	磋商（3）	对比（3）
沧桑（3）	惊艳（3）	激情（3）	估量（3）	非凡（3）	成立（3）	从而（3）
警觉（3）	寂寞（3）	关系（3）	分泌（3）	代替（3）	交融（3）	阐发（3）
监控（3）	裹挟（3）	风靡（3）	单纯（3）	尺度（3）	焕发（3）	见证（3）
鸿沟（3）	服从（3）	地域（3）	憧憬（3）	安排（3）	根除（3）	化解（3）
感触（3）	凋敝（3）	触发（3）	保卫（3）	接纳（3）	发轫（3）	感性（3）
丢弃（3）	穿插（3）	庇护（3）	解析（3）	毁灭（3）	存储（3）	断言（3）
创建（3）	拨动（3）	进入（3）	活动（3）	共存（3）	成果（3）	淳朴（3）
采取（3）	惊叹（3）	跻身（3）	贡献（3）	妨害（3）	奖励（3）	差距（3）
警戒（3）	技巧（3）	关爱（3）	分解（3）	代价（3）	幻灭（3）	简便（3）
监管（3）	规律（3）	丰盈（3）	担任（3）	程度（3）	革新（3）	呼应（3）
合成（3）	扶植（3）	地位（3）	充实（3）	安宁（3）	多元（3）	感染（3）
复原（3）	奠定（3）	除非（3）	颁布（3）	接近（3）	催促（3）	杜绝（3）
定位（3）	揣摩（3）	崩溃（3）	解构（3）	回复（3）	倡议（3）	纯真（3）
传送（3）	表示（3）	进化（3）	混淆（3）	功能（3）	讲述（3）	侧目（3）
才会（3）	经验（3）	基石（3）	共振（3）	反馈（3）	缓冲（3）	检测（3）
景象（3）	即时（3）	固有（3）	分化（3）	大量（3）	搁置（3）	厚重（3）
坚实（3）	光明（3）	氛围（3）	担负（3）	承袭（3）	敦促（3）	感化（3）
耗费（3）	扶持（3）	地区（3）	充斥（3）	安静（3）	篡改（3）	动态（3）
俯瞰（3）	典范（3）	筹划（3）	安逸（3）	教育（3）	常态（3）	纯净（3）
叠加（3）	揣测（3）	笨拙（3）	解除（3）	回报（3）	鉴别（3）	操控（3）
传说（3）	标识（3）	进而（3）	晦涩（3）	公平（3）	环绕（3）	
不能（3）	禁锢（3）	机制（3）	共同（3）	烦琐（3）	高涨（3）	
精细（3）	即便（3）	固守（3）	分担（3）	打击（3）	对应（3）	

附录 1

四字词语索引

（按拼音排序）

W

附录 2

高频成语来源

二维码中是高频词每次出现的真题来源，一方面是为了展示本书词频统计的可靠性，另一方面也是为了方便同学对词语进行溯源。

因内容过多，请各位读者扫码在线浏览。